Ana Maria Araújo Freire

MEUS DIZERES E FAZERES EM TORNO DE PAULO FREIRE

UMA VIDA DE DEDICAÇÃO

1ª edição

Paz & Terra
Rio de Janeiro
2024

© Ana Maria Araújo Freire, 2024

Capa: Lauro Machado
Foto de capa: Acervo Ana Maria Araújo Freire
Tradução dos textos de Henry Giroux (p. 56) e Ramón Flecha (p. 111): Bhuvi Libanio

Direitos de edição da obra em língua portuguesa no Brasil adquiridos pela EDITORA PAZ & TERRA. Todos os direitos reservados. Nenhuma parte desta obra pode ser apropriada e estocada em sistema de bancos de dados ou processo similar, em qualquer forma ou meio, seja eletrônico, de fotocópia, gravação etc., sem permissão do detentor do copyright.

EDITORA PAZ & TERRA
Rua Argentina, 171, São Cristóvão
Rio de Janeiro, RJ – 20921-380
Tel.: (21) 2585-2000.

Seja um leitor preferencial Record.
Cadastre-se no site www.record.com.br
e receba informações sobre
nossos lançamentos e nossas promoções.

Atendimento e venda direta ao leitor:
sac@record.com.br

Texto revisado segundo o Acordo Ortográfico da Língua Portuguesa de 1990.

CIP-BRASIL. CATALOGAÇÃO NA PUBLICAÇÃO
SINDICATO NACIONAL DOS EDITORES DE LIVROS, RJ

F933m   Freire, Ana Maria Araújo
Meus dizeres e fazeres em torno de Paulo Freire : uma vida de dedicação / Ana Maria Araújo Freire. - 1. ed. - Rio de Janeiro : Paz e Terra, 2024.

ISBN 978-65-5548-095-5

1. Freire, Paulo, 1921-1997 - Visão política e social. 2. Educação - Filosofia. 3. Freire, Paulo, 1921-1997 - Influência. I. Título.

23-86938
CDD: 370.1
CDU: 37.01

Meri Gleice Rodrigues de Souza - Bibliotecária - CRB-7/6439

Impresso no Brasil
2024

SUMÁRIO

NOTA DA EDITORA   7

PARTE I – ESCRITOS

1. A recifencidade de Paulo Freire: genealogia de sua epistemologia, de sua teoria do conhecimento ética--estética-política-religiosa-antropológica-educativa   13

2. A boniteza de dizer o sim através do não, em Paulo Freire   35

3. A cultura de paz e a pedagogia da tolerância   43

4. Como vem sendo colaborar com a obra de Paulo Freire   57

5. Paulo Freire: seu tocar, seu olhar e seu escutar   79

6. O julgamento como nos tempos da Modernidade nos tempos da pós-globalização: a compreensão positivista do direito contra a "do direito achado na rua"   89

7. O processo da escrita de Paulo Freire como constituição de sua autoria de "educador da consciência ético-crítica"   99

8. Discurso proferido na ocasião da homenagem da Universidade de Barcelona a Paulo Freire   113

9. Cinquenta anos do Comício da Central do Brasil: o que perdemos com o golpe civil-militar--empresarial de 1964 — 133

10. Discurso proferido no doutoramento *honoris causa* de Paulo Freire pela Universidad de La Habana — 149

11. A reinvenção de uma sociedade mais ética: o sonho possível de Paulo Freire — 163

12. Utopia e democracia: os inéditos-viáveis na educação cidadã — 193

13. Apresentação ao livro *Utopias provisórias* de Peter McLaren — 207

PARTE II – ENTREVISTAS

14. A boniteza em Nita Freire: autoria e devir com Paulo Freire — 217
Ana Lúcia Souza de Freitas e Bárbara Cristina Moreira Sicardi Nakayama

15. Entrevista com Nita Freire — 239
Itamar Mendes da Silva e Lisete Arelaro

16. "A proposta de educação de Paulo é uma proposta emancipadora e, por isso mesmo, eminentemente política", afirma Nita Freire — 287
Cristiano Goldschmidt com a participação de Liana Borges

PUBLICAÇÕES, EVENTOS, CONFERÊNCIAS E DISCURSOS — 313

TÍTULOS HONORÍFICOS, PRÊMIOS E HOMENAGENS — 333

Nota da Editora

A Editora Paz & Terra celebra os 90 anos da pedagoga Ana Maria Araújo Freire – Nita Freire, como é carinhosamente chamada –, festejados em novembro de 2023. Nita Freire destaca-se especialmente pela difusão da obra de Paulo Freire, Patrono da Educação Brasileira, com quem teve o privilégio de dividir dez anos em matrimônio, até o falecimento do educador. A autora foi responsável por organizar importantes obras póstumas de Paulo Freire, como *Pedagogia da tolerância*, com a qual recebeu o segundo lugar no Prêmio Jabuti, na categoria Educação, em 2006, além da biografia *Paulo Freire: uma história de vida*, agraciada também com o Jabuti, segundo lugar na categoria Biografia, em 2007.

Com um espírito curioso e incansável na luta por um mundo mais justo e uma educação verdadeiramente libertadora, Nita Freire é um exemplo dos valores freireanos. Apesar de seu empenho intelectual, suas produções pessoais até então se organizaram de maneira dispersa. Por esse motivo, esta antologia é um festejo justo e inédito de sua vida e de suas ideias.

Editora Paz & Terra, 2024

PARTE I

Escritos

Querida Nita,

Parabéns pela grande homenagem ao Paulo, seu marido, seu companheiro, seu amigo. Seu professor, eu diria também. Cada vez que escreve sobre Paulo, você demonstra um talento enorme que transforma em poesia sua prosa tão nordestina – a melhor maneira de abrir o seu coração, onde Paulo continua vivendo amorosamente e você jamais o deixaria sair. Paulo continua vivo, porque você se recusa a deixar a memória dele morrer.

Você conseguiu sobremaneira mostrar ao mundo esse Paulo menino que passou fome sem saber por quê. Também captou em vivo o Paulo intelectual, ainda jovem, que descobriu que a fome não é destino, mas, sim, construção social feita por homens e mulheres mal intencionados cujo único sonho (eu diria pesadelo) é "ter mais", trancando toda a possibilidade de "ser mais".

Não conhecia esse poema lindíssimo de Paulo. Senti imensas saudades do meu amigo ao lê-lo. Eu também sempre considerei a prosa de Paulo como poesia. A sua homenagem ao seu amoroso Paulo confirma tudo o que sempre pensei dele e os motivos da minha inesgotável admiração e amizade por ele. De novo, você conseguiu outra vitória. Parabéns!

Um forte abraço do muito amigo de sempre, Donaldo.

Donaldo Macedo, professor emérito da Universidade de Massachusetts, colaborador e coautor com Paulo Freire do título Alfabetização: leitura do mundo, leitura da palavra, *além de tradutor de diversos livros de Freire*

1.

A RECIFENCIDADE DE PAULO FREIRE: GENEALOGIA DE SUA EPISTEMOLOGIA, DE SUA TEORIA DO CONHECIMENTO ÉTICA-ESTÉTICA-POLÍTICA--RELIGIOSA-ANTROPOLÓGICA-EDUCATIVA[1]

Paulo, diferentemente de outros exilados e exiladas brasileiros, sempre falou de "voltar para casa sem data marcada", mas "antes de um Natal". Falava de seu voltar sem ressentimentos, sem ansiedade, vivendo o seu "contexto de empréstimo", pacientemente impaciente. Era assim, com saudades, imensas saudades, das pessoas e da cultura tipicamente recifense, saudades de quase tudo de seu "contexto de origem" nordestino, mas com uma sensação de segurança, de esperança e de alegria, que o seu trabalho e sua obstinação em transformar o mundo lhe davam – mesmo que longe –, que Paulo pensava, profundamente, no reencontro com o solo tão querido. Sem a fantasia, mas realista e prudente até em seus sonhos dizia que em algum Natal estaria rodeado por toda a família e amigos e amigas.

No exílio de quase dezesseis anos, Paulo tinha esse anseio como sendo um de seus maiores sonhos. Mas o seu "voltar para casa" era, na verdade, voltar para o Recife. Voltar para onde tinha o gosto do

---

1 O presente texto foi escrito para a ocasião em que a Universidade Federal de Pernambuco concedeu a Paulo Freire o título de doutor *honoris causa*, em 2021, quando completa 100 anos de nascimento de Paulo, meu marido.

resgate do "tempo perdido", das relações quase desfeitas, das amizades adormecidas, do reencontro com pessoas que, de alguma forma, estiveram presentes na sua vida de menino, de jovem e de adulto; retornar aos lugares que não se apagaram de sua memória. Eram os gostos de pessoas, de tempos e de espaços bem vividos, de sua imaginação criativa e na sua vontade legítima, no seu querer bem às pessoas e à cidade em que nascera.

Foi por essa saudade que ele procurou viver nos "contextos de empréstimo", inserindo-se neles o máximo que podia. Certamente uma tática bem-sucedida para suportar a falta que sentia de seu "contexto de origem": o Brasil, Pernambuco, Recife.

Paulo escreveu e disse publicamente muitas vezes: "A minha mundialidade se explica por minha brasilidade, a minha brasilidade se explica por minha pernambucanidade, a minha pernambucanidade se explica por minha recifencidade." Essa sua afirmativa tanto é certa do ponto de vista afetivo quanto da perspectiva geográfico-epistemológica e cultural-política. No fundo, Paulo queria evidenciar a sua recifencidade, na qual pensava dia e noite, desapegando-se de sua mundialidade, longe demais dele enquanto *Ser Mais*.

Paulo carregou essa recifencidade por todos os lados e a todos os instantes de sua vida. Sua natureza humana expirava e aspirava a sua essência de homem genuinamente do Recife. Pensar e agir como Paulo pensou e agiu por toda a sua vida são formas de se pôr no mundo, de comportamentos que só podem ser gerados e fazer parte do patrimônio de pessoas autenticamente recifenses.

Sua compreensão epistemológica, política, religiosa, ética e antropológica do mundo não poderia ser tal qual é se Paulo fosse um homem do Sudeste brasileiro. Mais ainda, se tivesse nascido e vivido no Norte global, gelado, no qual as relações aparentam ser de pouco afeto – pessoas que nós, brasileiros, muitas vezes julgamos, talvez erroneamente, como gente com pouca alegria em viver.

MEUS DIZERES E FAZERES EM TORNO DE PAULO FREIRE | 15

Só pensa e só age como Paulo pensou e agiu quem nasce na terra dos mangues, dos alagados, de gente que vive de caranguejos e com sua carne de lama faz a carne de seu próprio corpo e a do corpo de seus filhos.[2] Na terra quente dos coqueiros e mangueiras, da brisa fresca da beira dos rios e do mar de águas mornas. Só quem nasceu na cultura da cidade do Recife – que já viu nascer milhares de homens e de mulheres de "vida severina", de "destino severino"[3] – os que trabalhavam descalços e morriam (e ainda morrem), tantas vezes, de fome e/ou tuberculose; daqueles que mendigavam ao pé da Ponte da Boa Vista, porque não tinham condições de levar um simples pão para sustentar a si e a sua família. Só quem conhece essa realidade pode pensar como Paulo pensou. Pode, quero repetir, sentir, escrever e agir como Paulo sentiu, escreveu e agiu.

Ele presenciou o tempo em que a sobrevivência das gentes miseráveis dependia mais da solidariedade e da cumplicidade "dos poucos que podiam", dos "ricos", do que do direito e da vontade de trabalhar e da ousadia de lutar. Paulo lutou sempre para mudar isso. A relação antagônica oprimido-opressor. Esse é um dos temas centrais de preocupação da teoria do conhecimento de meu marido.

Só pode pensar e defender com ações responsáveis – constatando criticamente e lutando generosamente, com amor e com raiva, contra as mais diversas formas e condições de opressão – quem nasceu na terra de homens e mulheres fortes, corajosos, humildes e criativos. Na cultura dos que vivem com gosto de vida e têm o abraço efusivo; daqueles que gostam da comida de origem africana, portuguesa, indígena, em suma, brasileira; da palavra fácil, mas comprometida, ainda que sem obedecer aos rituais dos "civilizados". Cultura de quem ama o carnaval dos papangus, com suas máscaras esbranquiçadas amedrontadoras

---

2 Compreensão e frase do cientista pernambucano Josué de Castro sobre a fome e a condição de vida dos recifenses.
3 Faço uma alusão agora ao livro *Morte e vida severina* (1955), do também pernambucano poeta João Cabral de Melo Neto.

de crianças, papangus com seus corpos totalmente cobertos e que não pronunciam uma só palavra para não serem identificados ou identificadas; dos mamulengos e dos maracatus com sua marcha de ritmo cadenciado, com roupas de rara beleza e de cores alegres e vibrantes. Recife do futebol alegre e cheio de dribles, com torcidas fanáticas por seus clubes; da dança e dos cantos dos mais variados ritmos: do coco, do xaxado, do frevo, da ciranda, do cavalo-marinho. Cultura pujante criada e recriada quase sempre por gente considerada pela elite como sendo de "pouca cultura", porque não foi alfabetizada.

Recife, de clima escaldante, das histórias de glórias e lutas, em que foram expulsos estrangeiros invasores. Recife de centenas de igrejas de arte barroca, riquíssimas em imagens de santos e anjos, muitas delas revestidas com folhas de ouro. Recife de sofrimentos e privações, de alegrias e espontaneidade; do cheiro da terra; do gosto e do olor das frutas e das comidas típicas, características que dão uma marca absolutamente especial a quem é nordestino, porque o impregnam visceralmente. Paulo é um dos exemplos maiores da mais autêntica nordestinidade recifense. Tendo resistido com serenidade a todos os desafios e adversidades da vida, ele permaneceu leal e convicto às suas origens.

Sua leitura de mundo, e, portanto, a sua obra teórica – desde que procurou ser o mais coerente possível – é marcada por este fato: ser um homem do Recife. A recifencidade de Paulo é o patrimônio maior de sua identidade. Nada do que ele fez, analisou, constatou, falou e escreveu contradiz o seu corpo consciente de sua cidadania recifense. Paulo foi capturado por sua recifencidade.

Uma vez caminhávamos pelo Cais José Mariano, de repente ele parou e disse:

— Nita,[4] ainda bem que eu não morri na Suíça.

---

4 Nita é o nome pelo qual Paulo sempre me chamava, carinhosamente, porque me conheceu quando foi contemplado com uma bolsa de estudos por meus pais, Genove e Aluízio Araújo, no Colégio Oswaldo Cruz, e esse era o meu apelido de família.

— O que você quer dizer com isso, Paulo?

— Que as águas de nosso rio Capibaribe estão tão carregadas de lixo que teria sido terrível ter sido jogado nele.

Então, Paulo me contou que, no exílio, temendo morrer antes de "voltar para casa", pedira a Elza[5] para que não o enterrasse na Suíça. Queria que as suas cinzas fossem jogadas no rio Capibaribe, bem no centro do Recife, ali onde estávamos vendo a Casa da Cultura e as pontes Primeiro de Março e Imperatriz. Se ela mesma não as pudesse trazer e cumprir o desejo dele, pediu que mandasse suas cinzas por alguém, por algum amigo, de preferência um recifense que pudesse compreender o seu gesto.

Entendo isso como o testemunho maior de amor de quem se sente profundamente preso às suas heranças culturais, profundamente ligado à sua terra e para a qual desejava voltar mesmo que só pudesse ser após a sua morte.

Paulo amou São Paulo, Santiago, Cambridge, Genebra, cidades onde morou e que o acolheram de maneira generosa, mas amou o Recife como se uma pessoa fosse, seu *solo-mãe*, que despertava nele toda a sua ancestralidade visceral e radical, mítica e inteligente.

Em fevereiro de 1968, quando morava no Chile, Paulo recebeu de um amigo uma revista brasileira[6] numa edição especial na qual os estados do Brasil, em ordem alfabética de seus nomes, estavam representados por fotografias e por coisas de suas culturas locais e histórias políticas oficiais. Recebeu-a no seu escritório de trabalho e guardou-a com muita ansiedade para vê-la e lê-la, à noite, em sua própria casa.

Tremendo de emoção, contou-me, começou a ver a revista página por página, que, obviamente, começava por "Alagoas", até que, com o

---

5 Elza foi a primeira esposa de Paulo, pernambucana também, que faleceu em 1986.

6 Apesar de Paulo ter dito a Sérgio Guimarães, num diálogo publicado no livro *Lições de casa,* que a revista seria *Visão,* tenho como certo que ele cometeu um engano. A revista era *Manchete.*

coração cada vez batendo mais forte, chegou ao "Paraná", "Paraíba" e, de pelos irisados, suando muito, abriu "Pernambuco". Contendo-se, decidiu que o seu estado teria que ser vivido, "presentificado", saboreado, por último. Tomou fôlego, seguiu para o "Piauí", depois um por um dos então estados brasileiros até "Sergipe". Em seguida, retornou ao seu destino maior, "Pernambuco".

Já numa madrugada do novo dia, escreveu uma poesia de saudade, de radicalidade com a terra que o viu nascer, crescer e se tornar cidadão do mundo. Para ele, a cidade traduzia a essência de seu ser e a sua identidade com ela, repito. Estes versos são uma Ode ao Amor de Paulo pelo Recife:

Recife sempre[7]

Cidade bonita
Cidade discreta
Difícil cidade
Cidade mulher.
Nunca te dás de uma vez.
Só aos pouquinhos te entregas
Hoje um olhar.
Amanhã um sorriso.
Cidade manhosa

---

7 Essa poesia foi publicada em 1987 no livro *Aprendendo com a própria história*, vol. I, livro de Paulo com Sérgio Guimarães (pp. 153-160). Na versão manuscrita de Paulo, com uma linguagem mais emotiva e sensual, ele trata o Recife como se fora uma mulher amada. Transcrevo nesse texto, do manuscrito de próprio punho de Paulo, a mim presenteado, apenas as partes da poesia que são diferentes da publicada anteriormente. A versão publicada em 1987 foi emocionada e belamente declamada por José Mário Austregésilo, na homenagem que Pernambuco fez a Paulo quando ele completou 70 anos de idade, por diligência e vontade de Paulo Rosas, então presidente do Conselho Estadual de Educação de Pernambuco.

Cidade mulher.
Podias chamar-te Maria
 Maria da Graça
 Maria da Penha
 Maria Betânia
 Maria Dolores.
Serias sempre Recife,
Com suas ruas de nomes tão doces:
Rua da União
Que Manuel Bandeira tinha "medo que se chamasse rua Dr.
 Fulano de Tal"
E que hoje eu temo que se passe a chamar rua Coronel Fulano
 de Tal.
Rua das Crioulas
Rua da Aurora
Rua da Amizade
Rua dos Sete Pecados.
Podias chamar-te Maria
 Maria da Esperança
 Maria do Socorro
 Maria da Conceição
 Maria da Soledade.
[...]
Para nós, meninos da mesma rua,
aquele homem
 que andava apressado
 quase correndo
 gritando, gritando:
 Doce de banana e goiaba,
aquele homem era um brinquedo também.
[...]

Recife, onde tive fome
   onde tive dor
   sem saber por que
   onde hoje ainda
   milhares de Paulos
   sem saber por que,
   têm a mesma fome
   têm a mesma dor,
   raiva de ti não posso ter.

[...]

   No ventre ainda, ajudando a mãe
   a pedir esmolas
   a receber migalhas.
   Pior ainda:
   a receber descaso de olhares frios.
   Recife, raiva de ti não posso ter.

[...]

Recife, cidade minha,
já homem feito
teus cárceres experimentei.
   Neles, fui objeto
      fui coisa
      fui estranheza.

[...]

   O relógio de minha casa também dizia
   um dois três quatro
   quatro três dois um
   mas sua cantiga era diferente.
   Assim cantando
   o tempo dos homens apenas marcava.

Recife, cidade minha
em ti vivi infância triste
adolescência amarga em ti vivi.
 Não me entendem
 Se não te entendem
 minha gulodice de amor
 minhas esperanças de lutar
 minha confiança nos homens
 tudo isto se forjou em ti
 Na infância triste
 Na adolescência amarga
  o que penso
  o que digo
  o que escrevo
  o que faço
  Tudo está marcado por ti.
Sou ainda o menino
 que teve fome
 que teve dor
 sem saber por que
 só uma diferença existe
 entre o menino de ontem
 e o menino de hoje,
 que ainda sou:
 Sei agora por que tive fome
 Sei agora por que tive dor.
Recife, cidade minha.
Se alguém me ama
que a ti te ame
Se alguém me quer
que a ti te queira.

22 | ANA MARIA ARAÚJO FREIRE

Se alguém me busca
que em ti me encontre
    nas tuas noites
    nos teus dias
    nas tuas ruas
    nos teus rios
    no teu mar
    no teu sol
    na tua gente
    no teu calor
    nos teus morros
    nos teus córregos
    na tua inquietação
    no teu silêncio
    na amorosidade de quem lutou
    e de quem luta.
    De quem se expôs
    e de quem se expõe
    de quem morreu
    e de quem pode morrer
    buscando apenas
    cada vez mais
    que menos meninos
    tenham fome e
    tenham dor
    Sem saber por que
Por isto disse:
    Não me entendem
    Se não te entendem.
    o que penso,
    o que digo
    o que escrevo
    o que faço

Tudo está marcado por ti.
Recife, cidade minha,
Te quero muito, te quero muito.

Paulo Freire, Santiago, fevereiro de 1969

A recifencidade de Paulo não nasceu por força do exílio. Estava no seu corpo desde sempre. Paulo se completou enquanto ser de busca de dias melhores para toda a humanidade, quando o corpo dele se fez à imagem e semelhança do Recife, como uma entidade filosófica, política, ética e social.

Quando da inauguração de Brasília, nova capital federal, em 1960, Darcy Ribeiro, que estava planejando a Universidade de Brasília, convidou Paulo para ver *in loco* e discutir com ele a sistematização e organização dessa instituição de ensino superior – tão inovadora e ousada quanto a cidade projetada por Lúcio Costa e Oscar Niemeyer e construída na euforia e na crença de um Brasil melhor, no governo Juscelino Kubitschek. Na ocasião, Darcy convidou Paulo, insistentemente, a fazer com ele e outros e outras intelectuais progressistas essa "universidade necessária", participando de sua direção. Chamou-o também para ser professor e lhe garantiu que poderia lecionar a matéria que se sentisse mais capacitado. A todas as honrarias Paulo respondeu:

— Darcy, parabéns e sucesso! Essa coisa é uma maravilha! Participo no que puder ajudá-lo, participarei com você nesse troço formidável, mas a distância. Vir morar aqui?!... Ser professor aqui?!... Não posso!

— Por quê? – retrucou nosso antropólogo maior.

— Porque não posso viver fora do Recife. Sem a minha cidade... Fora dela, nem sei se sei pensar!

Esse amor de Paulo pelo Recife, aparentemente como se fosse por sua amada preferida, foi alimentado apenas pelas inúmeras idas ao "seu mais autêntico contexto de origem" quando voltou do exílio. Sua vontade de lá se fixar não foi possível. As condições políticas, em 1980, ainda não permitiam que ele vivesse esse desejo, essa necessidade existencial. Paulo ficou em São Paulo, com amor, e não na sua amada cidade, mas viveu até o último momento de sua vida a sua recifencidade mais autêntica, declarada na sua emocionante e belíssima poesia: "o que penso/ o que digo/ o que escrevo/ o que faço/ tudo está marcado por ti/ Recife, cidade minha."

Logo após nosso casamento, em 1988, ele alimentou novamente o desejo de concretizar seu sonho de longa data: mudarmo-nos para uma casa grande, perto do rio Capibaribe, com cajueiros, caramboleiras, jaqueiras, passarinhos que gorjeassem e voassem de um lado ao outro em nosso quintal, nos encantando e nos fazendo felizes.

Esse sonho voltou com tanta força e alegria que só poderia ter sido provocado pela sua identidade de ser humano gerado por seus pais. Barro massapê, vermelho cor de sangue, feito de praias, rios e ventos amenos, memórias de sua ancestralidade mais remota, amalgamada com cuidado, que produziu um *anima*, acima de tudo centrado na sua venerada Recife, o engrandecendo na sua recifencidade!

Portanto, é legítimo dizer que a genealogia da epistemologia de Paulo Freire e sua teoria do conhecimento ética-estética-política- -religiosa-antropológica-educativa tem o *ethos* constituído na forma objetiva com a qual ele entendeu e explicou com lucidez e genialidade, racionalmente, o mundo real, e na forma subjetiva, amorosa e generosa com a qual ele viveu, sentiu e abrigou, no mais íntimo de seu ser, afetivamente, a sua recifencidade.

Recife, 11 de novembro de 2021

Recife Sempre.

Cidade bonita
cidade discreta
Difícil cidade
cidade mulher.
Nunca te dás de uma vez.
Só aos pouquinhos te entregas
Hoje um olhar.
Amanhã um sorriso.
Cidade manhosa
cidade mulher.
Podias chamar-te maria
        maria da Graça
        maria da Penha
        maria Betânia
        maria Dolores.
Serias sempre Recife.
Com suas ruas de nomes tão doces;
Rua da União que manuel Bandeira tinha "medo que se chamasse rua de
fulano de tal" e tem hoje eu temo que se passe chamar rua Coronel Fulano de tal,
Rua das Creoulas
Rua da Aurora
Rua da Amizade
Rua dos Sete Pecados.
Podias chamar-te maria
        maria da Esperança
        maria do Socorro
        maria da Conceição
        maria da Soledade.
Serias sempre Recife.
Teus homens do povo
queimados do sol
gritando nas ruas, ritmadamente:
        Chota menina pra comprar pitomba!
        Eu tenho lã de barriguda pra trabizeiro!
        Doce de banana e goiaba!
Faz tanto tempo!

Reprodução do manuscrito do poema "Recife Sempre" de Paulo Freire.

2

Para nós, meninos da mesma rua,
aquele homem
    que andava apressado
    quase correndo
    gritando, gritando:
    doce de banana e goiaba,
aquele homem era um brinquedo também.
    Doce de banana e goiaba!
em cada esquina, um de nós dizia:
    Quero banana, doce de banana,
sorrindo já, com a resposta que viria.
    Sem parar,
    sem olhar para traz,
    sem olhar para o lado,
    apressado, quase correndo,
    o homem-brinquedo assim respondia:
    Só tenho goiaba.
    grito banana porque é meu hábito.
    Doce de banana e goiaba
    Doce de banana e goiaba
    Continuava gritando, andando apressado,
    sem olhar para traz,
    sem olhar para o lado,
    o nosso homem-brinquedo.
Foi preciso que o tempo passasse
que muitas chuvas chovessem
que muito sol se pusesse
que muitas marés subissem e baixassem
que muitos meninos nascessem
que muitos homens morressem
que muitas madrugadas viessem
que muitas árvores florescessem
que muitas marias amassem
que muito campo secasse
que muita dor existisse
que muitos olhos tristonhos eu visse
para que entendesse

3

que aquele homem-brinquedo
era o irmão esmagado
era o irmão explorado
era o irmão ofendido
o irmão oprimido
proibido de ser.

Recife, onde tive fome
onde tive dor
sem saber por que
onde hoje ainda
milhares de Paulos,
sem saber por que,
têm a mesma fome
têm a mesma dor,
raiva de te não possa ter.

Recife, onde um dia tarde,
com fome, sem saber por que,
pensei tanto, sem saber por que,
nos que não comiam
nos que não vestiam
nos que não sorriam
nos que não sabiam
o que fazer da vida.
Pensei tanto, sem saber por que,
nos deserdados
nos maltratados
nos que apenas se anunciavam,
mas que não chegavam.
Nos que chegavam,
mas não ficavam
nos que ficavam,
mas não podiam ser.
Nos meninos
que já trabalhavam
antes mesmo de nascer.
No ventre ainda, ajudando a mãe
a pedir esmolas
a receber migalhas.

Pior ainda:
a receber descaso de olhares frios.
Recife, raiva de Ti não posso ter.

Recife, cidade minha
já homem feito
teus **cárceles** experimentei.
um, dois, três, quatro
quatro, três, dois, um.
Direita, esquerda
esquerda, direita
pra frente, **pra** traz
apitos, acerta o passo
Soldado não pensa
um dois três quatro
quatro três dois um
Direita esquerda
Alto! Direita esquerda
Soldado não pensa!

Recife, cidade minha,
já homem feito
teus cárceres experimentei
o que queria
o que quero
e quererei
é que os homens, todos os homens
sem exceção
possam pensar
possam agir
possam o mundo transtornar.
o que queria
o que quero
e quererei
é que os homens, todos os homens
possam comer
possam vestir
possam calçar
possam criar

5

e que os meninos
não tenham fome
não tenham dor.
Possam brincar
possam sorrir
possam cantar
e possam amar
e amados possam ser.

Recife, cidade minha,
já homem feito
teus cânceres experimentei.
Neles, fui objeto
fui coisa
fui estranheza.

Quanta feira. 4 horas da tarde.
O portão de ferro se abria.
Hoje é dia de visita.
Eu Ela!
Punirei aquele que trouxer um chocolate, ao menos.
Revistarei a todos.
Com voz áspera, dizia um pobre diabo
em quem o posto era maior que o homem.
manchávamos descompassados sem cadência
até as esposas tuídas
as mães aflitas
os filhos espantados.
Nestes encontros, algo novo descobri
Erente a Elza
e as marias
filhas nossas
muita palavra tinha pra dizer
muita coisa a perguntar
muita esperança pra afirmar.
mas também, muita fome para matar.
E trinta minutos para tudo.
Nestes encontros, algo novo descobri:
palavras e pedaços de comida
também podiam se chocar.

Recife, cidade minha
já homem feito
teus cárceres experimentei.
"Capitão, quando êsse doutor
disser Creador, referindo-se a Deus,
escreva com c pequeno.
Creador com C grande é sòmente o meu."
Ó coronel, dono do mundo
dono dos presos
de Deus queria ser dono também.
Pequeno coronel aquele
pequeno homem aquele.
Queria fazer de Deus cabo da guarda
ou "bagajeiro" seu
ou capitão do mato
que o ajudasse a caçar subversivos.
Recife, cidade minha,
já homem feito,
teus cárceres experimentei.
Vivi silêncios
isolamentos vivi.
Morei horas numa espécie de caixão
um metro e setenta de comprimento
sessenta centímetros de largura
paredes frias
paredes ásperas
Escuridão.
Vivi tranquilo
dormi tranquilo
de nada me arrependi
Recife, cidade minha,
já homem feito
teus cárceres experimentei.
um dois tres quatro
quatro tres dois um
os homens aprendendo a não ser homens

O relógio de minha casa também dizia
um dois três quatro
quatro três dois um
mas sua cantiga era diferente.
Assim cantando
o tempo dos homens apenas marcava.

Recife, cidade minha
em ti vivi infância triste
adolescência amarga em ti vivi.
Não me entenderei
Se não te entender
minha goludice de amor
minha esperança de lutar
minha confiança nos homens
tudo isto se formou em ti.
Na infância triste
na adolescência amarga.
o que penso
o que digo
o que escrevo
o que faço
Tudo está marcado por ti.
Sou ainda o menino
que teve fome
que teve dor
sem saber por que
Só uma diferença existe
entre o menino de ôntem
e o menino de hoje,
que ainda sou:
Sei agora porque tive fome
Sei agora porque tive dor.
Recife, cidade minha,
Se alguém me ama
que a ti te ame.

8

se alguém me quer
que a ti te queira.
Se alguém me busca
que em ti me encontre
   nas tuas noites
   nos teus dias
   nas tuas ruas
   nos teus rios
   no teu mar
   no teu sol
   na tua gente
   no teu calor
   nos teus morros
   nos teus córregos
   na tua inquietação
   no teu silêncio
   na amorosidade de quem lutou
   e de quem luta
   de quem se expôs
   e de quem se expõe
   de quem morreu
   e de quem pode morrer
   buscando apenas
   cada vez mais
   que menos meninos
   tenham fome e
   tenham dor
   sem saber por que

Por isto disse:
   Não me entendem
   se não te entendem.
   o que penso
   o que digo
   o que escrevo
   o que faço
Tudo está marcado por ti.
Recife, cidade minha,
Te quero muito, te quero muito.
         Santiago, fevereiro 69.

Nita faz uma bela discussão nesse pequeno e significativo texto sobre o nosso querido mestre e amigo Paulo. Alia sua competente compreensão desse legado filosófico-pedagógico cheio de boniteza e amorosidade à linda e dialógica relação Nita-Paulo. Sua feliz escolha dialética do "não para dizer sim" evoca a dedicação freireana à "leitura dos mundos" através do que se sabe que sabe.

Pela sustentação do compromisso fundamental com a curiosidade, ainda que provisoriamente, impõe-se enfrentar o *não* do "inédito-viável", do desconhecido, do que se sabe que não sabe. Neste *não* se esconde um *sim*. Um *sim* que suplica ser desvelado e viabilizado, permitindo reconhecimento e reconstrução do saber que parecia dizer *não* ao enfrentamento. Finalmente, um novo saber se reafirma, assegurando, assim, a presença do esperançar na *Pedagogia dos sonhos possíveis*, tão bem representada por Nita.

Marcio D'Olne Campos, físico e professor aposentado da
Universidade Estadual de Campinas

2.

A BONITEZA DE DIZER O SIM ATRAVÉS DO NÃO, EM PAULO FREIRE[1]

Paulo Freire: bacharel em direito, filósofo e educador que propôs uma educação problematizadora, questionadora e libertadora. Uma filosofia dialética e dialógica. Buscava o consenso através dos dissensos, provocando, com isso, novos dissensos nos processos que se geram na história e que esta gera no mundo, na busca. Perseguia um novo conhecimento, coerente com os novos contextos sociais, políticos, científicos, filosóficos, éticos, estéticos, religiosos, gnosiológicos, antropológicos, tendo a mente, os sentimentos e o espírito sempre voltados para o Humanismo.

Para levantar a tese do contraditório nas ideias de Paulo – esse legado para ler mundos e realidades diferentes, mesmo sendo antagônicas, negadoras uma das outras, o que é a própria "A boniteza de dizer o sim através do não, em Paulo Freire" –, tomo como objeto de análise o seu primeiro livro publicado, *Educação como prática da liberdade*.

Negando sistematicamente o pensamento positivista, linear, formal, aquele que pensa por justaposição de ideias, Paulo se filia ao materialismo histórico de pensar dialeticamente através de dois polos

---

1 Texto originalmente publicado em Walesson Gomes da Silva, *Educação decolonial e pedagogia freireana: desafios de uma educação emancipatória em um cenário político conservador.* Belo Horizonte, Sarerê, 2021, pp. 31–35.

contrários, antagônicos. (Os do Norte jamais entendiam a afirmação que Paulo gostava de dizer: "Estou impacientemente paciente" ou "Estou pacientemente impaciente.") Porém, ele não é marxista, pois nega a tese fundamental, de Marx, de que o comunismo surgiria automaticamente quando vencidas as etapas primeiras. Para essas pessoas, o socialismo não seria uma construção dos indivíduos de determinados grupos, mas etapas preestabelecidas pela "teoria" comunista, pela ditadura do proletariado.

Paulo desde muito jovem percebeu que o Brasil era um país cheio de contradições e ambiguidades. De injustiças de toda ordem. Procurou conhecer a razão de ser de tal fato. Percebeu que, nos anos 1930–1940, o que mais incomodava aos homens e às mulheres pobres e marginalizados de nosso país era não saber ler e nem escrever. Pesquisou esse fato, radicalmente, e concluiu que esses eram atos próprios dos seres humanos. Isto é, era um quefazer ontologicamente humano, que essencialmente caracteriza o corpo e a condição humanos, porque é uma construção coletiva dos indivíduos, milenar. Então, Paulo entendeu o mal-estar dos analfabetos, a sensação de vazio, de não ser nada ou de ser apenas uma sombra, um "cancro negro", como se dizia na época. Ao estudar a formação da sociedade brasileira, desde seus primeiros momentos, a partir de 1500, definiu três fases históricas: 1) Sociedade fechada (1500–1850); 2) Sociedade em transição (1851–1950); e 3) Sociedade aberta (a partir de meados de 1950).

Situação 1: sociedade fechada (1500–1850)

Três décadas após invadir o território brasileiro, dando início à colonização da população indígena nativa, o homem branco europeu estabeleceu um sistema baseado na produção agrícola dependente do latifúndio, da monocultura de cana-de-açúcar e da escravização

MEUS DIZERES E FAZERES EM TORNO DE PAULO FREIRE | 37

de pessoas negras sequestradas do continente africano. Isso acabou determinando o estabelecimento de uma sociedade em que a norma eram leituras de mundo míticas, místicas e fanatizadas.

Comandada por uma elite patriarcal que negava tudo ao povo, num esforço de aculturamento tanto de pessoas indígenas quanto de pessoas negras, essa sociedade sem mobilidade social vertical ascendente era alienada e antidialógica. Isso se refletiu, evidentemente, no desenvolvimento de uma mentalidade fechada: o povo experimentava a consciência intransitiva da realidade. Era uma sociedade sem experiência democrática, ou, como dizia Paulo, marcada pela inexperiência democrática. Homens e mulheres, quase todos, estavam imersos, adaptados, sem condições de optar e de deliberar

SITUAÇÃO 2: SOCIEDADE EM TRANSIÇÃO

Em 1850, por pressão comercial da Inglaterra, a promulgação da Lei Eusébio de Queiroz, que proibia o tráfico de pessoas negras para o Brasil, marcou o início do longo caminho até a abolição da escravatura, 38 anos depois. A passagem da produção escravista para a industrial, embora lenta, abriu espaço para transformações mais significativas. Nesse período de transição, desenvolvem-se novas escolas e são criados os primeiros institutos de pesquisas. Crescem as cidades, os empregos urbanos. Com isso, surge na sociedade um novo tipo de pensar, uma nova leitura do mundo, mesmo que sem criticidade. É um tempo anunciador do novo. Do saber que surge com o desenvolvimento. Do automóvel, das ferrovias e das estradas que surgem depois da Segunda Guerra. Homens e mulheres passam a ter consciência transitiva ingênua, pois estão emergindo da sociedade fechada, ainda sem a capacidade crítica, presos aos slogans, aos discursos prontos, sem nenhuma reflexão.

Situação 3: sociedade aberta (a partir de meados de 1950)

Com as políticas desenvolvimentistas de Juscelino Kubitschek, a sociedade entrou em contato com novas pretensões de vida. Com a promoção do bem-estar social pelo Estado, houve o aumento da taxa de expectativa de vida e a diminuição dos índices de morte de recém-nascidos. Mais mulheres passaram a trabalhar fora de casa, e o acesso à educação tornou-se menos restrito. Conhecendo as ciências, a filosofia, as religiões e as artes, mais homens e mulheres puderam adquirir capacidade de mudar, não mais se adequam ou se adaptam. Alguns conseguem emergir completamente, criando suas próprias condições, e passam a ter consciência transitiva crítica.

Conclusão

O estudo parte da situação de nossa sociedade com a chegada do homem branco no território brasileiro, sem levar em conta a população nativa, que ocupava todos os espaços da nação. Paulo, com sua imensa sabedoria, vai fazendo seu discurso contínuo como se fora apenas uma narração sequencial. Mas, na realidade, ele vai dizendo o *sim* (o que ele acreditava) através do não (o que ele repudiava e combatia), e o *não* através do *sim*. Na primeira situação, ele denuncia uma sociedade fechada, sórdida, malvada e sem compaixão, que anunciava um novo que viria. Diz – sem palavras condenatórias, mas com linguagem humanista – nas linhas e entrelinhas as suas denúncias.

Ele arremata a história brasileira como um legado seu *para ler os mundos*: a leitura de mundo aberto, que poderia ser o mundo da boniteza ética, estética, política, da generosidade, da tolerância e do respeito à dignidade humana. Em contraposição, fala do mundo fechado, sem diálogo, sem ter o Tu como o Não-Eu com o qual dividiria o mundo da beleza, do respeito e da solidariedade.

MEUS DIZERES E FAZERES EM TORNO DE PAULO FREIRE | 39

Esses dois mundos estão descritos nas situações 1 e 3. Na segunda, o mundo poderia ser, hipoteticamente, de felicidade se homens e mulheres transformassem a si mesmos em Seres Mais. Viveríamos as utopias e os sonhos possíveis da boniteza. Da boniteza da vida, do amor de ser amado e amada e de amar, de amar a natureza respeitando-a e cultivando-a. Na situação 1, sequer há possibilidades de sonhar os inéditos-viáveis, porque os indivíduos da elite sempre impunham a condição de Seres Menos aos que deveriam ser seus pares.

É preciso que saibamos que esse status é possível pela capacidade de Paulo pensar dialeticamente, nunca a partir de uma série de fatos e eventos que caminham num só sentido (unívoco), mas, ao contrário, como um processo biunívoco, que gera uma linguagem ímpar de beleza, de poeticidade, de uma certa certeza, de rigor científico e de *boniteza* autêntica.

Fim de tarde de 17 de março de 2021

Este excelente trabalho de nossa querida Nita Freire, viúva de Paulo Freire, relembra-nos duas dimensões muito bem tratadas pelo saudoso mestre e tão atuais: a tolerância e a violência. Paulo nos ensinou que a tolerância não pode significar suportar, mas, sim, respeitar – acatar a diferença sem fazer dela divergência.

Paulo nos ensinou também que a violência dos oprimidos pode ser legitimamente utilizada para suprimir a violência do opressor, quando já não resta outra alternativa de libertação social. Nisso, ele apenas repete o direito ao tiranicídio, defendido por Santo Tomás de Aquino: se a morte do tirano assegura a vida dos subjugados e já não resta alternativa para demovê-lo do poder, a violência se justifica. Mas Paulo, como todos nós, insistiu que devemos a todo custo evitar a violência – das armas, das leis, das palavras, dos gestos – e investir na cultura da paz. E como se alcança a paz? Sete séculos antes de Cristo, o profeta Isaías nos ensinou que só haverá paz como fruto da justiça. E podemos acrescentar: jamais como equilíbrio de forças, como propõem hoje as potências mundiais. Justiça é superar a desigualdade, a exclusão social, os preconceitos e as discriminações.

Frei Betto, escritor e educador popular

3.

A CULTURA DE PAZ E A PEDAGOGIA DA TOLERÂNCIA

Com o intuito de adentrarmos na compreensão da necessária "cultura de paz" e da vivência da tolerância, quero começar este trabalho com a transcrição de um texto de Paulo Freire que evidencia a maneira como ele entendeu as noções de tolerância e de violência:

DA TOLERÂNCIA, UMA DAS QUALIDADES FUNDANTES DA VIDA DEMOCRÁTICA

O bárbaro assassinato de Galdino Jesus dos Santos, o índio pataxó que, despertado pela dor indizível de seu corpo em chamas, se soube inapelavelmente morrendo, nos coloca, mais uma vez, a questão da tolerância.

Da tolerância, da educação, da democracia. Mas não da tolerância como pura condescendência ou indulgência que A tem ou experimenta com relação a B. Neste sentido, a tolerância implica um certo favor que o tolerante faz ao tolerado. O tolerante, em última análise, é uma pessoa disposta, bondosa ou benevolentemente, a perdoar, a "inferioridade" do outro.

Nesta compreensão alienada e alienante da tolerância, como favor do tolerante ao tolerado, se acha escondida no tolerante a desconfiança, quando não a certeza, de sua superioridade de classe, de raça, de gênero, de saber em face do tolerado. Este, por sua vez – espera o tolerante – deve humildemente revelar sua gratidão à bondade do tolerante.

Não é desta tolerância nem deste tolerante, nem tampouco deste tolerado que falo. Falo da tolerância como virtude da convivência humana. Falo, por isso mesmo, da qualidade básica a ser forjada por nós e aprendida pela assunção de sua significação ética – a qualidade de conviver com o diferente. Com o diferente, não com o *inferior*.

A tolerância verdadeira não é condescendência nem favor que o tolerante faz ao tolerado. Mais ainda, na tolerância verdadeira não há propriamente o/a que tolera e o/a que é tolerado/a. Ambos se toleram.

Por isso mesmo, na tolerância virtuosa não há lugar para discursos ideológicos, explícitos ou ocultos, de sujeitos que, se julgando superiores aos outros, lhes deixam claro ou insinuam o favor que lhes fazem por tolerá-los.

Ninguém é verdadeiramente tolerante se se admite o direito de dizer do outro ou da outra: o máximo que posso fazer é *tolerá-lo*, é *aguentá-lo*. A tolerância genuína, por outro lado, não exige de mim que concorde com aquele ou com aquela a quem tolero ou também não me pede que a estime ou o estime. O que a tolerância autêntica demanda de mim é que *respeite* o diferente, seus sonhos, suas ideias, suas opções, seus gostos, que não o negue só porque é diferente. O que a tolerância legítima termina por me ensinar é que, na sua experiência, aprendo com o diferente.

Há algo que me parece fundamental e até prévio a qualquer indagação em torno da tolerância: é que ela é uma instância da existência humana.

Só entre mulheres e homens, seres finitos e conscientes de sua finitude, seres que, por natureza, são substantivamente

MEUS DIZERES E FAZERES EM TORNO DE PAULO FREIRE | 45

iguais é que se pode falar em tolerância ou intolerância. Não é possível conjecturar em torno da tolerância entre tigres ou entre mangueiras e jaqueiras.

É neste sentido que a tolerância é virtude a ser criada e cultivada por nós, enquanto a intolerância é distorção viciosa. Ninguém é virtuosamente intolerante, assim como ninguém é viciosamente tolerante.[1]

Não foi por acaso, nem por motivos outros, que Paulo foi indicado para o Prêmio Nobel da Paz, em 1993. Foi por sua postura de tolerância autêntica e radical diante das diversidades de posturas e leituras de mundo cultural dos homens e mulheres no mundo; por sua coerência impregnada de generosidade, mansidão e respeito diante das diferenças étnicas, religiosas, políticas; por seu comportamento de cuidado ético com as vidas; por sua luta incessante pela paz através da sua compreensão de educação para a autonomia e libertação.

Por sua luta e crença na educação para a Cultura da Paz, Paulo Freire foi contemplado com o Prêmio Unesco da Educação para a Paz. Na ocasião, afirmou com convicção em seu discurso, em Paris, em setembro de 1986. Cito um trecho do mesmo:

De anônimas gentes, sofridas gentes, exploradas gentes aprendi sobretudo que a Paz é fundamental, indispensável, mas que a Paz implica lutar por ela. A Paz se cria, se constrói na e pela superação de realidades sociais perversas. A Paz se cria, se constrói

---

1 O texto "Da tolerância, uma das qualidades fundantes da vida democrática" foi escrito por ocasião do ataque ao indígena pataxó Galdino Jesus dos Santos, que teve seu corpo incendiado por adolescentes, em Brasília. Este texto não foi concluído, mas substituído por outro – quando Paulo soube da morte de nosso irmão pataxó –, publicado em *Pedagogia da indignação*. Esta versão que ora transcrevo está publicada em *Pedagogia da tolerância*, pp. 25-27.

na construção incessante da justiça social. Por isso, não creio em nenhum esforço chamado de educação para a Paz que, em lugar de desvelar o mundo das injustiças, o torna opaco e tenta miopizar as suas vítimas.[2]

Neste parágrafo tão simples quanto profundo, Paulo diz de seu entendimento do significado de "paz" como sendo antagônica às injustiças, à opressão e às discriminações que levam em si mesmas as possibilidades de atos violentos, quer oriundos dos opressores, quer oriundos dos oprimidos. Diz de sua atitude ética que prioriza os homens e as mulheres no lugar da ética do mercado. Diz de sua perene preocupação com a formação dos sujeitos numa educação, que tenha uma relação direta e dialética com a paz. Diz de nossa responsabilidade e dever de tentar assegurar a "paz mundial" e a "paz social" em nossos países em torno do mundo.

Seu discurso na Unesco é um gesto de amor, de respeito e de fé nos homens e mulheres. É o discurso de quem acreditou e alimentou os princípios da "ética da vida".

Assim, nesse seu discurso Paulo diz, sobretudo de sua crença na educação e nos seres humanos, que deve começar pela conscientização dos problemas que, nós mesmos, antiteticamente instalamos na convivência social. *Diz a sua palavra* com suas virtudes que, coerentemente, caracterizaram sua presença humanista, pedagógica e ética no mundo.

Paulo Freire afirmou também nos anos 1990 que em algumas circunstâncias poderia, inclusive, *a violência entrar na cena política* para estabelecer o equilíbrio das sociedades em processo de transformação necessária à instauração da paz interna.

---

2 Trecho do discurso de Paulo Freire no Prêmio Unesco da Educação para a Paz. Arquivo da autora, inédito.

[...] Eu já tinha dito que o ideal é que as transformações radicais da sociedade – que trabalham no sentido da superação da violência – fossem feitas sem violência [...] diante do problema da violência e da democracia, eu hoje continuo pensando que a democracia não significa o desaparecimento absoluto do direito de violência de quem está sendo proibido de sobreviver. E que o esforço de sobreviver às vezes ultrapassa o diálogo. Para quem está proibido de sobreviver, às vezes a única porta é a da briga mesmo. Então eu concluiria lhe dizendo: eu faço tudo para que o gasto humano seja menor, como político e como educador. Entendo, porém, o gasto maior. Se você me perguntar: "entre os dois, para onde você marcha?" Eu marcho para a diminuição do gasto humano, das vidas, por exemplo, mas entendo que elas também possam ser gastas, na medida em que você pretenda manter a vida. O próprio esforço de preservação da vida leva à perda de algumas vidas, às vezes o que é doloroso.[3]

Paulo admitiu a violência como uma etapa transitória, dolorosa e necessária, e o fez em nome da justiça social, certo de que "a democracia não significa o desaparecimento absoluto do direito de violência de quem está sendo proibido de sobreviver". Em última instância, sua posição foi a de quem lutou pela harmonia entre os sujeitos históricos e pela solução dos conflitos, de maneira objetiva e prioritariamente, pelo diálogo amoroso, "molhado" de tolerância. Entretanto, entendeu que muitas vezes se torna impossível o diálogo, restando apenas o emprego da força e da violência.

Para sermos radicalmente *freireanos*, para compreendermos as raízes desses fenômenos da violência, da guerra – que pode ser percebida contemporaneamente como terrorismo – e aprofundarmos nossas reflexões críticas, devemos nos perguntar:

---

3 Paulo Freire, Sergio Guimarães. *Aprendendo com a própria história*, vol. II. São Paulo: Paz & Terra, 2000, pp. 84-86.

a) Que significado tem hoje a paz? E a violência máxima possível, o terrorismo/guerra?

Ao contrário da guerra, a paz, mesmo enquanto fugaz e transitória, nos assegura momentos de bem-estar, de nos alegrarmos com a esperança ontológica que é própria dos seres humanos – e que, por vezes, está "adormecida" na desesperança –, esperança de cultivarmos a crença em um futuro melhor, em uma ruidosa alegria que nos mobiliza para o encontro da fraternidade e da felicidade. Esse movimento que é o destino dos seres humanos contraditoriamente aparece negado pela antieticidade dos sujeitos. A paz tem a avidez pelo sossego e pelo cuidado com as pessoas e com o planeta que nos abriga. Ela tanto propicia quanto é gerada na democracia e na tolerância verdadeiras, é congraçamento, é comemoração, é ressurreição. Abre a possibilidade às vidas para a coexistência harmônica.

A guerra na sua acepção tradicional, ou a guerra na versão atual, o terrorismo (que é plural por vocação), quer atingir e ceifar vidas determinando a morte dos adversários, portanto, inimigos. Tem o objetivo de destruir o outro e a outra, e o mundo construído pelas culturas sociais mais diversas. Intenciona destruir povos e nações. Os postulantes da guerra agem em nome da malvadez perversa e indiscriminada e não da cooperação e da união. A guerra define as diferenças injustas de riqueza e pobreza e é pré-concebida e planejada pela racionalidade reacionária e economicista. Os promotores da guerra e do terrorismo se valem do medo e das fragilidades humanas e impõem terror, pavor, tortura e morte. A guerra e, mais ainda, o terrorismo se instauram no reino da crueldade e são a mais verdadeira expressão da barbárie. Os países e povos em conflito "declaram guerra" aos seus inimigos, e, geralmente, têm seus territórios demarcados para os ataques.

Os terroristas tramam seus atentados e agem na surdina, sem remorsos, sem culpas, sem nenhuma preocupação de quem serão as suas vítimas. Não têm nada mais em mente do que realizar o seu desejo e de seu grupo, espalhando o medo e o pânico entre civis de qualquer idade ou gênero, em nome de uma religião, como, por exemplo, o Islã, que, ao contrário, prega a paz, a tolerância e o respeito. A guerra e o terrorismo são necrófilos, vermelhos como o sangue. São profundamente intolerantes. Criam a desesperança, tentando matar a esperança ontológica. São antagônicos à paz que, singular por natureza, atinge o mais autêntico e mais radical do ser humano.

Para concretizar o *Ser Mais* em todo homem e em toda mulher, como queria Paulo, a paz nos faz rir e sentirmo-nos mais gente. Vem embrenhada da capacidade de fazer existir a vida democrática, socialmente a ser vivida por todos e todas sob a égide da tolerância. A paz tem como objetivo a existência plena dos seres em geral, e mais especialmente dos seres humanos, mesmo com seus sentimentos e ações contraditórias, nutridas em nós, humanos, pelos nossos mais remotos traços de agressividade puramente animal. A *paz* é biófila, a paz é branca. É a expressão maior da tolerância, da colaboração, da cumplicidade entre os seres vivos, daqueles que querem viver felizes.

A guerra, qualquer que seja ela, atômica, bacteriológica ou armamentista, e o terrorismo indiscriminado instauram o reino das dores, dos dissabores, das crueldades, das injustiças, da deses-perança. Nasce dos desejos desenfreados de poder irrefreável. Do vilipendiamento das virtudes humanas. De entenderem que a eles cabe a tarefa de decidir o que devem ou não fazer os cidadãos do mundo, sobretudo os seus "fiéis". Estabelecem a separação entre o corpo e a alma. É o retrato da violência extrema e das mortes. Da desumanização da vida dos homens e das mulheres.

Pensemos no exemplo dos *jihadistas* do Estado Islâmico, que não podemos igualar aos que professam o islamismo, pois os terroristas têm um deus virulento, cheio de rancor e ódio, vingativo e cruel, que vê tudo sob o prisma do pecado e da "necessária" condenação, sectária e profundamente autoritária, de qualquer pessoa escolhida para pagar pelos infiéis. Por isso os indivíduos de qualquer parte do mundo devem ser convertidos às "suas verdades" ou sacrificados a qualquer preço, por armas brancas ou metralhadoras. Fazem decapitações macabras em seus próprios territórios. Se autossacrificam em nome de suas causas. Matam e se matam se tornando homens-bombas. Não há uma prática religiosa que reconheça em Deus a representação da paz, do amor e da misericórdia, mas sim a utilização da fé para incentivar e justificar o pânico, o medo paralisante, a vingança e o caos.

Os atentados de 13 de novembro de 2015, um deles à casa de shows Bataclan, em Paris, aparecem como emblemáticos desse terrorismo, sobre o qual precisamos refletir. A "capital da prostituição e do vício", como os *jihadistas* consideram a "cidade-luz", sofreu atos de intolerância, revestidos de uma brutalidade pouco conhecida, mas que são praticados como consequência, em parte, da socialização racista – entre a população francesa, branca, católica – que considera os imigrantes orientais, os árabes, os que praticam o islamismo e as mulheres que envolvem com véu as suas cabeças como sendo sujeitos de inferioridade intrínseca.

Essa discriminação histórica, de hostilidade preconceituosa, que vem se acirrando profundamente nas últimas décadas (não podemos esquecer a matança dos argelinos, por ordem do governo, no centro de Paris, em 1962), leva esses "cidadãos" a responderem com a mesma "política de ódio" que os atinge, desde longa data, indiscriminadamente. As sociedades civil e política da França têm tido uma preocupação frugal, insuficiente, insignificante de uma política de integração, de inclusão social, educacional ou cultural dos filhos e filhas e netos e netas de imigrantes muçulmanos. Na verdade, têm forjado uma política excludente e "esquizofrênica" entre os diversos segmentos da sociedade francesa. Não é coincidência que os apontados, inicialmente, como os inimigos externos, sejam, na verdade, homens e mulheres de cidadania francesa, impedidos do *sentimento de pertencimento* ao seu próprio país pela compreensão ultranacionalista prevalente nos "autênticos franceses".

Com essa carga de mal aventurança imposta pelos "brancos superiores", esses cidadãos ultrapassaram a razão do existir e da vida. Não têm lucidez nem tolerância, cometem atos abomináveis e repugnantes. Têm comportamentos condenáveis e uma visão fantasmagórica do mundo, que se antagoniza com a razão e às emoções genuinamente humanas. O que nos leva a uma nova questão:

b) A guerra é inexorável? E os atos terroristas? Por que guerreamos? Por que grupos se arregimentam para praticar o terrorismo?

Não. A guerra não é inexorável. Muito menos o terrorismo. Mas, para que não existam, precisamos saber, nos conscientizarmos de que a paz é fundamental, indispensável, mas que a paz implica luta. A paz se constrói na e pela superação de realidades sociais perversas, do fim da concentração das riquezas de alguns povos e nações e dos fundamentalismos religiosos. Como nos disse Paulo Freire, a paz se cria na construção incessante da justiça social, através do diálogo.

A guerra e o terrorismo representam, portanto, o desvirtuamento dos valores morais. São a personificação máxima da transgressão ética. São a figura da degradação do verdadeiro endereço ontológico humano. São a expressão das sociedades revoltadas – porque não encontraram outro caminho –, decididas a quererem o mal, a negação do *ethos* que é a própria vida.

Fazemos guerra por ambições incomensuráveis, por distorção de nosso caráter ético, quando deixamos ou até nutrimos o ódio, a ganância e a prepotência. Fazemos terrorismo impelidos pela perversidade da lógica cruel e assassina que carregamos dentro de nós vinda de nossos ancestrais mais remotos, quando a agressividade e a brutalidade seriam "naturais" porque necessárias à subsistência humana; pelo modo como são considerados/relegados em seus próprios países; pela educação necrófila desde a adolescência que neles introjetam as perversões, o espírito de vingança e vaticina a morte acima de tudo. Infelizmente, não vejo perspectiva para a superação desse estágio, a curto prazo.

A guerra e o terrorismo são resultados de uma leitura de mundo atrozmente distorcida, que leva aos extremismos dos crimes hediondos como se fossem sem importância, instalando a degradação e procurando atrofiar em nós a noção da grandeza da existência humana.

c) Por que queremos a paz? Por que precisamos da paz?

Porque em nossa mais íntima e profunda humanidade existe e prevalece, na maioria das pessoas, o espírito da beleza e dos sonhos de construção de um mundo que ultrapasse os próprios limites conhecidos por nós.

Precisamos da paz porque ela nos abriga no conforto da Mãe-Terra, no útero aquecido do cuidado, da tranquilidade, da *vida*. Precisamos da paz porque ela garante a preservação dos seres e do mundo na sua multiculturalidade e na diversidade de toda natureza.

d) A favor de quê e de quem estão a paz e a guerra? E o terrorismo?

A paz está a serviço de todos os seres do planeta. A guerra está, como sempre esteve, a serviço de poucos, dos donos do poder e dos que lucram com a fabricação e a distribuição dos utensílios e tecnologias de destruição. Infelizmente, guerras vêm sendo praticadas pelos fundamentalismos religiosos e pelos impérios econômicos desde a Antiguidade, que, sectariamente, decidem os destinos não só das pessoas, mas de todo o planeta Terra. O terrorismo está a serviço da morbidez, do execrando, da anti*vida*.

MEUS DIZERES E FAZERES EM TORNO DE PAULO FREIRE | 53

e) Como obteremos a paz? Como deve ser a "educação para a paz"?

A paz só pode se instaurar como consequência de uma educação crítico-conscientizadora, como a que Paulo Freire propôs em sua filosofia. Deve ficar evidente que a paz não é uma realidade dada, um fato intrinsecamente humano comum a todos os povos, ontológico e espontâneo. Na verdade, construímos a "Cultura da Paz" ou não. Precisamos desde a mais tenra idade formar as crianças nesta perspectiva do respeito às condições e relações intencionadas para a *paz*.

Há uma grande probabilidade de concretização a partir do diálogo freireano porque ele inscreveu na sua epistemologia crítica a intenção de atingi-la. O diálogo que busca o saber fazer a paz na relação entre subjetividades entre si e *com* o mundo e a objetividade do mundo, isto é, entre os cidadãos e a convivência pacífica, de união, de inclusão de todos e todas, que autentica este inédito-viável. A educação pelo diálogo que forma homens e mulheres na e voltados e voltadas para a "Cultura da Paz", da solidariedade, da fraternidade e da libertação humana. Da tolerância! É essa justiça social que pode se fazer com a generosidade, a amorosidade e tolerância freireanas – de sua *gentidade* embutida em sua obra e práxis – levada a todos os povos, todos os gêneros, todas as religiões, todas as idades.

Em última e derradeira possibilidade, ainda segundo Paulo Freire, a paz pode ser obtida, lamentavelmente, pelo caminho da violência, exterminando suas práticas cegas e que trabalham para sucumbir a paz. Portanto, justiça social é a tática para se conquistar a estratégia maior: a *paz*!

f) Que educação praticar para a obtenção da paz?

A pedagogia da pergunta em Paulo é a que pode nos dar os subsídios para a conscientização e o ato de ensinar-aprender a paz: para quê?

Por quê? Contra quê e contra quem? A favor de quê e a favor de quem? Onde? Quando?

Estas são perguntas que nos levam ao cerne ou à substantividade do objeto de análise em foco. Enfim, fazendo-as, saímos do senso comum e dos conhecimentos míticos e místicos e encontramos a verdade. E a verdade, a razão e nossas emoções nos dizem que precisamos estar *com* a paz e *contra* a guerra e o terrorismo.

É o que desejo dizer, é o que devo dizer, e é o que preciso dizer.

São Paulo, 23 de novembro de 2015[4]

---

4 Texto revisto pela autora em 25 de setembro de 2023.

Tenho lembranças muito boas de um encontro com Paulo e Nita em Boston, há muitos anos. Na época, fiquei impressionado com o fato de o relacionamento deles ser romance e caso de amor, construído dentro de uma estrutura profunda de paixão, diálogo e solidariedade teórica e política. Durante nossas conversas, na ocasião e posteriormente, Nita exibia seu brilho, que a destacava como companheira intelectual de Paulo e fonte de inspiração e apoio para o trabalho dele. Tanto seu brilho intelectual quanto sua solidariedade a Paulo estão explícitos nesse capítulo novo de "peregrinação do óbvio".

Talvez muitos leitores de Paulo não saibam que qualquer análise simples de suas contribuições intelectuais mostra que seus últimos dez anos de vida – vividos intensamente com Nita – foram seus anos mais produtivos no âmbito acadêmico, em termos tanto de quantidade quanto de qualidade. Parte da obra de Paulo não teria sido produzida sem a presença, a inspiração e as intervenções críticas de Nita. A autenticidade do relacionamento amoroso deles é marcada pela paz interna renovada de Paulo, que, por sua vez, convidou Nita a compartilhar e a ampliar "seu mundo mais íntimo de pensador". A coautoria desse capítulo novo da vida de Paulo sempre teve como característica um amor radical pela humanidade, permeado por sua denúncia intransigente de todas as formas de violência produzidas pela opressão, uma denúncia que deu força substancial a sua convicção de que o anúncio de um mundo mais humano é um ato de esperança.

Henry Giroux, professor catedrático de Inglês e Estudos Culturais na Universidade McMaster, Canadá, autor prolífico com mais de 70 livros publicados, fundou com Paulo Freire e Donaldo Macedo o movimento Pedagogia Crítica nos Estados Unidos

4.

COMO VEM SENDO COLABORAR COM A OBRA DE PAULO FREIRE[1]

Há algum tempo, amigos e amigas vêm insistindo comigo para que eu escreva sobre como está sendo trabalhar em colaboração com Paulo Freire, meu marido. Este testemunho que agora inicio, entretanto, não se deve apenas às insistências ou pressões deles e delas: considerei que esta é uma tarefa que deveria por muitas razões se concretizar. Como um dever e um direito, e, não, simplesmente para atender às carinhosas demandas que recebi.

Primeiro, resolvi escrever sobre o tema como um dever de justiça para comigo mesma e para com Paulo, não como um exercício acadêmico ou para atender à curiosidade de quem simplesmente gostaria de saber o que faz uma mulher que foi casada com renomado educador, além de tê-lo acompanhado nas suas peregrinações pelo mundo.[2] Segundo, como um direito, porque tendo recebido dele

---

1 Texto originalmente publicado na *Revista Contextos de Educación*, vols. 5-6, nᵒˢ 6-7, Universidad Nacional de Rio Cuarto, 2004-2005, pp. 28-46.
2 Sobre a peregrinação de Paulo, discursei na abertura do VIII Simposium de Educação, Cátedra Paulo Freire, em Guadalajara, no México, em 23 de fevereiro de 2000. O texto foi publicado no livro *Ética y conocimento em la transformación social*, organizado por Carlos Núñez Hurtado. "Se Paulo é chamado 'o peregrino do óbvio' não é só pelo seu caminhar epistemológico pelo mundo, mas é, sobretudo, por ter tido como princípio filosófico partir das coisas comuns do cotidiano, que são vistas com os olhos do amor e percebidas na sua peregrinação, na sua romaria, não nos 'lugares santos', mas no campo sagrado da identidade e do coração humano. Isto está em cada palavra dita ou escrita, em cada parágrafo de todos os seus livros."

o seu melhor, dado a mim na gratuidade do amor e vivido por nós em toda a sua inteireza em nosso casamento, não deveria me omitir de dizer como foi receber dele a oferta de penetrar no mais íntimo de seu mundo de pensador.[3] É importante, pois, compartilhar como pude interferir em seu trabalho depois de pronto e informar aos seus leitores e leitoras sobre alguns dados dos quais ele não se reportou ou não se aprofundou deliberadamente, ou ainda dizer e fazer o que ele não pode mais dizer nem fazer depois, obviamente, do fatídico 2 de maio de 1997.

Paulo, por exemplo, não voltara a se dedicar, não se debruçara mais em novos estudos da história do Brasil ou, mais especificamente, da educação em nosso país. Essa área, que tinha sido sua docência nos primeiros anos de seu trabalho, coincidentemente a mesma na qual me especializei, foi importante para ele e para mim. Por essa razão, pude desenvolver estudos cada vez mais profundos nesses temas "abandonados" por meu marido, comprometida que fiquei para trabalhar para ele com discernimento e eficiência. E ele ganhou mais tempo para o que considerava, então, de fundamental importância: abordar os problemas da nova realidade na qual encontrou o Brasil quando voltou do exílio.

O desafio de falar sobre o dever e o direito está se transformando em prazer desde que iniciei o processo de pensar/escrever, pois estou tendo a possibilidade de revisitar meus sentires de amor e companheirismo *por* e *de* Paulo ao falar sobre como é colaborar *com* ele em seus trabalhos teóricos. Por estar reconstruindo, de uma forma diferente das que tenho experimentado, os momentos felizes vividos *com* ele. Enfim, estou rememorando afetos ao preparar este

---

3 Considero também um dever meu escrever este depoimento diante da possibilidade de incentivar outras mulheres – que tendo capacidade intelectual ou sensibilidade poética, ou de qualquer outra natureza que seja – a compartilharem dos desafios possíveis e abertos por seus companheiros e/ou amigos escritores, pesquisadores ou demais ramos profissionais a que se dediquem.

MEUS DIZERES E FAZERES EM TORNO DE PAULO FREIRE | 59

depoimento. Infelizmente, aliás, uma das poucas formas possíveis de reviver a profunda, intensa e múltipla relação que mantivemos por muitos anos da sua e de quase toda a minha vida: deixando o meu *corpo consciente* ao sabor do sentir e do entender o que experimentei com ele. Prazer que, em suma, está restaurando em mim a percepção do enorme privilégio que tive de ter sido sua mulher, e, ademais, ter *com* ele trabalhado em colaboração e ser hoje, consequentemente, sucessora de sua obra.

Ter levado o meu saber ao trabalho teórico de Paulo me deu certo orgulho, por perceber que ele estava "precisando" de minha contribuição. Não inexoravelmente, pois com a capacidade cognitiva e inteligência de gênio de Paulo não seria difícil a ele, em pouco tempo, suprir as deficiências que ele mesmo sentia.

Foi, inegavelmente, um privilégio ter convivido com Paulo por sessenta anos, sempre como sua "aprendiz", quer como aluna e amiga, quer sobretudo como sua mulher. "Aprendiz" no sentido mais verdadeiro da palavra para Paulo: a de quem sabendo diferentemente do que o outro sabe, não necessariamente sabendo menos, aprende ensinando ao escutar (o ouvir que provoca em si e no outro a sensibilidade e a inteligência) o que o outro pergunta/diz, ao mesmo tempo, dialeticamente, aprende por quem foi instigado a ensinar. A condição de "aprendiz" não marcada, pois, pela hierarquia de inferioridade, mas pela *diferença* dos saberes. Os de Paulo conquistados pelos anos a fio de estudos, de reflexões que o possibilitaram criar uma teoria relacionada com sua práxis "molhada" de emoção e das epistemologias criadas por ele ou por outras e outros pensadores, em torno do mundo. Os meus no estágio de apropriar-me destes saberes, históricos, sociológicos, filosóficos etc., a partir dos quais, e, com minha sensibilidade e elaboração criativa, estou podendo construir o meu saber e o meu escrever. Escrever agora a serviço da necessidade de Paulo. Trata-se, portanto, de conhecimentos, que se elaboram dentro dos limites e das necessidades de nossas *diferenças* pessoais,

60 | ANA MARIA ARAÚJO FREIRE

assim gerando possibilidades diversas de criação e de recriação dos saberes e do trabalho em cooperação.

Fui sua "aprendiz" há muitos anos, quando ele foi meu professor na escola secundária e eu perguntava avidamente com minha curiosidade juvenil, e, mais ultimamente, com minha energia ávida por saber mais, como ele mesmo reconhecia, nos anos em que vivemos como marido e mulher. "Aprendiz" dele até hoje por seu exemplo de honradez cívica e política e de seriedade ética e científica, sem, contudo, querer ser ele, mas tão somente, como ele, procurando resgatar a minha humanidade e a minha possibilidade de conhecer e de ser sempre *mais gente*. Sinto-me, pois, *mais gente* nesta tarefa de colaboração com meu marido.

A maneira como colaboro com os seus textos tem conotação e natureza diferentes dos "livros falados"[4] feitos na fase do retorno de Paulo ao seu "contexto de origem", após quase dezesseis anos de exílio, o "contexto de empréstimo", como dizia. Assim, entendo que esses livros contribuíram, prioritariamente, para a concretização do desejo e da necessidade de Paulo de "reaprender o Brasil" e, de possibilitar o diálogo com outros educadores. Minha tarefa, no entanto, foi a de acrescentar e detalhar informações e fatos, de esclarecer coisas e ideias, entrando, como que "sorrateiramente", no

---

4 Examinando a bibliografia de Paulo Freire, podemos constatar que a volta definitiva dele para o Brasil, em 1980, inaugura uma nova fase, com um novo modo de trabalhar suas ideias ético-político-educativas: os "livros falados". Esses não significam, entretanto, uma ruptura na unidade que caracteriza toda a sua obra, a pedagogia do oprimido. Coerente com o que declarou, emocionadamente, em 1979, ao tocar esta terra tão amada, após tantos anos de exílio: "Volto para reaprender o Brasil." Paulo esteve algum tempo presenciando, auscultando e observando a nossa realidade. Sobretudo escutando a todos e todas que lhe queriam falar, sugerir temas ou criticar a sua obra. Assim, exercitando-se na reflexão sobre os novos problemas brasileiros, Paulo pouco escreveu sozinho nesse tempo de reaprendizagem: preferiu, prudentemente, pensar a nova realidade que encontrou em seu "contexto de origem" em diálogo com outros parceiros para então pronunciar a sua própria palavra. Em 1988, Paulo se sentiu "pronto" e retomou os seus escritos individuais, mas como aceitou ser secretário municipal de Educação, em 1989, foi obrigado a postergar por mais de dois anos os seus textos em andamento e suas respectivas publicações.

MEUS DIZERES E FAZERES EM TORNO DE PAULO FREIRE | 61

cerne de sua sábia capacidade de pensar e de saber dizer o que queria, pois, nesse momento, Paulo já (re)conhecia, suficientemente, o novo Brasil que encontrara em 1980.

Redigindo as notas de seus livros ganhei certa independência, mas, por outro lado, me sentia em estado quase permanente de tensão e inquietação diante das incertezas sobre a necessidade, adequação e clareza do que eu estava dizendo. O diálogo que eu ia pouco a pouco estabelecendo *com* Paulo não era diretamente feito com ele, fazia-o com os seus textos e seus futuros leitores e leitoras. Minha relação *com* Paulo dava-se com suas palavras escritas, mas não com as palavras pronunciadas. Assim, o diálogo com as palavras já ditas e prontas de Paulo – embora, obviamente, tudo o que eu escrevi tenha passado pelas suas mãos antes da publicação – era um diálogo que tinha momentos de maiores reflexões e dúvidas solitárias, que me exigia corresponder à confiança em mim depositada por ele. Em suma, se por um lado eu tinha autonomia no decidir onde e o que dizer, por outro lado, eu tinha um compromisso com o texto de Paulo, do qual não deveria me afastar, distorcer ou deformar.

Evidencio que fazer as notas dos seus livros teve uma conotação qualitativamente diferente daquela oportunizada por ele aos seus vários parceiros em seus "livros falados".

Hoje percebo claramente que o pedido de Paulo para colaborar em três das sete obras que ele mesmo publicou nos dez anos de nossa vida em comum[5] teve afora essa tarefa, em si muito importante, uma outra: a de me preparar para continuar o seu legado intelectual, isto é, a de organizar e fazer publicar os seus textos inéditos,[6] além de cuidar também de suas obras publicadas a partir de 1988. Tanto que deixou isso designado em instrumento jurídico-legal, o que me tornou

---

5 Estivemos casados de 27 de março de 1988 até o dia de sua morte, em 2 de maio de 1997.

6 Parte destes inéditos compõem a *Pedagogia da indignação: cartas pedagógicas e outros escritos* e *Pedagogia dos sonhos possíveis*, livros organizados por mim e que foram publicados em comemoração aos 80 anos de nascimento de Paulo, em 2001.

sob este ponto de vista sua sucessora e não apenas uma depositária de seu trabalho intelectual. Assim, não tenho dúvidas de que Paulo teve a intenção deliberada de me capacitar para essa tarefa maior, a ser cumprida depois de sua ausência entre nós, quando me convidou a colaborar formalmente em suas obras.[7]

Compreendo minha colaboração *com* Paulo em um sentido mais além do que nos informam os dicionários, a saber: "Auxiliar ou ajudar a fazer alguma coisa; trabalhar na mesma obra; contribuir."[8] O que venho vivendo, sentindo e realizando é mais do que isso, é assim que entendo os motivos pelos quais Paulo me deixou a incumbência de fazer as notas de seus livros[9] e de dar prosseguimento à sua obra.

---

7 Colaborei, inicialmente, com Paulo fazendo as notas de três de seus livros: *Pedagogia da esperança* (Paz & Terra, 1992), *Cartas a Cristina* (Paz & Terra, 1994) e *À sombra desta mangueira* (Paz & Terra, 2022), todos os três livros foram traduzidos para o espanhol e o inglês.

8 Algumas das acepções do verbete "colaborar" constantes no *Dicionário Aurélio Básico da Língua Portuguesa*. São Paulo/Rio de Janeiro: *Folha de S.Paulo*/Nova Fronteira, 1994/1995.

9 Considero importante transcrever trechos das introduções que fiz, dizendo de meus sentimentos quando redigi as notas para Paulo.

Em *Pedagogia da esperança*: "[...] Para mim foi uma alegria imensa colaborar numa obra dele [Paulo]. E colaborar escrevendo sobretudo acerca das coisas de que gosto tanto e com as quais venho me envolvendo, com paixão, há mais de quinze anos, as 'tramas' da história da educação brasileira. [...] Fazer estas notas não foi um trabalho mecânico ou neutro. Não, isso não existe e aquele seria impossível para mim diante de meu modo de ser, de me envolver e de entender o mundo. Elas estão carregadas de vivências, de minha compreensão da história da educação brasileira e de minha revolta pelo autoritarismo elitista e discriminatório da tradição colonial e escravocrata brasileira, ainda hoje presente entre nós" (pp. 201-203).

Em *Cartas a Cristina*: "Pensei que a experiência de 'notista' me daria condições de ser mais sucinta. Me enganei sobre mim mesma. Estimulada pela leitura das cartas e sobre a realidade mesma em que elas estão mergulhadas, com uma certa certeza de que ao escrever sobre esta realidade estou, pelo menos, fazendo um pouco do que Paulo faz muito – analisar, refletir, denunciar, criticar e escrever; em outras palavras, ler o mundo e escrever a palavra que equivale ao mundo de que fala –, escrevi muito. [...] Sem parcimônia fui construindo – não poderia dizer jamais que a contragosto do autor do livro – um espaço para as notas que não deixando de sê-las em nenhum momento delas, foram tendo também uma alma própria, uma certa e necessária autonomia. [...] Faço com alegria e convicção, através destas notas-denúncias, que mostram a cara mais feia do Brasil, a profissão de fé no povo brasileiro. De que ele é capaz de estabelecer a verdadeira democracia entre nós." (pp. 237-242).

MEUS DIZERES E FAZERES EM TORNO DE PAULO FREIRE | 63

Entendo *colaborar* como, essencialmente, um exercício de *fazer-se*, de *existenciar-se* na relação com o outro, numa tarefa em comum, junto ou ao lado, mesmo que sem a presença física do outro. Ao colaborarmos, aprendemos com quem nos ensina e ensinamos a quem, nos ensinando, aprendeu conosco, parafraseando Paulo e recuperando de outra forma o que disse, anteriormente, sobre a minha condição de "aprendiz". Estabelece-se entre os dois *Eus* uma relação de complementaridade nascida não necessária e exclusivamente das nossas incompletudes próprias da natureza humana, mas de nossas vontades intencionalmente cúmplices, conscientes e engajadas direcionadas para o mesmo objetivo. Isto é, voltadas para a estratégia por ambos pretendida, mas, é importante dizer, com as táticas possíveis de desempenho de cada um dos sujeitos do projeto. Assim, o ato de colaborar *com* Paulo implicou num chamamento, a um dos mais autênticos atos de fazermo-nos construtores de saberes éticos, políticos e pedagógicos em comunhão, nutrindo, repito, ao mesmo

---

Em *À sombra desta mangueira*: "Partilhar de um livro de Paulo é um privilégio e um gozo meus. Sendo sua mulher, não recebo seus convites para participar em seus trabalhos como direito ou dever, mas como privilégio e gozo. Privilégio de, contribuindo para seus escritos, ir-me fazendo e refazendo como intelectual e brasileira, pois sua narração neste novo livro, como nos outros já escritos, é radicalmente tirada da cotidianidade de sua vida, de suas emoções e reflexões surgidas da experiência recifense, pernambucana, brasileira, antes que das do mundo. Caminhar com ele neste percurso é me fazendo e refazendo então mais historiadora e mais autenticamente nacional. [...] Em *À sombra desta mangueira* – que poderia ser também das jaqueiras ou dos cajueiros, com suas copas igualmente generosas, as quais exalam cheiro inigualável desde a floração até o último fruto –, os cuidados com minhas notas serão os mesmos com que escrevi as da *Pedagogia da esperança* e de *Cartas a Cristina*. Assim, quero me colocar à sombra desta mangueira, como privilégio e gozo de poder tomar as ideias e a companhia de Paulo, que se sente mais lúcido e criativo nestas e em outras sombras nordestinas. Estas notas não pretendem invadir o texto do autor, mas complementá-lo. Talvez algumas pareçam desnecessárias; no entanto a linguagem e as ideias de Paulo ultrapassam o nível local, o que me leva a traduzi-las para um público universal. Minhas notas pretendem contextualizar este texto em muitas das suas aparentes obviedades de tempo, espaço e cultura brasileira. Elas são tão-somente descrições, narrativas e reflexões que querem esclarecer, nunca interferir no diálogo entre o autor e seus leitores."(pp. 89-90).

tempo, a plenificação mais profunda e abrangente de nossa relação de marido e mulher.

A confiança de Paulo no meu trabalho antes mesmo da elaboração das minhas notas demonstra, inicialmente, o homem simples e humilde em sua imensa sabedoria de relacionar-se amorosamente com o outro e a outra. O homem sempre disposto a compartilhar os seus saberes e afetos, a dar-me todo o seu empenho para que eu crescesse ao seu lado, também como uma intelectual freireana, porque ele sabia que esse era um dos meus grandes desejos. A prática do entendimento de Paulo em ter no outro a alteridade necessária para tornar-se, contraditoriamente, um *Eu* ímpar e mais genuinamente autêntico, abriu espaço, pois, para a minha colaboração nos seus trabalhos. Viu-me, sentiu-me e sabia-me o *Tu* dele e *com* ele, não só no campo afetivo-amoroso. Acreditando e respeitando-me não só como mulher, sua mulher, mas como um *Outro Eu* capaz de estabelecer também uma relação de compromisso e solidariedade *com* ele no campo político--intelectual, o que marcou, definitivamente, nossa cumplicidade amorosa. Fizemo-nos, então, mais *Eus* na complementaridade da radical plenitude do *Eu-Tu*, que não se acabou com ele.

Penso que seria oportuno e importante remontar essa história de colaboração bem do início, no nascedouro dessa possibilidade que vem se concretizando há mais de dez anos. Foi na qualidade de, ainda e somente uma das orientandas de Paulo, exatamente em 1986, quando eu escrevia a minha dissertação para obtenção do título de Mestra em Educação,[10] que comecei, de fato, a aprender a dizer sistematicamente o que queria como resultado do que tinha

---

10 Fiz a defesa pública dessa dissertação em 28 de junho de 1988. No ano seguinte esse trabalho foi escolhido por seu tema, o analfabetismo no Brasil, e publicado com o título de *Analfabetismo no Brasil: da ideologia da interdição do corpo à ideologia nacionalista, ou de como deixar sem ler e escrever desde as Catarinas (Paraguaçu), Filipas, Madalenas, Anas, Genebras, Apolônias e Grácias até os Severinos*, sob os auspícios do INEP/MEC, em comemoração ao Ano Internacional da Alfabetização.

MEUS DIZERES E FAZERES EM TORNO DE PAULO FREIRE | 65

sentido, observado, lido e refletido ao analisar teorias diversas e/ou fatos históricos sobre os quais eu escrevia. Isso porque ele me alertava sempre sobre a importância do *como*, do *porquê* e do *quê* dizer quando se escreve nos momentos em que mantínhamos, eu e ele, os diálogos em torno do que eu tinha escrito entre uma e outra das sessões de orientação dele.

— Nita, que coisas interessantes me dizes sobre tuas observações e intuições, sobre o que lês ou compreendes, mas não escreves sobre essas coisas por quê?

— Paulo, isso se diz num trabalho acadêmico? – perguntava ideologizada pela forma "neutra" que tinha aprendido que deveria ser uma redação de dissertação, sobretudo nos meus cursos de pós--graduação.

— Claro, claro... Deves dizer! A academia, muitas vezes, impõe um dizer "racional", sem as emoções, sem as vivências simples, mas tremendamente importantes para a constituição dos saberes. Se prendem a uma racionalização estúpida. Para os acadêmicos, o dizer ligado ao cotidiano e ao óbvio é desprezível porque os consideram instâncias nas quais geram-se apenas o conhecimento do senso comum. E esse não é entendido como um dos possíveis pontos de partida para o conhecimento científico, mas tão somente como um saber vulgar ou incorreto, que não tendo relação com aquele saber sistematizado, "superior", deve ser repudiado – respondia-me com a cortesia e o respeito que o caracterizaram, mas visivelmente indignado com o elitismo intelectualista.

Eu escutava e gravava numa fita as suas palavras nos momentos de orientação e refletia depois. Concluía, quase sempre, que meus esforços de estudante de pós-graduação que queria fazer-se uma "intelectual academicamente correta" era de um idealismo banhado de uma ingenuidade incrível. Alertada por Paulo enquanto meu orientador, tive a possibilidade de reformular-me no *quê*, no *porquê* e no *como* dizer o que queria e o que deveria dizer.

Assim, aprendi novamente com ele uma nova forma de escrever. Não mais só a forma gráfica e sintaticamente fiel à língua brasileira que aprendi com ele[11] e com meu pai, Aluízio, latinista por excelência, na minha adolescência de Recife. Mas a forma de escrever que se preocupa também com o sentido semântico das palavras, com o sentido rico e metafórico dos fatos e das situações, por mais simples que possam parecer, da vida real. Com a linguagem que sem negar a cientificidade do que se fala, se preocupa com a linguagem popular, poética, política e ética com a qual expressamos nossa *leitura de mundo*, visceralmente atrelada à linguagem da emoção e dos sentimentos sem os quais não se diz da vida. Não se diz as "palavras que pronunciam o mundo", mas tão somente se reproduz, sem criticidade, o que um punhado de "intelectuais" considera "cientificamente correto".

Em suma, aprendi, já adulta, a não ter medo de escrever como se vive. Pensando e sentindo como atos indissociáveis. Aprendi a escrever sobre o real sentindo-o emocionalmente. A falar dos conflitos, das dúvidas, dos mitos e das crenças das pessoas simples; das incertezas, das durezas e das misérias da vida; da grandeza e da mesquinhez dos homens e das mulheres; das coisas e dos objetos, das contradições e ambiguidades; das constatações e dos saberes filosóficos, científicos ou ingênuos; dos espantos diante dos fatos, eles mesmos interpretados em sua autenticidade e simplicidade do dia a dia ou do crivo reflexivo crítico; do permanente construir/desconstruir, e, assim, de como sentimos e compreendemos todas essas questões. Escrever como "um pensar de voz alta", ditado pelo que sentimos ao nos depararmos racionalmente com a coisa ou o fato em questão, mas sem faltar com a rigorosidade do ato de "pensar certo", como dizia Paulo, que implica, obviamente, na seriedade científica e na franqueza com a verdade ética e histórica. Aprendi assim *com* Paulo a dizer a minha palavra.

---

11 Fui aluna de Paulo na disciplina de língua portuguesa, nos idos de 1945, quando ele foi professor no Colégio Oswaldo Cruz, do Recife, de propriedade de meu pai, Aluízio Pessoa de Araújo. Meu pai foi a pessoa que tinha oferecido também a Paulo a oportunidade de completar o seu curso secundário (1937-1942) em seu renomado educandário.

Passei desde então a entender claramente que os saberes se constroem também no fazer e no fazer-se, e, no refazer e no refazer-se das pessoas comuns nos seus fazeres e quereres, nos seus sentires e pensares do todo dia e não, exclusivamente, nos atos dos heróis e nos pensamentos dos "gênios", como prega a história oficial ditada e/ou endossada como vêm sendo pelos cientistas e filósofos idealistas de diferentes matizes. Como se tudo que é sério, que é Verdade se construísse apenas nos campos de batalha, nas academias ou nos espaços da sociedade política. "Verdades" interpretadas e consideradas, matreira ou erroneamente, como os saberes ou fatos históricos que devem ser validados porque gerados pelos "verdadeiros donos" dos espaços significativos da sociedade. Nos privilegiados e enclausurados lugares onde só têm voz os "iluminados" que determinam por direito quase divino o que é fato histórico ou científico e quais são coisas banais que devemos negar e esquecer. Essas são interpretações elitistas, discriminatórias, alienadas e alienantes da vida, nada mais que isso.

Assim, contrapondo-me a essa compreensão, por discernir que Paulo tinha razão, me empenhei num "pensar certo" o objeto sobre o qual incidia o meu pensar ao escrever as notas, e, ao organizar e apresentar os novos livros de Paulo. Isto é, procurei não dicotomizar teoria/prática, dizer/fazer, pensar/dizer, dizer/sentir, pessoas simples/ "designados por Deus", cotidiano real/fatos retumbantes. Aprendi *com* Paulo a escrever um texto como quem *reescreve* a sua própria vida e a das pessoas ou acontecimentos que estão sendo alvo de nosso desvelar antropológico-ontológico-ético-político verdadeiro e autêntico. Sem falsas e hipócritas neutralidades. Sem o "faz de conta", tão valorizado entre "intelectuais", repito, que querem impor um ser humano que pode separar o seu sentir do seu pensar. Aprendi *com* Paulo a colocar, penhoradamente, todo o meu corpo no ato de escrever, porque escrever deve ser transpor para o papel, honestamente, o que sentimos, acreditamos, observamos, pensamos, discernimos,

68 | ANA MARIA ARAÚJO FREIRE

comparamos, avaliamos e refletimos, enfim, vivemos radicalmente com todo o nosso *ser*.

Minhas pesquisas e a minha própria escrita vêm tendo essa conotação de coerência como premissa absolutamente necessária e identificada com a minha consciência e com o que acredito ser cientificamente correto. Nas notas, informei alguns fatos históricos oficiais, mas me detive nas coisas simples, bem ao gosto de quem valoriza essa compreensão de mundo que mencionei. Assim, envolvi--me na *reinterpretação* dos "fatos consumados" na história oficial à luz dessa outra visão de Verdade, porque acredito que só assim poderia ser um *trabalho de colaboração com Paulo*.

Quero e devo dizer aos meus leitores e às minhas leitoras que foi assim, a partir dessa compreensão nova do ato de escrever, que o prazer e a segurança foram se instalando em mim. Assim é que hoje sequer consigo falar de alguma coisa desvinculada desses sentires, quer antes, quer durante o ato de escrever. Penso sobre o que quero escrever, sobre o que é necessário dizer e, então, com esse projeto, esse objetivo inicial na minha cabeça, vou escrevendo, transcrevendo-o para o papel, ainda que sem excessiva preocupação de segui-lo à risca. Geralmente meus escritos vão mudando, ou por reflexões mais acuradas, ou por mudança nas circunstâncias que determinam a vida social, ou, ainda, por sentimentos subjetivos mais profundos que vão me tomando a alma ou a consciência objetivada nos momentos de grafar as minhas expressões de compreensão das coisas sobre as quais estou escrevendo. Em suma, ao escrever vou deixando o sentir das intuições e das emoções e a razão do pensar e do criticar irem imbricando-se, dialetizando-se, intercruzando-se, negando-se, construindo-se e desconstruindo-se sem jamais buscar o porquê das emoções sentidas ou re-sentidas no próprio ato de escrever ou o porquê do caminho gnosiológico optado na explicitação da razão de ser dos fatos. E isso, repito, aprendi a partir da feitura de minha dissertação e posteriormente radicalizando-me nos sucessivos

MEUS DIZERES E FAZERES EM TORNO DE PAULO FREIRE | 69

trabalhos que venho realizando, quer sobre Paulo e sua obra, quer sobre outros temas, tendo-o sempre como referência de como se deve escrever. Não posso e não quero omitir tal fato.

Em suma, essa forma de escrever, além de ser a que permite a integridade ontológica e psíquica de quem escreve para consigo mesmo, é a forma correta de tratar metodológica e epistemologicamente as ideias, as coisas e os fatos que estamos analisando na sua totalidade e profundidade. Ademais, permite que leitores e leitoras penetrem como *sujeitos* tanto nas nossas tramas, no nosso raciocínio, na nossa *leitura de mundo*, nos nossos textos que traduzem os contextos nos quais estes se produziram, como nos nossos sentimentos e nas nossas emoções. A receptividade de Paulo diante dos meus primeiros escritos rascunhados à mão, quando iniciei a leitura da redação da minha primeira colaboração,[12] é que me foi dando a certeza de que é assim mesmo que devemos escrever. Que era assim que ele fazia e era assim que ele queria que eu colaborasse com ele.[13]

Em 1991, quase dez anos após ter publicado a sua última obra individual[14] e após ter cumprido o dever político-pedagógico para com a cidade[15] que o acolhera na volta do exílio, Paulo resolveu trabalhar novamente em alguns pontos da *Pedagogia do oprimido*, antes mesmo de reelaborar e completar as *Cartas a Cristina,* iniciadas quando ainda vivia em Genebra.[16] Ele reviu, aprofundou e esclareceu alguns pontos que considerava terem sido pouco entendidos por alguns leitores e

---

12 No livro *Pedagogia da esperança.*
13 A leitura de mundo/ato de escrever de Paulo – todos e todas nós sabemos – é autenticamente centrada na seriedade científica e na criticidade teórica, a partir do cotidiano e da prática, na razão dialeticamente composta com a emoção.
14 Trata-se do livro *A importância do ato de ler.*
15 Paulo foi de 1º de janeiro de 1989 a 27 de maio de 1991 secretário de Educação da cidade de São Paulo, durante a "gestão popular" do governo da então prefeita petista Luiza Erundina.
16 Cartas prometidas à sua sobrinha, Cristina, explicando-lhe quem era o seu "famoso tio educador", iniciadas na Suíça, mas interrompidas por mais de dez anos.

leitoras, como também reelaborou outros que ele mesmo considerava ter "resvalado", fazendo um "reencontro" com essa sua revolucionária obra, tão longa e minuciosamente trabalhada, o que resultou num novo ensaio, num novo livro intitulado *Pedagogia da esperança*.[17]

Foi exatamente quando estava terminando de escrever esse livro que, um dia, ele entrou na minha salinha de trabalho, contígua à dele, andando leve e manso, em passadas pequenas e firmes, aparentando um misto de cara de menino feliz e de intelectual sério e rigoroso, e me perguntou com seu bom humor e amorosidade habituais:

— Nita, tu queres mesmo escrever umas notas explicativas para este livro? – disse com os braços estendidos, olhos faiscando de brilho, voz terna e tendo nas suas expressivas mãos as folhas de papel escritas de próprio punho.[18]

— Paulo, você me acha capaz de fazer isso? De colaborar diretamente em uma obra sua? – respondi feliz e emocionada com o que ouvira e com o que via: ele, carinhosamente ofertando os seus mais novos manuscritos a mim.

— Se não fosses capaz de colaborar comigo, não a teria convidado, evidentemente. Nem teria sequer sugerido isso dias atrás, quando senti a necessidade de aclarar alguns pontos. Mas quis deixá-lo quase pronto para então te consultar se gostarias de fazê-las e então "oficializar" o meu convite. Quero que, na qualidade de historiadora que és, faças a contextualização dos temas que trato nestes escritos para que fiquem mais explícitas algumas coisas que... que nem sei fazer... – disse-me com sua habitual modéstia enquanto eu, espantada, dava tempo ao meu coração, que tinha disparado, voltar ao seu ritmo normal. Olhando-nos, eu calada, ele prosseguiu:

---

17 Publicada em 1992. Nos primeiros manuscritos desse livro de Paulo consta como título "Re-introdução da pedagogia do oprimido, 1991".

18 Paulo jamais escreveu em máquina de datilografar ou em computador, toda sua produção se deu de modo manuscrito.

— Como historiadora, tens a consciência também da importância de resguardar os meus manuscritos. Aliás, tu já me alertaras sobre isso há poucos dias... nunca, na verdade, tinha me apercebido disso... Arquive-os para ti, a partir de hoje não só estes, mas todos os que escreverei... E todos os que formos encontrando em minhas gavetas e prateleiras das minhas estantes de livros.[19]

Na verdade, como o pensador criativo que foi, Paulo não gostava mais de investigar, de debruçar-se sobre os fatos históricos ou mesmo outros detalhes necessários para contextualizar os momentos ou fatos de seus escritos. Valorizava-os, evidentemente, pois sua epistemologia filosófica, ético-estética, política e pedagógica partiu exatamente dos estudos que realizou dos fatos historicamente sofridos pela maioria da população, determinados pelas seculares condições de opressão no Brasil. Todavia, não lhe apetecia mais verificar tais pormenores. Preferiu, então, deixá-los ao meu encargo. Sabia do meu gosto em fazer isso e sabia da necessidade de dar a dimensão do tempo e de lugar aos seus escritos, e da importância de ir introduzindo-me na responsabilidade pela perpetuação de sua obra. Deu-me, pois, por decisão e gosto subjetivo de não mais se meter na historicidade ou na história mesma e por saber da necessidade objetiva de fazê-lo para dar mais concretude ao seu livro e de preparar-me para o futuro, um presente: *colaborar com* ele em suas obras.

Aliás, quantos presentes ofertados num só dia entre nós dois. Meu sim calou nele também como um presente – porque na verdade ele me convidou, segundo seu depoimento, sabendo que poderia ouvir um sim ou um não –, já que a minha aceitação selaria mais do

---

19 Alguns desses textos fazem parte dos dois livros, citados anteriormente, que organizei, apresentei e fiz publicar em 2000 e 2001. Gostaria de registrar aqui que, dos primeiros livros de Paulo, o único manuscrito que se "salvou" foi o da *Pedagogia do oprimido*, entregue ao ministro chileno Jacques Chonchol, para que constatasse que não se tratava de um manual de críticas ao povo e ao governo chilenos ou ao próprio presidente Frei, conforme diziam então algumas pessoas sobre a obra de Paulo em Santiago.

que me comprometer a contribuir com a sua primeira obra teórica após o nosso casamento, mas representaria o momento explícito e significativo de minha cumplicidade pedagógica e política para com a sua opção de vida de educador ético-libertador. Era para nós, sem que eu mesma estivesse consciente disso, um compromisso *a posteriori* do que vem sendo o meu atual papel: a responsável pela perpetuação de parte de sua obra publicada e pela divulgação de seus trabalhos inéditos.

A generosidade de Paulo era de tal nível que dar, ofertar e comungar comigo as suas ideias e seus *quefazeres* representavam para ele um momento importante de receber. E isso demonstra a sua capacidade de amar, quase palpável nas palavras de suas obras com relação ao que fala e a quem fala. Hoje, me é difícil entender por que não marquei na minha agenda esse dia tão importante para nós dois. Generosidade de dar e aceitação de colaborar que convergiram, tensa e plenamente, para a unidade de interesses e cumplicidades no terreno político-pedagógico, e, ao mesmo tempo, para nutrir com mais paixão e profundidade a nossa relação de amor, não devo deixar de repetir. Em outras palavras, ao receber dele essa delegação e ao aceitar comungar com ele os seus *quefazeres* e as suas ideias, também fui humilde e amorosa. Nutrimos reciprocamente a relação que tínhamos optado em viver. Momentos que prepararam o hoje, para me dar possibilidades das condições necessárias para continuar publicando os seus trabalhos. Escritos que avidamente vêm sendo esperados cada vez mais pelos e pelas que querem alimentar as suas esperanças de dias melhores diante de um mundo de insensatez e de intolerância; pelos e pelas que sabem que precisamos interferir no mundo – e não o deixar na mecânica da inércia, que o levará à autodestruição – a partir de bases científicas, éticas e políticas consistentes, verdadeiras, que seus escritos impregnados de sua sabedoria de pensador das coisas do mundo nos podem oferecer.

MEUS DIZERES E FAZERES EM TORNO DE PAULO FREIRE | 73

Uma coisa importante que surge dessas minhas considerações é afirmar que os verdadeiros sábios são aqueles que não se consideram sabendo tudo e que, também, não são os que consideram os outros e as outras incapazes de cooperar consigo em seus trabalhos. Paulo tinha uma visão clara e lúcida sobre essa questão nascida de sua leitura de mundo solidária. De sua postura de humildade e de aceitação do diferente. De sua prática de viver em comunhão. De sua compreensão dadivosa de ver e de tratar os outros e as outras como pessoas que poderiam envolver-se com o seu engajamento e compromisso político-ético-pedagógico, sem tirar-lhe, de nenhuma maneira, o seu habitual brilho.

Paulo jamais determinou sequer onde ou sobre o que eu deveria dizer nas notas. Eu fui absolutamente livre para escrever como bem entendia e queria, com exceção de duas delas. Quando escrevia as da *Pedagogia da esperança*, ele me sugeriu falar sobre os poéticos nomes das ruas do Recife. Quando escrevia as de *Cartas a Cristina*, ele pediu-me para pesquisar o que tinha sido um movimento denominado de "Turma do Lenço", muito pouco falado e conhecido, mesmo por nós pernambucanos, ao qual seu pai se referia com repúdio quando Paulo era menino.

Paulo reagia muito alegremente todas as vezes em que terminando alguma das notas eu as levava a ele para o processo de "aprovação". Sentava-me numa poltrona em frente de sua mesa de trabalho e lia em voz alta os escritos enquanto ele acompanhava-me com uma cópia xerox nas mãos. Com cuidado e atenção ele lia e ouvia, resgatando as suas reflexões para certificar-se da oportunidade e adequação ao seu texto do que eu narrava ou acrescentava às suas argumentações, para, então, dar o seu "parecer". Às vezes a situação se invertia, era ele que vinha à minha sala e sentava-se à minha frente, tendo antes perguntado:

— Tu já fizeste, Nita, mais alguma nota? – perguntava-me sem entusiasmos exagerados, com palavras e tom de voz que jamais me fizeram sentir pressionada, mas ao mesmo tempo entendendo que ele estava ansioso para conhecer a minha produção.

– Está muito boa, Nita! Continue!...

Ou então:

— Nita, não está muito claro para quem vai ler o que estás procurando dizer. Sabes e deves reescrever este trecho... – dizia advertindo-me a pensar e reconsiderar o já escrito.

Uma a uma, nos momentos em que eu acabava e lia as notas para ele; depois todas em bloco, para ter a necessária visão de totalidade, quando então dava a sua avaliação final, Paulo com sua maneira singular de respeitar e valorizar o trabalho do outro geralmente ficava contente com o redigido por mim para os seus livros. Agradeceu sempre, amorosamente, a mim, tanto em nosso âmbito doméstico quanto em âmbito público, nas dedicatórias[20] de seus livros.

Sobre o meu processo de escrita, confesso que no início havia dificuldades em escrever um texto inteiro e, por vezes, sequer um parágrafo absolutamente correto e com a precisão necessária do que pensava e desejava comunicar. Minha prática era recortar com a tesoura os trechos que eram "bons", para separá-los dos que necessitavam ser eliminados ou reescritos, já que eu escrevia à mão. Assim, não precisava copiar parágrafos inteiros de meus escritos e me valia desse artifício, do qual o uso do computador me livrou, não preciso mais carregar um verdadeiro amontoado de folhas de papel de vários tipos e tamanhos com palavras grafadas com lápis ou diferentes cores de tintas das canetas para o aperfeiçoamento dos meus textos.

---

20 Transcrevo aqui, a exemplo, duas dedicatórias de Paulo para mim. Em *Cartas a Cristina*: "A Ana Maria, minha mulher, não apenas com o meu agradecimento pelas notas, com as quais, pela segunda vez, melhora livro meu, mas também com a minha admiração pela maneira séria e rigorosa com que sempre trabalha." Em *À sombra desta mangueira*: "A Ana Maria, Nita, minha mulher, com meu agradecimento, mais uma vez, pelas notas cuidadosamente trabalhadas com que vem melhorando meus livros."

Isso era para Paulo uma coisa absolutamente incompreensível, portanto recriminava-me, ao mesmo tempo que elogiava ou pedia para eu refazer alguma das notas. Seu amor e disciplina ao próprio ato de escrever, absolutamente diferente dessa minha parafernália, o deixava desconcertado ao ver a minha falta de cuidado com a aparência de meus textos. Quase todas as vezes em que via esses meus desordenados escritos ele não se continha e comentava:

— Nita, não entendo como és tão exigente com a ordem na casa... e com seus trabalhos intelectuais és assim!

— Nita, como tens coragem de tratar assim os teus escritos?!

Em suma, estimulando-me ou apontando-me as minhas deficiências, ele me ajudou a buscar a exatidão necessária para que meu trabalho estivesse pronto para figurar em seus livros. Com este objetivo, procurei seriamente, em todos os momentos de feitura das notas, e, sobretudo, agora, quando não tenho mais a sua segura e decisiva orientação, a fidedignidade, a rigorosidade e a boniteza dos meus dizeres sobre meus sentires e pensares. A confiança sempre depositada no que eu estava fazendo pode ir se transformando na fidelidade de meus textos aos seus desejos, inclusive os não explícitos, do que queria que eu escrevesse, como também na possibilidade de soltar-me no sentido de poder criar livremente. Seus gestos, seu olhar e seu escutar[21] e suas palavras e frases simples e adequadas nos momentos de verificação e avaliação de minhas notas. E, obviamente, na intensificação do que vivemos no cotidiano a tal ponto que ainda hoje o sinto como uma presença viva em mim.

---

21 A esse respeito, ler o ensaio que escrevi: "Paulo Freire: seu tocar, seu olhar e seu escutar", publicado na revista *Convergence*, do International Council for Adult Education, em inglês e em português, em um volume especialmente dedicado a Paulo, "A Tribute to Paulo Freire". O mesmo ensaio foi também publicado na *Revista de Educação AEC*, da Associação de Educação Católica do Brasil, em 1998, e, revisto e ampliado, no livro *Paulo Freire: quando as ideias e os afetos se cruzam*, de organização de Maria Nayde dos Santos Lima e Argentina Rosas.

Esses momentos tão significativos se fizeram sem grandiloquências e exacerbações, sem adjetivações que pudessem ser interpretadas como um sinal de fracasso ou sucesso de minha parte. Sua expressão facial, seu olhar, seus gestos ou seu silêncio, tanto quanto as suas palavras serenas e tranquilizadoras quando gozei de seu irrestrito e alegre apoio, ou mesmo quando recebi seu estímulo para as notas que julgávamos precisarem ser melhoradas, traduziam sua postura de educador que, acima de tudo, soube viver plenamente o respeitar. De homem que, sem negar o adverbial, constitui-se a favor do substantivo, do pronome e do verbo. Da ênfase na pessoa, na relação e na ação.

Esse é o meu testemunho sobre o privilégio que venho tendo de colaborar e difundir a obra do filósofo da educação, do pedagogo da libertação Paulo Freire. Do meu marido, Paulo.

São Paulo, domingo, dia 13 de janeiro de 2002[22]

---

22 Texto reeditado pela autora em 3 de fevereiro de 2023.

As palavras profundamente evocativas de Nita Freire evidenciam características distintivas de Paulo Freire, "seu tocar, seu olhar e seu escutar", como uma maneira fundamental de interagir com as pessoas de todas as camadas sociais: desde os trabalhadores rurais de Pernambuco, da América do Sul e da África, até aos membros das "elites do poder". Em seu texto, Nita vividamente descreve como Paulo possuía uma capacidade única, um tipo de personalidade magnética, que lhe permitia conectar-se, atrair, interagir e conversar com todos, sempre à procura do Ser Mais e do Ser Gente, e com uma tolerância crítica, o que resultava num diálogo vivaz que refletia o seu profundo amor pelas pessoas e pela vida.

"Paulo Freire: seu tocar, seu olhar, seu escutar" foi escrito logo após a morte de Paulo em 1997. Em estilo poético, Nita fornece um pedaço do mosaico da pessoa chamada *Paulo Reglus Neves Freire*. O texto atemporal, além de manter vivos a memória e o trabalho de Paulo Freire, é uma revelação para todos aqueles que nunca tiveram a oportunidade de conhecê-lo pessoalmente (e oferece uma reminiscência a quem teve esse privilégio); é uma homenagem comovente ao grande filósofo da educação, ao pedagogo político radicalmente dedicado a enfrentar todas as formas de opressão. O texto de Nita Freire é uma representação maravilhosa – feita com o equilíbrio entre arte e ciência – do caráter de Paulo Freire e também um testemunho do casamento amoroso e maduro que Nita e Paulo compartilharam.

Ana Cruz, professora de Educação, recipiente do 2022 Paulo Freire Democratic Project Award of Social Justice e presidente da 3rd International Conference Paulo Freire: The Global Legacy

5.

PAULO FREIRE: SEU TOCAR, SEU OLHAR E SEU ESCUTAR[1]

Digo sempre que não é fácil escrever sobre Paulo. A proximidade que tive dele tornou possível constatar toda a força da intensidade e profundidade de seus sentimentos aliada a sua inteligência pouco comum e seu caráter de humildade autêntica; ainda assim e contraditoriamente, o ato de escrever sobre ele como pessoa se faz bastante difícil, adjetivo que escolho para lhe ser justo, para não lhe negar o que é dele por direito por ter ele mesmo nele construído para o seu modo de ser *com* o mundo.

Conheci-o muito menina, em 1937.[2] Acompanhei seu crescimento intelectual, profissional e pessoal, nem sempre de perto, desde então até o dia de sua morte. Ao lado dele, partilhando com ele quase todos os dias de nossas vidas desde 1987, quando então percebemos que, além das afinidades de ideias e da amizade por longos anos nutridas,

---

1 Texto originalmente publicado na revista *Convergence*, do International Council for Adult Education, volume XXXI, Toronto, Ontário, 1998. Posteriormente, foi também publicado na *Revista de Educação AEC*, da Associação de Educação Católica do Brasil, em 1998; e, em edição revista e ampliada, no livro *Quando as ideias e os afetos se cruzam*, de organização de Maria Nayde dos Santos Lima e Argentina Rosas em 2001.

2 Paulo foi beneficiado com uma bolsa de estudos por meu pai, Aluízio Pessoa de Araújo, que, além de ter-lhe oferecido o curso secundário no Colégio Oswaldo Cruz, proporcionou-lhe seus primeiros empregos. Primeiro na administração disciplinar e depois como professor de língua portuguesa, um dos grandes sonhos de Paulo, quando então fui sua aluna, ambos no memorável educandário de sua propriedade, na cidade do Recife.

80 | Ana Maria Araújo Freire

havia algo maior do que uma fascinação que nos atraía um para o outro, o amor.

Casamo-nos em 1988 e, durante dez anos, pudemos vivenciar dimensões da vida que só uma relação da natureza que construímos já em fase madura de idade, de doação, de compreensão e de paixão de um pelo outro pode se efetivar. Sua ausência vem sendo marcada em mim por uma imensa saudade que hoje sinto do com ele vivido, mas sobretudo dele mesmo como companheiro. Isso me provoca, paradoxalmente e apesar da dificuldade mencionada, a vontade de reavivar a sua presença no mundo, falando e escrevendo sobre ele.

Presenciei como testemunha privilegiada sua paciência e sua rebeldia, sua generosidade e sua indignação, sua seriedade e sua maneira de criança de brincar com os amigos e as amigas, seu engajamento político a favor dos oprimidos e das oprimidas e sua tolerância crítica para com os diferentes de si. Vi e senti sua obstinada deliberação de viver para o amor e o amar. Compartilhei *com* ele essa maravilhosa forma de entender o mundo e nele experienciar-se. Paulo foi um homem que não apenas passou pelo mundo, mas foi marcado e marcou com sua presença transformadora ao viver plenamente a vida, em todas as suas nuances e dimensões.

Gostaria, porém, de neste escrito sobre ele destacar apenas três traços característicos, *molhados* da humildade que marcou sua consciente presença no mundo, enfim, de como ele praticou na vida diária o seu *ser gente*. Os seus gestos mais significativos que o foram tornando, sem dúvida alguma, o homem que em todos os instantes da vida demonstrou esse seu caráter amoroso e seu mais íntimo de ser aberto e confiante no outro e na outra: *seu tocar, seu olhar e seu escutar*.

Esses são traços, assim entendo, que só aparentemente estão em torno ou denotam exclusivamente o lado sensível do homem em Paulo. Compreendo que o modo muito especial do *ser gente* que ele priorizou em sua instância de ser, repito – e muito valorizou nos outros e nas outras – e que nele mesmo, intencionalmente, aperfeiçoou como qualidades de homem cortês, de cidadão político e de educador dialógico, insere tais gestos numa dimensão que ultrapassa a esfera do sensível.

Entendo essa capacidade que ele tinha de *tocar* enquanto dialogava e de *escutar* paciente e atentamente o outro, ambos os gestos completados por seu *olhar* forte, profundo e meigo, como categorias que ultrapassam o campo do sensível, da emoção ou mesmo de uma simples racionalidade intencional pela qual poderia ter optado para expressar seus sentires, ou mesmo provocar os dos outros. Seus sentires se instalam no espaço mais profundo, abrangente e autêntico do ser humano, o ético-estético-pedagógico, e por isso também político, onde cabem, pois, em parceria de igualdade a inteligência do gesto e a sensibilidade dos valores humanos do certo, do desejável e da boniteza.

Suas mãos leves e expressivas tinham uma sutileza marcante. Suas pupilas cor de mel tinham o doce sabor de sua sabedoria e de sua bondade imensa. Quem um dia conversou com Paulo pode hoje claramente relembrar, e em primeiro lugar, como se sentiu, e, reconstituir até esse sentir em todo o seu ser, o momento em que ele *o* ou *a* tocou no ombro com suavidade, como sempre gostava de fazer quando dialogava; e *o* ou *a* olhou com a firmeza dos justos e mansos. Com menos facilidade, estou certa, se lembrará das palavras trocadas, mesmo que elas tenham sido muito importantes, como aliás sempre eram, mesmo nas conversas mais informais e nas histórias mais simples do cotidiano contadas por um ou outro. Esses momentos se fizeram pela força de todo o *corpo consciente* de Paulo posto em disponibilidade ao outro ou à outra em momentos de rara beleza afetiva e de provocação ao pensar, portanto, de interação humana mais plena.

O *ato de tocar olhando* as pessoas nos momentos de *trocas de palavras*, isto é, de *escutar* ou até mesmo do silêncio cúmplice, se fez *em* e *de* Paulo; assim, mais do que um contato de corpo a corpo, ato tão natural na cultura brasileira. Se fez um ato de todo o seu ser através de sua mão e de seu olhar atingindo o ser do outro em sua totalidade, em sua razão e sua emoção.

Foi sua sensibilidade, sua inteligência e seu respeito pelo outro e pela outra que aproximaram seu *eu generoso* pelo toque e pelo olhar ao seu *não eu* ou *quase eu* – poderíamos dizer assim diante de sua enorme tolerância e solidariedade – sempre que o outro ou a outra o permitisse. Essas virtudes ele aperfeiçoou, como tantas outras, ao longo da vida, porque ele fazia desses gestos aparentemente simples de *tocar*, de *olhar* e de *escutar* uma comunicação na qual estavam implícitos seu desejo de igualdade e fraternidade, sua presença de coerência e cumplicidade e seu testemunho de satisfação e alegria diante da vida mesma e de sua razão de ser. E assim, da vivência plenificada com a relação estabelecida naquele instante com o outro e a outra que se alongava através da amorosidade na possibilidade do conhecer-se e do conhecer.

Acredito que, para Paulo, o *tocar* e o *olhar* quando *escutava* foram, inicialmente, espontâneos, vinham do mais ardente do seu cerne, mas estou certa também de que depois a sua acurada intuição sabia que esses seus gestos "tocavam" de alguma maneira no íntimo dessas pessoas. Para mim não resta dúvida de que ele sabia que esses seus gestos ajudavam a criar a comunicação mais autêntica, profunda e bela do diálogo gnosiológico amoroso através do sensível. Acredito que esses seus gestos se consubstanciaram, pois, substantivamente, em momentos pedagógicos, tanto da instância epistemológica humanista quanto da instância antropológica política libertadora.

Essa sua capacidade de *escutar*, não de ouvir simplesmente o outro, mas esse *escutar* sobre o qual nos falou na *Pedagogia da autonomia*, que fazia arrepiar seus pelos, bater forte seu coração e sentir a palpitação de seu sangue nas veias – e, sobre a qual venho insistindo em minhas análises e escritos sobre a epistemologia de meu marido –, *escutar* marcado pelo seu *olhar* e seu *tocar, anunciava* o momento de acolher e

MEUS DIZERES E FAZERES EM TORNO DE PAULO FREIRE | 83

recolher dentro de si o que ouvia do outro. Dentro da sua inteligência lúcida, aliada à intensidade dessas emoções – momentos indissociáveis em Paulo, nunca podemos esquecer –, ele entendia, refletia e depois dizia ao outro a palavra pronunciante de vida e do mundo, quer ela viesse sistematizada ou não, quer fossem palavras de dor, de alegria ou de espanto, quer versassem sobre as coisas mais simples da vida cotidiana ou não. A resposta esperada vinha sempre ou sob a forma de silêncio que tantas vezes traduzia dele o melhor *escutar* – nesse caso ele olhava ainda mais profundamente o seu interlocutor ou interlocutora – ou pela palavra instigadora da reflexão e/ou pela palavra que traz alívio, do entendimento e da cumplicidade política ou afetiva.

Foi, portanto, através desse seu modo de *ser gente*, dessas suas qualidades, sobretudo a de *escutar*, de se abrir ao outro, confiando no outro e fazendo-se ser de confiança para o outro, sem preconceitos e sem *a priori*, que ele pôde compor a sua teoria do conhecimento. Explico.

Quando nos anos 1940 e 1950 do Nordeste brasileiro Paulo se sentou com os trabalhadores de Pernambuco como educador e, depois, como diretor do Setor de Educação e Cultura do SESI, ele aprendeu a ir transformando o ato de ouvir em *escutar*, fazendo, deliberadamente, desse um dos pilares gnosiológico-político-ético--estético de sua teoria educacional, de sua pedagogia da libertação. Foi das verdades do senso comum, do mito e do místico, dessa leitura de mundo dos pescadores, dos camponeses e dos operários, que ele partiu e, portanto, propôs a sua superação, como gostava de enfatizar, para compor essa nova e revolucionária epistemologia, essa nova compreensão de educação, como preferia nomeá-la, sistematizada e aprofundada ao longo de sua vida desde aqueles anos cinquenta do século passado.

Praticando com gosto e cuidado *o ato de escutar* o povo, e, tendo ao mesmo tempo lido, estudado e refletido sobre obras de educadores, de sociólogos e de filósofos da Europa e das Américas – privilegiando as sobre a realidade brasileira –, outra maneira de *escutar,* Paulo pôde entender mais profundamente o que ouvia das camadas populares. Nessa prática ele foi percebendo a diferença entre o *ouvir* e o *escutar,* e *transformou intencionalmente o ouvir em escutar.* Assim, compôs uma teoria engajada científica e politicamente com as necessidades, desejos e aspirações dos oprimidos e das oprimidas. Em última instância, Paulo pôde pela natureza mesma de sua forma de *ler o mundo* devolver sistematizado ao povo o que *escutou* dele e que completou com o que *escutava* dos autores teóricos. Enraizou-se no concreto o que veio do senso comum, interpretando com simplicidade, ou da dramaticidade do vivido/sentido pelas camadas populares, através da sua razão crítica e lúcida e de sua emoção solidária e generosa. Ofereceu-nos a todos e todas nós, *ficou* apenas escutando do povo, reafirmo, as possibilidades de conscientização e de construção/apropriação de saberes capazes de nos levar à organização para as ações culturais, para a libertação mais genuína e ontologicamente humana. Paulo fez práxis com todo o seu corpo consciente.

O ato de tocar-olhar-escutar, em Paulo, como uma unidade indissolúvel, abarca, pois, o que ele compreendeu por *anúncio* e *denúncia.* Primeiro, o *anúncio* de dias melhores quanto à equidade e à justiça no ter, no querer, no saber e no poder; e segundo, pela *denúncia* escutada com compromisso e respondida pela palavra verdadeira, como dizia, por uma teoria do conhecimento que não se satisfaz com o simples saber *sobre* e *para* saber. Quer transformar para a libertação homens e mulheres.

Entendo, portanto, que o *escutar-tocar-olhar* se fizeram de Paulo atos da razão e da emoção acolhedora, da emoção sentida norteando a lucidez da racionalidade possível. Isso confirma a todos e todas nós que ele nunca teve medo dos preconceitos típicos do comportamento academicista, que vem repudiando secularmente, como não científico, positivistamente, o pensar-sentir como um fenômeno único produzido pelo corpo inteiro de quem pensa lucidamente sentindo, ou o mesmo, sente profundamente ao pensar. Paulo antes fez disso, e não cansou de proclamar, como um legítimo saber acadêmico.

Assim, *tocar*, *olhar* e *escutar* se fizeram em Paulo momentos do diálogo gnosiológico amoroso e político do *Eu-Tu* em torno de algo que ele com o outro queriam conhecer. Esses seus gestos simbolizam, pois, além do seu afeto verdadeiro, a sua compreensão da unidade dialética possível de pessoas fazerem-se realmente sujeitos e conhecerem mais o mundo relacionando-se e assim ampliando as possibilidades das ações transformadoras deste e de si próprios na direção do *Ser Mais*. Do *ser gente*.

Em outras palavras, dialeticamente relacionando razão com emoção, como um ato único engendrado na totalidade do seu ser, Paulo devolvia ao outro, intencionalmente, a grandeza da troca dialógica, através desses gestos, do sentirem-se como *gente* e da possibilidade de fazerem-se ambos, em comunhão, *Seres Mais*, seres do saber, seres pronunciantes do *mundo*, seres da *vida*.

Tocar, *olhar* e *escutar* tornaram-se para Paulo e para quem com ele vivia momentos de coerência e convergência do *sentir-pensar-dizer* consubstanciados na dialogicidade e na politicidade, pilares da sua teoria ético-político-educativa. Dialogicidade e politicidade da mesma natureza com a qual Paulo estimulou em seus livros ou nas salas de aula a relação autor-leitor ou educador-educando a intenção de construir o conhecimento e o *existenciar-se*. A possibilidade de saber e a amorosidade. Amorosidade que implica a prática transformadora, libertadora, o biografar-se.

Seus gestos tão verdadeiros quanto humildes na proximidade dos corpos, seu *com* o outro ou a outra, só foram gestos sensíveis na aparência, pois traduziam, na verdade, a dialogicidade, a politicidade, a eticidade e a esteticidade – o proclamado e autêntico humanismo freireano – que incluíam num único, rico e complexo momento e razão de ser da existência humana a racionalidade/emoção/transformação do mundo.

Enfim, sua presença no mundo, seu corpo físico com *seu tocar*, *seu olhar* e *seu escutar* pedagogizaram aos que *com* ele estiveram. Tais gestos representaram possibilidade de saber e traduziam a vida mesma como ele a entendia e vivia, plena de amor, paixão, tolerância, pureza, seriedade, alegria, esperança, compreensão e generosidade, dons maiores de quem verdadeiramente luta pela plenificação e dignificação das vidas humanas, sem limites e sem discriminações, que só a morte mesmo pôde nele apagar.

Tarde de inverno e de saudade em São Paulo, julho de 2001

Querida Nita,

Só hoje fui abrir minha caixa postal, depois de uns dias no mato. Muito obrigado pelo seu texto, excelente. Tomei a liberdade de encaminhá-lo a pessoas próximas.

Um abraço carinhoso,

Chico

Chico Buarque de Holanda, cantor, compositor e escritor

6.

O JULGAMENTO COMO NOS TEMPOS DA MODERNIDADE NOS TEMPOS DA PÓS-GLOBALIZAÇÃO: A COMPREENSÃO POSITIVISTA DO DIREITO CONTRA A "DO DIREITO ACHADO NA RUA"[1]

Há poucos anos, fui convidada para falar sobre a pedagogia de meu marido Paulo Freire na Escola de Serviço de Justiça, especialização em Magistraturas, da República argentina. Pensei, então, que falar apenas sobre a teoria do conhecimento de meu marido, talvez não atraísse a minha ilustre plateia.

Para expandir a fala, procurei meu amigo José Geraldo de Sousa Junior, jurista de renome, professor e ex-reitor da Universidade de Brasília, e pedi-lhe que me indicasse alguma literatura que pudesse me despertar ideias novas sobre uma possível relação entre a concepção da *pedagogia do oprimido* de Freire e alguma formulação do direito que tivesse o mesmo propósito de sua obra homônima, que é a mais importante de Paulo: cuidar e humanizar a quem o Estado aponta como criminoso, como fora da lei, considerando que o discurso criminal compõe a impossibilidade de assegurar que qualquer pessoa

---

1 Texto publicado originalmente no site do Instituto Humanitas Unisinos em 30 de janeiro de 2018. Disponível em: <www.ihu.unisinos.br/575650-o-julgamento-como-nos-tempos-da-modernidade-nos-tempos-da-pos-globalizacao-a-compreensao-positivista-do-direito-contra-a-do-direito-achado-na-rua>.

seja destratada e maltratada por agentes judiciários quando colocada sob tutela do Estado.

Imediatamente o José Geraldo de Sousa Junior me indicou livros, uma tese e uma dissertação de alunos seus que trabalharam com uma "velha" teoria, embora poucos a conheçam, do grande jurista Roberto Lyra Filho. Teoria "molhada" na compaixão e no cuidado para com as pessoas menos aquinhoadas de nossa sociedade ou, como diria Paulo Freire, os oprimidos e as oprimidas. Lyra chamou com sua humildade e comedimento a sua teoria de "O direito achado na rua", que nos envolve e comove pelo próprio nome, além de traduzir a referência de vida política, filosófica e antropológica de um dos nossos maiores juristas, seu cuidado e amor pelos "desvalidos da sorte".[2]

A ciência jurídica estudada nas faculdades e praticada no Brasil tem sua origem no Direito Romano e passou por mudanças relacionadas a orientação, tanto de seus estudos quanto de sua prática. Interpretações das leituras da modernidade – que entendem o Direito quase que restrito à submissão às normas jurídicas vigentes, à letra da lei – elaboradas pelos "doutos" da elite social e econômica, que priorizavam os seus pares, abandonando os homens e as mulheres que consideram de "segunda categoria".

Os "donos das leis e do poder" até hoje entendem e condenam os vulneráveis, os esfarrapados, os excluídos, os oprimidos à condição de objetos desencarnados e sem voz, nascidos para a submissão e a serventia. Situação que está sendo alterada, felizmente, pela luta política que vem sendo construída no Brasil e, no âmbito jurídico, pela compreensão da abordagem dialética do Direito Social. Esse, de natureza progressista, humanista, tem como objetivo a igualdade de todos e todas perante uma justiça equânime, fator que abre a possibilidade de harmonia da vida social numa relação dialógica e

---

2 Para saber mais, consultar o texto de minha conferência "Acesso à justiça e a pedagogia dos vulneráveis", publicado na revista *O Direito achado na rua: introdução crítica ao direito, à comunicação e à informação*, nº 8, Brasília: FAC Livros, 2017, pp. 69-79.

dialética entre contexto (a realidade), texto (a legislação) e os conflitos sociais. Tarefa gigantesca numa sociedade de classes como a brasileira, que é marcada por fortes traços escravagistas, interditores, elitistas e discriminatórios.[3]

Por que essas coisas me vieram à cabeça? Porque assisti, não na íntegra, mas a muitas partes do julgamento, em segunda instância, no Tribunal Federal, 4ª Região, em Porto Alegre, do recurso contra a condenação do ex-presidente Luiz Inácio Lula da Silva, imposto pelo juiz de primeira instância, da "República de Curitiba", Sérgio Moro. Observei que o nome completo do réu era lido constantemente, típico de um ritual formal de toga, "modernista", com ranços medievais, sem a presença do réu. O processo todo, meticulosamente escrito por cada um dos três desembargadores na solidão da procura de algo que imputasse crime ao ex-presidente da República.

Não julgavam na verdade, como disseram, uma determinada pessoa, analisando sua vida: no que fez de bom, sua importância na história brasileira; o bem-querer de mais de 40% da população por ela etc., mas sim realizavam um julgamento técnico, destacando unicamente o delito praticado pelo réu. Tudo deveria ser racional, obedecendo às leis com extremo rigor. Tudo preconcebido, pensei comigo mesma, pois tratava-se de um processo regido pela neutralidade. Me surpreendi com esse postulado, pois estudei bastante nos tempos de faculdade sobre o mito da neutralidade científica... Ao notar que a prática do dia era visivelmente positivista, portanto neutra, assexuada e que não dava importância pessoal ao sujeito julgado, como asseveraram durante o processo, sem nenhuma divergência ou contraditório. Tudo muito calmo e manso, como nos rituais da religião e da filosofia positivista, sob o lema da "ordem e progresso". O nome do réu, um sujeito pernambucano, que o povo inteiro do Brasil conhece e o chama por "Lula", um nome "achado na rua" – não importava muito aos doutos da lei.

---

3 Cito esta parte da minha conferência mencionada e baseada nas ideias de Lyra Filho.

Me compadeci[4] de tudo: dos homens jovens – acredito que das mesmas idades de meus três filhos – bonitos, bem-postos, convencidos, equivocadamente, de que estavam prestando um grande serviço à nação, esmiuçando intenções, suposições e hipóteses, já que não tinham provas cabais, seguindo as determinações, as regras do Direito romano/medieval/moderno, com a mesma dureza com a qual o juiz Sérgio Moro havia outorgado a condenação de Lula meses antes.

Me compadeci de nosso ex-presidente, que vem suportando dores imensas nos últimos tempos, dentre elas a perda de Marisa Letícia, com uma morte que pode ter sido causada também pelo imbróglio criado por diversos segmentos das forças do Direito do Brasil. Quando estivemos juntos no comício de São Paulo, na semana passada, pude notar um semblante de homem cansado mas que acima de tudo demonstrava sua ousadia e coragem no enfrentamento das batalhas que a ele vêm se impondo maldosa e injustamente. Semblante de homem que nasceu do solo seco, e que está preparado para vencer as animosidades e vicissitudes da vida, a fim de restaurar a esperança, sempre ameaçada e, agora, totalmente perdida, do povo brasileiro.

Continuo me compadecendo desse povo. De todas e todos aqueles que morrem antes de nascer, que morrem um pouco a cada dia e dos que "morrem de morte matada" antes dos 30. É esse povo que conheço tão bem, que vive nos alagados do Recife e que vem e volta do trabalho diariamente, homens e mulheres viajando de pé, em ônibus abarrotados, em média quatro horas, em todas as grandes cidades do país. São eles que ganham salários aviltantes, sem carteira assinada, submetidos à lei do vale-tudo implantado, recentemente, pelo atual governo golpista, que destrói nossas riquezas materiais e enxovalha trabalhadores e trabalhadoras de nossa pátria. Seu índice de aprovação diz do quanto nossa população evoluiu em termos de crítica política,

---

4 Por uma questão de beleza e elegância da linguagem, coloco sempre o pronome antes do verbo.

mas não chega a interferir no processo, que, intencionalmente, quer banir Lula da política brasileira. Os magistrados se atêm ao direito tradicional, à letra da lei, que interpretam, como muitos dos juristas do país, pela subjetividade de sua leitura de mundo.

Somos nós, brasileiros, que mais perdemos com a exclusão de Lula da corrida eleitoral. Em quem mais podemos acreditar? Quem mais atualmente em nosso país pode se doar com alegria e eficiência para fazer, sobretudo o povão, como carinhosamente chamamos as camadas populares, felizes e participantes? A empatia e o carisma de Lula impregnam e mobilizam a todos e todas que sabem amar, que não têm raiva dele apenas por que sua liderança inconteste, reconhecida em todo o mundo. Ou por que ele foi um menino pobre, muito pobre, que sequer fez o ensino médio ou faculdade? Ou por que seu único diploma de antes do de presidente da República foi o de torneiro mecânico?

Tenho certeza de quem não reconhece as grandezas de Lula está imerso no mundo dos preconceitos e dos que têm dificuldade de amar. Dos que não sabem amar.

Direito e Justiça caminham enlaçados; lei e Direito é que se divorciam com frequência. Onde está a Justiça no mundo?, pergunta-se. Que Justiça é essa, proclamada por um bando de filósofos idealistas, que depois a entregam a um grupo de "juristas", deixando que estes devorem o povo? A Justiça não é, evidentemente, essa coisa degradada. Isto é negação da Justiça, uma negação que lhe rende, apesar de tudo, a homenagem de usar seu nome, pois nenhum legislador prepotente, administrador ditatorial ou juiz formalista jamais pensou em dizer que o "direito" deles não está cuidando de ser justo. Porém, onde fica a Justiça verdadeira? Evidentemente não é cá, nem lá, não é nas leis (embora às vezes nelas se misture, em maior ou menor grau);

nem é nos princípios ideais, abstratos (embora às vezes também algo dela ali se transmita, de forma imprecisa): a Justiça real está no processo histórico, de que é resultante, no sentido de que é nele que se realiza progressivamente.[5]

Para entenderem mais um pouco da teoria de Lyra Filho, "O direito achado na rua", cito-o novamente:

> Justiça é Justiça Social, antes de tudo: é atualização dos princípios condutores, emergindo nas lutas sociais, para levar à criação duma sociedade em que cessem a exploração e opressão do homem pelo homem; e o Direito não é mais, nem menos, do que a expressão daqueles princípios supremos, enquanto modelo avançado de legítima organização social da liberdade. Mas até a injustiça, como também o Antidireito (isto é, a constituição de normas ilegítimas e sua imposição em sociedades mal organizadas), fazem parte do processo, pois nem a sociedade justa, nem a Justiça corretamente vista, nem o Direito mesmo, o legítimo, nascem dum berço metafísico ou são presente generoso dos deuses: eles brotam nas oposições, no conflito, no caminho penoso do progresso, com avanços e recuos, momentos solares e terríveis eclipses.[6]

Volto à questão de meus sentimentos de comiseração e da comunicação entre o poder Judiciário e a grande maioria da população brasileira, perguntando-me e perguntando a quem me lê: os três desembargadores em questão e o juiz de Curitiba conhecem a cultura popular e o povo nordestino ou será que não conhecem? Eles desprezaram o "direito achado na rua" e, imbuídos da supremacia da elite branca, impuseram sem debates e sem diálogo as regras autoritárias do positivismo?

---

5 Roberto Lyra Filho. *O que é Direito*. São Paulo: Brasiliense, 2005, p. 85 (Coleção Primeiros Passos, 62).
6 *Ibidem*, p. 87.

MEUS DIZERES E FAZERES EM TORNO DE PAULO FREIRE | 95

Não sou e nunca fui a favor da falta de ética, do despudor de qualquer pessoa que seja. Do apoderamento ilícito da coisa pública. Sou visceralmente contra a corrupção. Aprendi isso com meus pais desde os meus tenros anos de idade.

Assim, é bom ficar claro que não estou propondo um julgamento no qual nos ponhamos cegos diante dos fatos, mas que lançar mais de metade da população brasileira ao desespero é uma questão de saúde pública, de amor-próprio destruído, de dignidade arrasada, da esperança maculada etc., é uma questão vital a ser pensada.

A partir do julgamento que acompanhei ontem, coloco uma questão sobre a qual todos e todas devemos refletir: se o poder Judiciário brasileiro tivesse caminhado ao lado da população, e não a impor regras jurídicas elaboradas nos gabinetes dos doutos das leis, o resultado teria sido o que foi? Não teria sido ontem a grande hora do Judiciário dizer a quem não acredita nele que superem e dissipem a ideia de que esse poder só serve para colocar seus filhos e maridos em prisão sem nenhum decoro; que tantas vezes devolvem seus entes queridos em pedaços de gente retalhada; que colocam nas sórdidas prisões filhos que roubaram algum confeito ou pedaço de queijo no supermercado enquanto assistem na TV juristas dizerem que não é possível condenar o criminoso que roubou dinheiro público em malas? Somos todos filhos da pátria brasileira apenas na letra da lei.

Repito, ontem teria sido a hora da conciliação desejada e necessária, mas infelizmente o caminho tomado foi outro! Isso me diz com grandiloquência que, ontem, fomos jogados brutalmente no lamaçal imundo da desesperança que só aniquila e mata os espíritos e às vezes o próprio corpo também.

Enfim, termino estas considerações com o dobro de páginas que pretendia escrever, proclamando, mais uma vez, que me compadeço, que me apiedo radicalmente de que as autoridades da justiça do Brasil não tenham entendido que o réu não era, unicamente, Lula. Mas Lula carregando os sonhos de milhões de brasileiros e brasileiras que vivem abandonados à própria sorte e que perderam o direito de ter esperanças. O julgamento endossa e aumenta a divisão da nossa sociedade baseada na questão ideológica e/ou partidária a que cada sujeito pertence. Se secularmente conhecíamos o ódio entre as classes sociais, agora, acrescentemos, lamentavelmente, o determinado pelos que seguem os ditames políticos da direita contra os que seguem as postulações da esquerda.

Esta brilhante e instigante análise sobre "O processo da escrita de Paulo Freire como constituição de sua autoria de 'educador da consciência ético-crítica'", de autoria da minha querida amiga Nita Freire, demonstra o que declaro publicamente, sempre que tenho a oportunidade, sobre a influência determinante de Nita Freire, como intelectual e educadora, no processo de construção criativa do mestre, especialmente no final de sua rica existência neste planeta.

Tive o privilégio de conviver com Paulo e Nita Freire e pude intuir o quanto Nita participava da construção de grande parte da obra monumental deixada pelo mestre, que representa um precioso legado que o imortalizou e pelo qual é celebrado em todo o mundo.

Esse legado permanece vivo, inspirando novas reflexões e provocando sucessivas pesquisas e estudos que resultam em inúmeras publicações, inclusive de autoria da própria Nita Freire.

É por isso que, sempre que celebramos a memória e o valioso legado do imortal Paulo Freire, devemos lembrar também quem o animou e o inspirou a manter-se ativo e criativo até o final da vida:

a pedagoga e doutora em Educação pela PUC-SP Ana Maria Araújo Freire, Dona Nita.

A ambos – Paulo e Nita Freire – nossa profunda homenagem e eterna gratidão.

Luiza Erundina de Sousa, deputada federal,
nordestina e primeira mulher prefeita de São Paulo

7.

O PROCESSO DA ESCRITA DE PAULO FREIRE COMO CONSTITUIÇÃO DE SUA AUTORIA DE "EDUCADOR DA CONSCIÊNCIA ÉTICO-CRÍTICA"

Desde quando minha amiga Ana Lúcia Freitas – uma dessas mulheres que sabem como poucas sonhar verdadeiramente o *sonho possível*, procurando curiosamente sua identidade com as necessidades e aspirações do povo, para isso construindo seu saber através de uma autêntica curiosidade epistemológica, e engajando-se na militância que pretende construir um mundo melhor – me convidou para participar dessa linda e importante *Revista de Educação Popular*, fazendo parte de seu conselho editorial, que me sinto mais do que "convidada" a contribuir com o "sonho possível" – mais um sonho dela – escrevendo sobre algumas palavras e reflexões minhas acerca de Paulo Freire.

Se no primeiro número da revista em homenagem ao meu marido tal tarefa não me foi possível, quero hoje contribuir um pouquinho falando sobre como foi o seu próprio processo de escrita imbricada na relação, para ele indicotomizável, do sentir/pensar/agir tomando a distância necessária para fazer uma epistemologia, um novo saber científico. Quero falar de como Paulo, tendo partido do óbvio, do observável, do constatável, do cotidiano, do simples, do escutar o povo, do senso comum e da sensibilidade das emoções e sentimentos, não se confundiu ou ficou neste estágio, mas dele se nutriu para, dialeticamente, superando essas instâncias sem as negar se instalar pelos seus esforços teóricos sempre com esses sentires profundamente humanos, no campo da epistemologia psicossocial humanista, da dialogicidade política e da antropologia ético-estético-filosófica, compondo assim uma "compreensão de educação", como gostava de dizer de sua teoria, absolutamente revolucionária no campo da teoria educacional.

Com outras palavras, Paulo fez-se o "pedagogo dos oprimidos", constituiu sua autoria de educador voltado para as questões que afligiam, inibiam ou impediam resgatar a humanidade roubada de homens e de mulheres exatamente por essa opção de não separar o inseparável. Ele entendeu desde muito cedo que o *saber* se constitui pela contribuição das diversas instâncias que nosso corpo pode nos oferecer: desde as simples observações da realidade cotidiana ao estar atento às taquicardias que tomam conta de nosso coração ou quando nossos pelos do corpo se irisam, pois essas manifestações são ditadas pelo nosso *corpo consciente*. Este está nos dizendo, mesmo sem a clareza necessária que só a razão pode nos dar, que essa ou aquela situação, coisa ou fato é algo de importante para o qual devemos ficar atentos. Enfim, Paulo nos disse que não podemos, na construção de nosso saber, nos afastar de nossas intuições, de nossos sentires, do senso comum tanto quanto devemos nos aprofundar nas reflexões teóricas. A práxis freireana implica, pois, a unicidade do sentir--observar-refletir-dizer-escrever-fazer. Dizer a palavra que pronuncia o mundo, que nos leva a biografarmo-nos, a historicizarmo-nos, que nos insere com ser político crítico-transformador implica, pois, a relação prática-teoria-prática que exige o movimento dialético ininterrupto de todo o nosso *ser* envolvendo as manifestações mais distintas da corporeidade humana.

Paulo jamais escreveu por diletantismo ou porque gostava de transpor para o papel as suas ideias. Escreveu porque gostava de fazê-lo, é certo, mas, sobretudo, escreveu como um dever político do qual nunca se furtou. Começou a escrever tarde, como tarde começou a falar palavras e frases,[1] como tarde teve a oportunidade de completar a sua escolarização.[2] Mas tomou esse ato como tarefa, como desafio, quando na sua inegável inteligência suas reflexões se tornaram mais acuradas e sua ímpar sensibilidade amadureceu; quando, pois, sentiu as condições concretas para o ato de escrever a palavra ao ler o mundo criticamente. Condições abertas não mecanicamente, mas por sua conquista forjada na luta dura e diária de querer conhecer e na ousadia de querer transformar o já dito, o já conhecido e o já consagrado como verdade eterna com a intenção de mudar as relações sociais. De transformar as sociedades em entidades mais justas, mais bonitas e solidárias.

Assim, seu primeiro livro, o *Educação como prática para a liberdade,* que é, com algumas modificações a divulgação de sua tese *Educação e atualidade brasileira* foi publicado quando ele já vivia o exílio no Chile. Os sofrimentos, as experiências na universidade ou nos movimentos populares de alfabetização que utilizavam o seu "método", o amadurecimento por ver esses projetos destruídos e o exílio lhe deram as possibilidades e a certeza de que deveria estar ao lado, junto, *com* o povo, transcrevendo para o papel o que seus sentires lhe diziam através de seu *corpo consciente* e este instigando os pensares na sua razão lúcida e inteligente.

Antes disso, alguns trabalhos esparsos, pequenos, densos, mas ainda sem a clareza que se inicia com *Educação e atualidade brasileira* e *Educação como prática para a liberdade* o prepararam para a empreitada

---

1 Sua mãe registrou no "O livro do bebê": "Fala muito pouco. Somente agora, depois de 2 anos, é que está desenvolvendo mais. [...] Quando o pai insiste com ele para conversar, responde apenas: "Não sei falar." É orgulhoso, só falará quando souber mesmo" (pp. 58 e 60).
2 Paulo recomeçou a escola secundária (2ª série) em 1937, com 16 anos, pela oportunidade concedida por Aluízio Pessoa de Araújo, meu pai, na escola de sua propriedade, o Colégio Oswaldo Cruz, do Recife.

ANA MARIA ARAÚJO FREIRE

que o tornou "o pedagogo do oprimido", ou "o pedagogo da consciência ético-crítica", como o consagra Enrique Dussel.[3]

Destaco, dentro desses primeiros escritos elaborados por Paulo, o "Relatório do Tema 3", porque o considero uma criação decisiva para ele tornar-se o educador da libertação. Nesse documento, Paulo revela, ainda que sem a clareza que o caracterizou, a sua opção ético-política para uma *educação como prática da liberdade* ou uma ação cultural para a concretização de uma nova pedagogia. Nesse relatório, Paulo delimita mais intuitivamente do que racionalmente o que desenvolverá na sua práxis, anuncia a "pedagogia do oprimido" ou a que possibilita "consciência ético-crítica" que liberta.

Foi como relator e criador das ideias (já postas em prática em seu trabalho no SESI de Pernambuco) do "Tema 3" da Comissão Regional de Pernambuco "A educação de adultos e as populações marginais: o problema dos mocambos", apresentado no II Congresso Nacional de Educação de Adultos, em julho de 1958, no Rio de Janeiro, que Paulo Freire marcou definitivamente seu espaço como educador progressista. Com uma linguagem muito peculiar e com uma filosofia de educação absolutamente renovadora, ele propunha, nesse relatório, que a educação de adultos das zonas dos mocambos existentes no estado de Pernambuco se fundamentasse na consciência da realidade da cotidianidade vivida pelos alfabetizandos e não, como era então a prática, reduzindo este ato ao simples conhecer de letras, palavras e frases. Afirmava também que só se faria um trabalho educativo para a democracia se o processo de alfabetização de adultos não fosse *sobre* – verticalmente – ou *para* – assistencialmente – o homem, mas *com* o homem (nos anos 1950 e até após a publicação, no início dos

---

3 Enrique Dussel. *Ética da libertação na idade da globalização e da exclusão.* Petrópolis: Editora Vozes, 2000. Tratei longamente a temática da ética em Paulo na conferência que pronunciei, "A reinvenção de uma sociedade mais ética: o sonho possível de Paulo Freire", no III Colóquio Internacional Paulo Freire, Recife, 17 de setembro de 2001, utilizando esta afirmação de Dussel.

anos 1970, nos Estados Unidos, da *Pedagogia do oprimido*, Freire não nominava mulheres, entendendo, erroneamente, que ao dizer homem incluía a mulher), *com* os educandos e *com* a realidade.

Paulo propôs uma educação de adultos que estimulasse a colaboração, a decisão, a participação e a responsabilidade social e política, atento à categoria do saber que é apreendido existencialmente pelo conhecimento vivo de seus problemas e os de sua comunidade local, já explicitava o seu respeito ao conhecimento popular, ao senso comum, a cada pessoa do povo, à lógica implícita ao conhecido e já sabido. Ele falava em educação social, na necessidade do aluno de conhecer-se, como também conhecer os problemas sociais que o afligiam. Ele não via a educação simplesmente como meio para dominar os padrões acadêmicos vigentes de alfabetização e de escolarização ou para profissionalizar-se. Falava da necessidade de se estimular o povo a participar do seu processo de emersão na vida pública engajando-se no todo social. Demonstrava, então, a sua preocupação com a relação subjetividade-objetividade constante em toda a sua obra e assim na necessidade da politização do povo.

Enquanto relator, acrescentava que aos próprios educandos caberia, em parte, programar seus conteúdos de estudos e que se deveria estimular o trabalho pedagógico nos mocambos para que a mulher superasse suas condições de miséria, mudando a natureza de suas próprias práticas domésticas.

O II Congresso Nacional de Educação, não por coincidência, aconteceu entre 6 e 16 de julho de 1958, ano em que Juscelino Kubitscheck afirmava-se enquanto força no poder e mostrava-se politicamente preocupado com as misérias de nosso povo. Queria e precisava dar soluções para os problemas sociais, entre eles o educacional. Tentou resolvê-los dentro dos marcos do populismo, a ideologia privilegiada de então. Mas as ideias, o discurso e a prática de Freire já se faziam, como comprovou pelo relatório, por um caminho autenticamente popular.

Se os anseios da sociedade política vinham ao encontro dos de uma parte da sociedade civil dos anos 1950, alimentando um clima propício para a mobilização, para as reflexões e para as ações de mudanças sociais e políticas, foi Paulo quem captou com extrema sensibilidade e inteligência e expôs sistematicamente esses desejos, necessidades e aspirações populares de seu tempo. Esse segmento mais progressista da sociedade civil brasileira de então – composto por operários, campesinato, estudantes, professores universitários, intelectuais e clero católico – estava inclinado a não se acomodar, mas a romper com as tradições arcaicas, autoritárias, discriminatórias, elitistas e interditadoras, secularmente vigentes no Brasil, mas foi Paulo quem, radicalizando mais e mais o problema, delineou-se como o pedagogo da esperança e da indignação. Do que denuncia porque anuncia. Do que propõe a libertação de todos e todas através da educação da consciência ética e crítica.

No relatório, Paulo já demonstrava sua percepção sobre a cotidianidade discriminatória da nossa sociedade preponderantemente patriarcal e elitista, apontando soluções de superação das condições vigentes, avançadas para a época, dentro de uma concepção mais ampla e mais progressista, embora ainda não explicitasse que a natureza da educação é um ato político, porque ainda não tinha a clareza necessária. Tudo o que propunha nesse relatório era absolutamente novo em um contexto brasileiro e mundial que ainda reproduziam, impiedosa e secularmente, a interdição dos corpos dos desvalorizados socialmente.

Paulo partiu para criar sua compreensão de educação do entender, do sentir e do buscar atender às necessidades do povo ao respeitá-lo e *escutá-lo*. Nesse relatório, nítida e explicitamente a favor do resgate do ser dos oprimidos e das oprimidas, Paulo apresentou uma proposta de superação desse mundo de submissão, de silêncio e de misérias, apontando para um mundo de possibilidades, anunciando, assim, um novo mundo, utópico, que podemos construir onde não haverá

MEUS DIZERES E FAZERES EM TORNO DE PAULO FREIRE | 105

lugar para as condições de opressão e de submissão. Recuperando, assim, a *esperança,* através da educação, como o hoje humano que pode projetar e sonhar com um futuro amanhã melhor e mais justo para todos e todas. Apontou-nos a viabilidade *dos sonhos possíveis.*

Paulo forjou-se, pela práxis vivida que embutia seu revolucionário pensamento, como o "pedagogo do oprimido" – mesmo sem ter ainda escrito o *Pedagogia do oprimido* – porque partiu do saber popular, da linguagem popular, da necessidade popular, do cotidiano de limitações das classes populares, dos sentires e desejos do povo, quero enfatizar, para conceber a sua teoria educacional.

Com todas essas inovações, o relatório de Freire se tornou, indubitavelmente, um marco na compreensão pedagógica da época, um divisor de águas entre uma educação "neutra", bancária, alienante e universalizante e uma outra, revolucionária, essencialmente radicada no cotidiano político-existencial dos alfabetizandos e das alfabetizandas adultos e adultas, sem, contudo, ter reduzido a alfabetização à necessidade de formação política. O "método" de Paulo ensina a ler as palavras lendo o mundo. Enfim, com esse relatório, Paulo se inseriu, irreversivelmente, na história da educação brasileira.

Quero falar agora sobre o ato de escrever em Paulo, considerando a maneira peculiar com que perpetuou suas ideias. Sua forma de escrever, de dizer a sua palavra, é coerente com sua leitura de mundo, com suas linguagens múltiplas que o pronunciam, e foi assim que ele constituiu sua autoria de educador do oprimido, ou "o pedagogo da consciência ético-crítica".

Seu processo de escrever não era apenas o de grafar ideias concebidas com os instrumentos de que mais gostava de usar – o lápis ou uma caneta hidrográfica ou esferográfica – numa folha de papel. Tinha a preocupação em produzir textos bonitos, sob o ponto de vista linguístico, ético e estético. E que expusessem com exatidão e clareza o seu raciocínio filosófico-político-ético de educador do oprimido.

Paulo jamais teve pressa de publicar livros e textos para contá-los em número no fim de cada ano. Esse jamais foi o seu objetivo, como não deve ser o de nenhum intelectual no mundo. Ele elaborava suas ideias mentalmente, anotava em pedaços de papel sem pauta ou em fichas, muito organizadamente, ou as punha "no cantinho da cabeça" quando elas surgiam na rua, nas conversas ou durante a sua própria fala em alguma conferência ou entrevista.

Acumulava-as e depois, quando as tinha lógica, epistemológica e politicamente filtradas, organizadas e sistematizadas, sentava-se na cadeira giratória de seu escritório da Rua Valença, 170, onde vivemos por quase dez anos, e refletindo, tranquilamente, como que "passando a limpo", tendo a certeza de que tinha amadurecido o que queria dizer, escrevia. Todas as vezes que retomava o ato de escrever, relia o já escrito no trabalho em andamento, para então começar o novo ciclo de ideias a pôr no papel. Sentia essa necessidade para continuar a expor uma nova ideia ou aprofundar o já dito. Assim, às vezes, consultava seus próprios livros já publicados. De frente para sua escrivaninha e sobre um apoio de couro, com papel sem pauta e de próprio punho, sem deteriorar a caligrafia, quase sempre sem rasuras e sem nenhuma correção, escrevia seu texto, cercando o tema, aprofundando-o até esgotá-lo, "desenhando" no papel branco com caneta azul, fazendo muitas vezes os destaques com caneta de tinta vermelha ou verde, a imagem gráfica criada na sua inteligência a partir de fato ou coisa concreta, a linguagem criada no seu *corpo consciente*, no seu corpo inteiro, porque vinha de sua paixão pelo ato de conhecer, de ler-escrever a realidade e de sua vivência pessoal como homem sensível de seu tempo.

Assim, quando Paulo sentava-se para escrever não ficava fazendo rabiscos, "procurando inspiração". Não! Sentava-se na sua poltrona giratória e refletia ainda mais do que o tinha feito antes de ali acomodar-se – às vezes elaborava ideias por dias, às vezes por meses

MEUS DIZERES E FAZERES EM TORNO DE PAULO FREIRE | 107

e anos a fio – até considerar que estava apto a dizer no papel, para os seus leitores e leitoras, o que ele pretendia naquele momento.

Paulo não se preocupou em esgotar um assunto numa página ou num livro. Ao contrário, pacientemente impaciente esperava o momento que lhe parecia mais adequado para dizer o que gostaria ou considerava ser seu dever dizer como um educador político, comprometido com a transformação das pessoas e do mundo, mas que, por razões diversas tinha decidido deixar para aprofundar depois, ou até porque só naquele momento tinha tal coisa surgido como uma necessidade de ser aprofundada ou revista por ele. Assim, muitas vezes, ao querer amadurecer mais um ponto de suas análises, para tratá-lo com mais rigorosidade científica, voltava ao tema. Reescrevia-o, aprofundando-o. Outras vezes, reescrevia alguns pontos para rever-se, para dizimar dúvidas, para esclarecer melhor. Não tinha medo de seus "resvalamentos" ou erros. Considerava-os parte da busca do saber, da incompletude humana, da explicitação da verdade, que sendo histórica pode levar, pois, pelas contingências pessoais e sociais aos equívocos de quem pensa ou escreve com ousadia. Reconhecer o erro não é um defeito, é uma virtude, para a qual Paulo esteve sempre atento e aberto. Por outro lado, permanecer no erro sabendo que está errando é hipócrita, é desonesto, é antiético e acaba por expor vaidade, insegurança e prepotência. Paulo foi livre, autônomo, coerente com sua concepção de história e de existência humana. Adotou para si esta metodologia para buscar mais profundamente o que acreditava ser a *verdade* daquele momento histórico e seu próprio. Esta foi sua forma intencional de comportar-se diante de sua própria criação: rever-se constantemente como gente e como pensador, dialeticamente atualizando-se e inserindo-se na história humana. Inscreveu-se, assim, como um pensador pós-modernamente progressista.

Quase nunca mudava seus parágrafos, suas palavras, sua sintaxe ou a divisão dos capítulos de seus livros quando os escrevia porque já os tinha "escrito na cabeça" antes de grafá-los. Quando substituía

Ana Maria Araújo Freire

uma ou algumas palavras, recortava pequenas tirinhas de papel, delicadamente, com uma tesoura pequena. Media-as antes de colar para ter a certeza de que o tamanho era suficiente para cobrir o que queria mudar. Passava, então, a cola no pequeno papel em branco, colava-o no local determinado e esperava secar. Só então, cuidadosamente, tendo a certeza de que não iria borrar o seu novo escrito, escrevia a nova palavra ou frase.

Gostava de consultar dicionários de qualquer natureza, de ortografia, de regência ou de sinônimos e antônimos. De outras línguas. Exigia de si essa busca da palavra certa, mais bonita ou mais adequada para explicitar o que queria dizer porque sobre ela pensava e sentia. Foi, assim, disciplinado, atento e cuidadoso no ato de escrever. Nunca terminou afobado ou irritado um texto porque tinha a hora e o dia estipulados para acabá-lo. Respeitava seus próprios limites de tempo, seu ritmo de pensar, de sistematizar e de escrever.

Paulo nunca se pôs diante de uma máquina de escrever, ou de um computador para digitar: sempre escreveu de próprio punho. Quando entregava os seus manuscritos a qualquer uma das secretárias que nos assistiram era porque tinha a convicção de que havia dito tudo que queria e podia dizer naquele texto, naquele dia, naquele momento. Isso não quer dizer que pensava ter esgotado todas as possibilidades do tema tratado, reafirmo, até porque jamais teve a pretensão de dizer ou pensar que podia esgotar qualquer tema. Mas, no instante em que entregava para a impressão gráfica o seu manuscrito, tinha dito nele, na sua peculiar forma linguística, sensivelmente poética e rigorosa, o que queria ou tinha podido dizer naquele texto, naquele momento.

Todos os livros de Paulo Freire têm, acima de tudo, um ponto em comum – a maneira madura e convincente com que tratava a teoria e a prática educativa, a partir de sua consciência, lucidez e transparência. Com clara opção política a favor dos oprimidos e oprimidas e por uma ética de vida, através de sua linguagem esteticamente bela e de quem sabia o que queria e sabia como dizer. Sabia, sobretudo, traduzir os anseios e desejos de todos aqueles e todas aquelas que querem a necessária libertação de si e da sua sociedade. Tem razão Dussel ao nomeá-lo "o pedagogo da consciência ético-crítica".

Desde os seus primeiros escritos, na década de 1950, o estilo de escrever considerava o desejo de se relacionar com os seus leitores, aproximando-se deles e delas, convidando-os a refletirem com ele, a meterem-se na sua trama, nas suas angústias, nas suas alegrias e nos seus *sonhos utópicos*. Mostrando como os desejos, as aspirações e as necessidades são *sonhos possíveis* pelos quais devemos lutar.

Enfim, seus textos têm muita força porque conseguem, com beleza e veracidade, transpor para o papel as suas reflexões e opções geradas na prática cotidiana, com sua sensibilidade, paixão, generosidade e amorosidade.

Termino esta análise dizendo que seus manuscritos se inserem no papel com tanta harmonia que mais se assemelham a um desenho a ser admirado antes mesmo que o significado de suas palavras e frases fosse lido.

Quero esclarecer, ainda, um ponto: embora em Paulo o ato de escrever não se separe do sentir, do refletir e do agir, há nele – como é bom alertar, em todos os seres humanos, quer saibam/admitam, ou não, os "academicistas" – um necessário distanciamento no momento no qual ele refletia com curiosidade epistemológica para construir o saber científico-filosófico sem negar que este tinha nascido, quase sempre, da curiosidade espontânea, prática, que se autentica no senso comum e de suas emoções e intuições.

Este é um processo contraditório: quanto mais entramos no cerne da questão através das perguntas: Para quê? Por quê? Contra o quê e contra quem? A favor do que e a favor de quem? Onde? Quando?, que nos levam ao cerne ou à substantividade do objeto de análise em foco, à *verdade*, mais nos distanciamos da esfera não científica e nos aproximamos da científica ou filosófica. Tomamos no ato de refletir criticamente a distância necessária que nos torna capazes de criarmos uma epistemologia acerca daquilo no qual penetramos para entendê-lo. Essa é uma questão da dialética da subjetividade-objetividade. Paulo meteu-se até no fundo de seu *ser* na dimensão do cotidiano, do observável e do óbvio, enfim, no concreto, e só assim ele saiu dessa dimensão e pôde encontrar a *verdade* das coisas, dos fatos e das ideias proclamadas, porque o cotidiano, o observável e o óbvio não superam suas naturezas precárias, imprecisas e ambíguas sem a reflexão crítica no campo da epistemologia.

O que se compreende é que para compor a sua teoria do conhecimento Paulo sempre buscou ter como parâmetro o movimento de como as coisas se dão na realidade individual das pessoas e também na realidade histórica das sociedades. Assim, aprendemos a falar palavras e não letras; partimos do óbvio, do observável, do prático e, a partir daí, por nossa capacidade de reflexão, de deduzir, de formular hipóteses e procurar demonstrá-las como falsas ou verdadeiras. Fazemos o movimento, realizamos o processo que nascendo do senso comum se vai constituindo em saber científico e, nesse há na relação que se estabelece subjetividade-objetividade, a necessidade daquele que reflete de se distanciar de si e do objeto de sua análise para penetrando neste, fundi-los numa totalidade que, contraditoriamente, leva e nega a subjetividade do sujeito da afirmação e objetividade do fato, da coisa, enfim, do objeto em foco.

Em janeiro de 1988, passei alguns dias com Paulo, e ele me falou, com uma emoção linda, do amor que vivia com Nita. Compartilhou comigo o quanto amava-a como pessoa e valorizava-a como intelectual. Esse amor e essa intelectualidade estão também na base desta conferência maravilhosa. Até mesmo nós, que éramos mais para agnósticos nos anos 1960, descobrimos em Freire uma concepção de religião que alimentava, em vez de limitar, a superação das desigualdades. As pessoas que criticavam Freire por ele ter religião falavam e escreviam muito sobre a luta contra a desigualdade, mas não a superavam. Com sua teoria da ação dialógica, Freire antecipou os critérios de cocriação e impacto social hoje tão importantes em todas as ciências.

Em 1994 e 1995, viajamos juntos a Barcelona e a Valencia, com Jesús Gómez "Pato", de quem Paulo e Nita gostaram muito. Essas viagens evidenciaram para a Espanha o quanto a imagem de autor antiquado, que faziam dele os pós-modernos, era incorreta e que um requisito da democracia é o pluralismo de crenças que Paulo defendia. Quem supera as desigualdades faz isso ao unir-se com todas as pessoas que têm esse mesmo objetivo, respeitando as diferenças de ideias. Um dos frutos da beleza do amor que os dois compartilharam é a excelência com que Nita mantém viva a obra de Paulo.

Ramón Flecha, sociólogo, professor emérito da Universidade de Barcelona, Espanha, doutor honoris causa *pela Universidade de Vest din Timişoara, primeiro autor em Impacto Social e Violência de Gênero e sétimo em Teoria Sociologica no Google Scholar*

8.

DISCURSO PROFERIDO NA OCASIÃO DA HOMENAGEM DA UNIVERSIDADE DE BARCELONA A PAULO FREIRE

Hoje é um dia de emoções e sentimentos muito especiais, muito profundos para mim. Pensar que o homem que tanto amei, meu parceiro em diferentes momentos de nossas vidas e em diferentes condições de relações, desde os anos 1937, quando muito menina o conheci, até hoje, num tempo de maturidade, um tão longe do outro, que evoluiu de um simples "conhecer" até esta mais profunda maneira de amar, e com ele, não mais junto a mim, mas contraditoriamente dentro de mim, porque nunca o esqueço – orientando – suleando, como diria Marcio Campos – o meu pensamento e as minhas ações no campo estético-político-educativo, da boniteza –, o celebrar como o homem mais cheio de virtudes que jamais conheci, alegre, honrado, tolerante, amoroso, coerente, ousado, extremamente ousado e, ao mesmo tempo, profundamente humilde.

Esse homem tão sublime quanto real e concreto é Paulo Freire, Patrono da Educação Brasileira, o maior educador brasileiro de todos os tempos, meu marido com quem vivi durante dez anos, mas que é, incrivelmente, presença viva desde quando partiu, há mais de 24 anos. Me orgulho de ter acompanhado seu crescimento enquanto homem que concebia a necessidade de que todos que querem educar saibam amar. Que criou uma teoria epistemológica voltada para a educação, mas que diante de sua pluralidade, abrangência e amplitude, de sua

114 | ANA MARIA ARAÚJO FREIRE

fé religiosa inabalável, assiste e dá suporte teórico às mais diferentes áreas do saber.

Doutor *honoris causa* pela Universidade de Barcelona por iniciativa de Ramón Flecha, desde 2 de fevereiro de 1988, Paulo tornou-se admirado e querido por todas e todos do Community of Research on Excellence for All (CREA), um instituto dentro dessa universidade e que, hoje, presta essa homenagem tão grande, ou quase tão grande, quanto a primeira de 1988, um tributo pelos 100 anos de presença magnânima como gente e de inefável realização do conhecimento de Paulo. Fui convidada, também velha amiga do grupo, para dizer algumas palavras sobre a quem rendemos nossa homenagem e à sua teoria do conhecimento. Esse grupo a quem devo tanto se alarga desde Ramón, a Pato, que também já nos deixou, a Marta, a Lídia, a Ainara, a Rosa, a Eli e a tantos e tantas mais. Marta Soler, agora diretora do CREA e presidenta da European Sociological Association; Lidia Puigveert Mallart e Ramón Flecha que estão pesquisando e interferindo na feitura das leis espanholas contra a violência de gênero.

A todos e todas, minha gratidão pela nossa história de amizade e pela solidez do pertencimento das ideias e pensamento de Paulo nos brilhantes estudos e pesquisas aos quais se dedicam.

Sempre atento aos acontecimentos do mundo, na experiência de sua própria vida e no cotidiano da vida social, Paulo conseguiu guardar em seu cérebro e em seu coração generosos os fatos, os eventos, os sentimentos, as emoções com os quais formou uma rede de novas interpretações da realidade. Assim, criou o construto de *leitura do mundo* e depois, seu par dialético, a *leitura da palavra*.

Brasileiro do Nordeste, do Recife, aprendeu e estimulou a leitura do mundo para que as pessoas de sua terra aprendessem a saber o que se passava na realidade local e não fossem exploradas, marginalizadas e oprimidas, projeto que foi se espalhando por realidades cada vez mais remotas. Para ler este contexto e provavelmente se conscientizar,

MEUS DIZERES E FAZERES EM TORNO DE PAULO FREIRE | 115

Paulo propôs que sejam feitas as perguntas: por quê? Para quem? Para quê? A favor de quem? A favor de quê? Contra quem? Contra o quê? Só assim vamos ao âmago da questão, à substantividade do objeto a ser conhecido; para sabermos o que ainda não tínhamos desvelado. Há, então, a necessidade da leitura e da escrita, da instrução e da escolarização. Lendo o mundo e lendo a palavra, os humanos passam a ser sujeitos da sua história e de sua sociedade. Tornam-se *existência humana* porque agora são animais que sabem, sabem que sabem e sabem que podem saber mais, o contrário daqueles que precisam sempre de suporte.

As influências recebidas por Paulo para compor sua teoria são as vindas de sua experiência existencial, as vindas de sua vida cotidiana em interação com seus pares; de suas experiências em nível de senso comum ou vindas de suas gestões em instituições diversas. Outras vindas das leituras de educadores, sociólogos, psicanalistas; filósofos personalistas, os ligados à fenomenologia, ao marxismo, ao existencialismo, mas quase nunca se inclui uma das influências mais fortes no modo de pensar de Paulo, que *molha* a sua leitura de mundo desde a mais remota idade: a influência religiosa, que lhe deu a sua mãe.

Retomando o já dito com outro enfoque, Paulo foi um homem que teve uma fé religiosa autêntica e profunda. Em seus depoimentos nos inquéritos administrativo e policial-militar, aos quais respondeu depois do golpe de Estado de 1964, sempre mencionava essa sua crença relacionando o seu trabalho à sua fé cristã. Sua generosidade com o oprimido e a oprimida surgiu da *leitura de mundo* que ele fez sobre as condições de vida mais deploráveis. A compaixão e a injustiça social sobre eles e elas mobilizaram Paulo, por toda a sua vida, com obstinação e luta para a superação dessas condições determinadas pelas elites. De superação dos pressupostos das sociedades de classes que plantaram "a verdade". A de que há seres superiores sobre seres inferiores. Aos primeiros, tudo; aos últimos, nada. Fatos que indignaram meu marido, que os denunciou e anunciou novas possibilidades. Enfim, partindo de sua religiosidade mais remota e acrescentando inúmeras outras influências, pôde compor uma teoria do conhecimento. Muitos anos depois, no livro em que dialogou com Myles Horton, militante político norte-americano, Paulo confirmou essa sua postura, e acrescentou que ter acreditado em muitas coisas de Marx jamais o fez perder a sua fé em Deus.

> Há pessoas que dizem: "Ontem encontrei Cristo na esquina." Não, eu não encontro Cristo todos os dias. Só se Cristo está na multidão de pessoas miseráveis, exploradas, dominadas. Mas Cristo pessoalmente, ele em pessoa, não é tão fácil encontrar. Tenho algum respeito por isso, mas tenho que dizer que fui às zonas miseráveis do Recife, pela primeira vez, não como se tivesse sido enviado [...]. Fui porque acreditava naquilo que ouvia e naquilo que tinha estudado. Não podia ficar parado. Achava que tinha que fazer alguma coisa, e o que ocorreu é que quanto mais eu ia até as áreas faveladas, quanto mais eu falava com o povo, mais eu aprendia com ele. Fiquei convencido de que o povo estava me enviando a Marx, "minhas "reuniões" com Marx nunca me sugeriram que parasse de ter reuniões com Cristo.[1]

Transcrevo outro testemunho, dado a mim, dessa fé professada por Paulo, em princípios de 1997, publicado, posteriormente, em *Nita e Paulo: crônicas de amor* e em *Nós dois*, após assistirmos na televisão uma entrevista de Darcy Ribeiro a Roberto d'Ávila:

> Quando no céu me encontrar com o Darcy, ele vai me contar o susto danado que levou! E, com humildade, coisa rara nele aqui na

---

1 Myles Horton; Paulo Freire. *O caminho se faz caminhando: conversas sobre educação e mudança social*. Petrópolis: Editora Vozes, 2003, p. 227.

MEUS DIZERES E FAZERES EM TORNO DE PAULO FREIRE | 117

Terra, admitirá para mim: "Você, Paulinho? Meu Deus! Veja: Deus existe; céu existe; estamos nele, Paulinho! Amamos e trabalhamos tanto à imagem e semelhança d'Ele... existe vida eterna! Louvado seja Deus! Não virei pó, poluindo o cosmos! Estou aqui, com você, no Deus de minha mãe, de sua mãe, de todos nós." Já eu, não. Sei que encontrarei Darcy, como as mulheres e homens que já se foram e que aqui conheci e amei. Rirei, riremos novamente juntos. Pensaremos juntos sobre o Brasil, sobre vocês que ainda estiverem por aqui. Não tomarei susto algum porque acredito na vida eterna![2]

Na entrevista concedida a Zélia Goldfeld, disse:

Não me sinto um homem religioso, mas sim um homem de fé... Posso dizer, até enfaticamente, que vivo uma fé sem religiosidade. Posicionando-me assim, supero a dimensão mais mesquinha da experiência religiosa, o indiscutível autoritarismo da Igreja... Na adolescência, continuei indo à Igreja, mas houve um pouco de rebeldia aos dezenove anos: eu sentia uma diferença radical entre o sermão e o comportamento reacionário da instituição, isto é, a negação da mão estendida e da briga, já na época, em favor da reforma agrária... Eu não diria que deixei a Igreja, mas me fiz mais fé do que aparato comportamental da religião...[3]

Ainda, outras palavras de Paulo sobre a questão de sua fé e religiosidade:

Eu não tenho por que negar, porque seria uma hipocrisia, seria uma covardia, seria uma traição, negar, por exemplo, a minha

---

2 Ana Maria Araújo Freire. *Nita e Paulo: crônicas de amor*. Editora Olho D'água, 1998, pp.122-123; e Ana Maria Araújo Freire; Paulo Freire. *Nós dois*. Rio de Janeiro: Paz & Terra, 2012, pp. 298-299.

3 Zélia Goldfeld. *Encontros da vida*. Rio de Janeiro: Record, 1997.

convivência com os ideais cristãos. Eu não tenho por que negar, de maneira nenhuma, o bem-estar com que eu acredito em Deus. Agora, o que eu tenho que reafirmar é que jamais esse bem-estar – que é o da minha crença, o que ela dá, e não a ciência – não me levou a negar a ciência, mas me ajudou muito a criticar e a recusar o cientificismo, essa arrogância, desmoralizada hoje, com que a ciência se pensa esclarecedora de tudo, e não é. A negação que eu fiz do cientificismo, no qual eu fui ajudado pela crença, me fez respeitoso da cientificidade. [...] Mas o fato de eu não exteriorizar e não viver a experiência do exterior de minha fé não afeta em nada a minha fé. Eu diria: eu vivo a substantividade da fé, mas não a adverbialidade da fé [...]. Eu digo isso até com humildade, porque eu não faço muita força para ter fé, isso é que eu acho fantástico. É que eu tenho fé! [...] Eu não diria jamais a plenitude – ninguém vive a plenitude de nada –, mas eu vivo a busca dessa plenitude da fé [...]. Isso nunca me atrapalhou o querer bem ao povo, a defesa dos interesses dos oprimidos, dos condenados, dos violentados. Pelo contrário, a fé me empurrou para isso, até hoje.[4]

Eu não tenho dúvidas de que Paulo via o rosto de Cristo em cada espoliado, em cada oprimido e excluído do Recife, e depois do Brasil e do mundo. Sua ética libertadora, humanizadora, posta na sua compreensão de educação, nos mostra ser isso o que ele via nesses e nessas que ele chamou de *Seres Menos* e lutou contra esta condição para que conquistassem a condição de *Seres Mais*, que podem ver a realidade criticamente.

Paulo estudou, em princípios dos anos 1970, as várias vertentes ideológicas e as várias naturezas na atuação da Igreja Católica, tendo contribuído por isso para o papel educativo das igrejas na América

---

4 Paulo Freire. *Aprendendo com a própria história,* vol. II. Rio de Janeiro: Paz & Terra, 2002, pp. 92-96.

Latina, e assim, para a Teologia da Libertação e sua sistematização. Classificou-a em três instâncias: a igreja tradicional, a modernizante e a profética.

As primeiras – a igreja tradicional e a modernizante – reformistas, assistencialistas, aliadas às elites no poder. Já a profética é a Igreja utópica e esperançosa, comprometida com as camadas oprimidas, solidária com o sofrimento material a que vinham – e vêm – sendo submetidas e condenadas durante longo tempo da história. Para isso, meteu-se com o conhecimento científico e a reflexão teológica.

Daí a sua influência na Teologia da Libertação. A consciência crítica da realidade, a cumplicidade e a compaixão com os oprimidos e excluídos fizeram com que a ética da vida, em Paulo, culminasse na sua forma de entender como se deu a presença de Cristo na história dessas pessoas. Sua compreensão de educação política traz em si o mesmo que dirá a Teologia da Libertação porque esta buscou também em Paulo a possibilidade de sua sistematização pedagógica. Foi por causa dessa sua compreensão e prática que criou uma nova ética: a da consciência ético-crítica, valorizando acima de tudo a *vida*.

Num diálogo sobre a educação indígena com os missionários do Conselho Indigenista Missionário, em 1982, evidenciou a sua fé religiosa e seu envolvimento com a Teologia da Libertação:

Não há transcendentalidade sem mundanidade. Eu tenho que atravessar a mundanidade para alcançar a transcendentalidade [...] eu nunca confundi esse sermão com o recado de Cristo. Eu nunca tive que sair do time, mudar de time. Mas hoje vocês observem o que vem sendo a Igreja no Brasil, para não falar na América Latina toda [...]. A gente vê o papel, o compromisso histórico que a Igreja foi assumindo no Brasil, no momento em que ela foi virando profética de novo. No começo, ela foi profundamente tradicional, depois ela foi moderna ou modernizada, que é uma maneira inteligente de ser eficientemente tradicional. Finalmente, grandes setores da Igreja no Brasil encarnam exatamente a postura profética, de quem denuncia, de quem anuncia, de quem não tem medo da morte.[5]

Por esses testemunhos escritos, por suas práxis plenas de buscas de ética de vida, pelos longos anos que acompanhei a distância a vida de Paulo e pelo que presenciei no todo dia da vida dele comigo, afirmo, tranquilamente, que ele nunca deixou de ser um homem de fé. Foi católico fervoroso, praticante na infância e na adolescência, fez-se, na maturidade, um teólogo da libertação, hoje novamente considerada uma forma de justiça social pelo papa Francisco às práticas eclesiásticas. O pedagogo da consciência ético-crítica, cuja ética Enrique Dussel creditou a Paulo, se aproxima ou mesmo se identifica com a ética da teologia que impregnou e dirigiu a Igreja profética, que se preocupa com a totalidade de cada ser humano: seu corpo e sua alma.

As últimas palavras de Leonardo Boff, escritas em 1988 para a comemoração dos vinte anos da publicação da *Pedagogia do oprimido* pela Editora Paz e Terra, nos afastam de qualquer dúvida sobre essa matéria:

A teologia da libertação ao fazer a opção pelos pobres contra a sua pobreza assume a visão de Paulo Freire. O processo de libertação implica fundamentalmente numa pedagogia. A libertação se dá no processo de extrojeção do opressor que carregamos dentro e na constituição da pessoa livre e libertada, capaz de relações geradoras de participação e de solidariedade. A teologia da libertação é um discurso sintético, porque junto com o discurso religioso incorpora em sua constituição também o analítico e pedagógico.

---

5 Paulo Freire. *Pedagogia da tolerância*. Rio de Janeiro: Paz & Terra, 2021, p. 46.

Por isso Paulo Freire, desde o início, foi e é considerado um dos pais fundadores da teologia da libertação.

[...]

O pertencimento de Paulo à Teologia da Libertação, à sistematização pedagógica dela, lhe garante um espaço no mundo religioso, na Igreja Católica, que só é possível a quem tem verdadeira fé. A quem dedica tempo de sua vida às outras criaturas. Fé que se aceita para si, se constrói em si ou se busca como direito vital acreditando no Deus único e verdadeiro. A quem reserva tempo de sua vida mundana para dedicar-se a todos e todas levando a palavra verdadeira. A quem vive alguma religiosidade, uma entre as múltiplas concepções, formas ou compreensão, que só é possível a quem tem como verdade a existência de um, ou vários, Seres Absolutos.

Tratemos de outros conceitos da teoria freireana. Tais como conscientização, dialogicidade, inédito-viável, esperança e esperançar, sonho possível; diálogo, dialeticidade e politicidade. A compreensão do cotidiano em Paulo supera a da repetição rotineira e mecanicista das coisas como sugere o senso comum. Ele resgatou a natureza substantivamente rica e plena do humano que os atos, os gestos e as palavras revelam da vida cotidiana.

A conscientização para Paulo é o ato no qual os homens e as mulheres reconhecendo, ao outro e ao mundo, passam a entender, pensar, optar e decidir para agir. A conscientização corporifica o *hoje*, com a presença e explicação do *ontem*, voltado para a maior compreensão possível no *amanhã*. Depois de o sujeito conhecer o fato ou o evento a ser conhecido em sua radicalidade é preciso que haja o diálogo amoroso e rigoroso de Paulo para que a pessoa saia da condição de mero indivíduo na sociedade e passe a agir nela, se quiser, engajado e com consciência crítica. Em suma, nesse movimento dialético gerado pela cotidianidade, a conscientização pode surgir com a *práxis crítico-transformadora*, genuinamente humana e antropológica.

A dialogicidade freireana exige por si mesma que se instale uma situação gnosiológica do *Eu-Tu* e o mundo. Relação de sujeitos cognoscentes entre si e desses com o mundo objetivo que se torna cognoscível.

A tensão entre as consciências dos sujeitos sobre as coisas problematizadas por eles mesmos (a investigação do *percebido--destacado*), a discussão em torno do conhecimento já produzido e o produzindo-se, a certeza de que sabemos e de que podemos saber mais estabelece a comunicação.

Esse movimento necessário à concretização do *inédito-viável* resgata a relação construtora da subjetividade *versus* objetividade que se imbrica com a problematização e o conhecimento.

Para Paulo, a eticidade está condensada na ética universal dos homens e das mulheres e nada mais é do que o respeito aos valores e comportamentos históricos e culturais das populações testemunhando seus modos de ser, moral e socialmente, e que determinam também leituras de mundo muito particulares e que assim se tornam dialeticamente universais. Esse testemunho se dá de forma estética, pois ética e estética se imbricam para que possamos ler certo o mundo.

A opção política a favor dos oprimidos frente ao mundo que se nos coloca, segundo a teoria freireana, implica rebeldia e indica mudanças. O engajamento nega o imobilismo e exige coragem, desprendimento e disciplina.

A dinâmica desses elementos não nega a contradição opressores (comportamento astuto) e oprimidos (leitura ingênua do mundo) que assim se fazem e se tornam *Seres Menos*, mas indica a possibilidade de superação desse estágio para outro através de uma transformação radical. Esse processo passa por uma leitura certa do mundo quando

MEUS DIZERES E FAZERES EM TORNO DE PAULO FREIRE | 123

os polos antagônicos podem, então, em comunhão, se tornar *Seres Mais*. Este é o ponto fundamental para a superação do antagonismo mórbido e cruel da relação opressor-oprimido e que pode levar à sociedade democrática, o maior sonho de Paulo.

Com o exposto, podemos concluir que a práxis freireana está *molhada*, como gostava de dizer, da relação subjetividade-objetividade, que, gerando conscientização, saber, valores, ética, beleza, opção e engajamento, despertam em nós a necessidade de um *quefazer*. Fazer com reflexão.

A necessidade fundante desse *quefazer* é a utopia dos homens e das mulheres, necessidade ontológica-epistemológica-cultural-religiosa--política-ética-estética de pronunciar o mundo. Isto é, de biografar-se, existenciar-se, historicizar-se e que resulta em dar sentido à vida em sua acepção mais profunda e ao mundo mesmo.

E isso é um processo. Processo que implica em reflexão, ação e uma certa espera que não é simples e vã. É a espera que exige esperança. Espera que exige a *paciência impaciente* de que tanto nos falou Paulo. É a esperança com ação: é esperançar. Esperançar não é a esperança de um simples desejo que se quer realizar ou uma palavra ligada ao mundo transcendental religioso, é uma categoria política, tanto quanto as ações para a liberdade, a libertação, que lhe é inerente.

A teoria do conhecimento de Paulo enfatiza e valoriza, entre outras, essas categorias: *esperança* e *libertação*. Afirma que se somos um devir, um ser completando-se, um ser que, acreditando ou não, está incessantemente fazendo-se na e com a história e que, portanto, não é um ser determinado, pronto, acabado, mas uma possibilidade de ser, tal qual a história mesma, somos então, necessária e ontologicamente, seres capazes de sonhar, de olhar para o futuro, o que, em outras palavras, significa ter esperança. Esperança em algo. Em algum projeto que nada mais é do que o *esperançar*, a utopia.

Compreendo assim a pedagogia de Paulo como a da esperança, a do esperançar que liberta e produz libertação. Dialeticamente tendo ele expressado sua teoria através de suas emoções, ele mesmo é corpo de uma práxis da esperança e do esperançar que pode nos libertar, levando sempre à libertação. Em *Pedagogia da indignação: cartas pedagógicas e outros escritos*, livro que organizei e nomeei, Paulo afirma:

> Pensar o amanhã é assim fazer profecia, mas o profeta não é um velho de barbas longas e brancas, de olhos abertos e vivos, de cajado na mão, pouco preocupado com suas vestes, discursando palavras alucinadas. Pelo contrário, o profeta é quem, fundado no que vive, no que vê, no que escuta, no que percebe, no que intelige, a raiz do exercício de sua curiosidade epistemológica, atento aos sinais que procura compreender, apoiado na leitura do mundo e das palavras, antigas e novas, à base de quanto e de como se expõe, tornando-se assim cada vez mais uma presença no mundo à altura de seu tempo, fala, quase adivinhando, na verdade intuindo, do que pode ocorrer nesta ou naquela dimensão da experiência histórico-social.[6]

Paulo fez profecia, sem cajado e sem alucinações. Fez profecias de verdade, quase adivinhações do que queria ver realizado porque tinha certeza de que correspondia aos sonhos humanos, em geral, a partir dos sonhos concretos dos e das que com ele conviveram e comungaram. Deu um nome, uma palavra a este ato de fé: *sonho possível*. Gerado da possibilidade de homens e mulheres, na procura intencional e coletiva, fazermo-nos mais autenticamente humanos e construirmos uma sociedade mais justa, alegre e fraterna.

Não há dúvida de que a categoria chamada de pedagogia crítica, nome tão ao gosto dos intelectuais do Norte global, se nutre, nos dias de hoje, fundamentalmente da *compreensão de educação* do filósofo

---

6 Paulo Freire. *Pedagogia da indignação: cartas pedagógicas e outros escritos*. São Paulo: Unesp, 2000, p. 118.

e educador brasileiro Paulo Freire. Um homem do Sul que tendo fincado raízes na sua recifencidade de menino empobrecido e na nordestinidade sofrida, dele e de milhares de homens e mulheres explorados e oprimidos nesta região do Brasil, no século XX, pôde alçar à brasilidade. Por estas qualidades, contraditoriamente, sua compreensão atingiu o nível mundial, fazendo-se parâmetro para quem sonha, em qualquer parte do globo, com dias melhores para si e para todos. Para o mundo-gente. Para o mundo-planeta.

Essa pedagogia crítica, ou como ele mesmo preferia chamar, *uma certa compreensão de educação,* não é uma simples proposta para uma educação, mesmo que de "alta qualidade", de qualquer nível de escolarização, alienada do contexto político-social onde ela se dá e, sobretudo, de aceitação desse contexto que, via de regra, é de injustiça, de segregação e de exclusão dos que pertencem aos segmentos mais desvalorizados da sociedade. Paulo lutou por quase toda a sua vida para nos *conscientizar* de que há uma relação intrínseca, dialética entre o contexto real e aquele que pode *vir-a-ser*: um estágio social de mais justiça, fundamentalmente democrático, ou seja, que há um *inédito-viável*, cuja viabilização acontece somente pela prática de uma *educação crítica* e *transformadora*. A que pode transformar a sociedade injusta e opressora numa sociedade em processo permanente de libertação.

Esse *inédito-viável*, portanto, pode se tornar realidade com a desocultação, o desvelamento do *sonho possível*, a proposta utópica, a luta crítica, generosa e esperançosa para um mundo "mais justo, menos feio", através da educação embrenhada na criticidade. O *inédito-viável* de Paulo se volta ao *sonho* da construção de uma sociedade não discriminatória e não carregada dos preconceitos e dos ranços elitistas que intencionalmente vêm, histórica e secularmente, desarticulando a educação como estratégia de intervenção na realidade – a educação como prática para a liberdade e para a autonomia –, em oposição à educação para a repetição mecânica dos objetos que podem ser conhecidos, que servem apenas à perpetuação da opressão.

A pedagogia crítica de que falo é aquela que na sua prática educativa, subsidiada pela teoria educacional ético-político-crítica de Paulo Freire, procura restaurar a *humanidade roubada* dos seres humanos independentemente de sua raça, etnia, religião, local de nascimento e de moradia, gênero ou sexualidade. Prática educativa que nasce da esperança gerada pela incompletude humana e a ela volta para garantir o *esperançar* que nos move à procura da felicidade e dignificação pessoal e da sociedade. Do estágio político-social de respeito e de equidade na sociedade com relação a todos os seus concidadãos, no eterno e ininterrupto movimento de consenso/dissenso, sempre *esperançando*.

Enfim, a pedagogia crítica freireana é uma prática de educação humanista que partindo das condições mais retrógradas da educação vigentes para a manutenção do *status quo* a supera através de uma outra educação, cujos princípios fundantes são a amorosidade, o diálogo, a tolerância, a radicalidade, a seriedade, a humildade, a generosidade, o respeito e a dignificação do outro e da outra.

Essas qualidades da pedagogia crítica freireana são coerentes com as de Paulo, porque nasceram dele, como homem, nelas incluindo, sobretudo, sua postura de radicalidade recifense, possibilitaram sua socialização pelo mundo, assim com "representantes" ou recriadores de igual ousadia em muitas partes do mundo. Entretanto, deve ficar claro que Paulo Freire é o formulador da pedagogia crítica.

O diálogo freireano vai à raiz mais profunda das coisas para explicar, temporária e criticamente, por que a verdade é histórica, a realidade concreta. O diálogo freireano prioriza a pergunta que faz pensar e voltar a ela com uma nova pergunta, não a resposta pronta, espontânea e sem reflexão.

Só o diálogo como Paulo o entendeu, sério e rigoroso, nos impede das certezas estreitas e limitantes das interpretações do mundo e da verdade e nos introduz no complexo "mundo das possibilidades", dando abertura e coragem para entrarmos no mundo da criação, da ousadia e da invenção. Só o diálogo freireano sério e rigoroso propõe ler o texto lendo "obrigatoriamente" o contexto.

A leitura de mundo de Paulo, que funda e constitui a sua humanista teoria crítica, parte do diálogo e leva à conscientização. O verdadeiro diálogo abre, portanto, a possibilidade do engajamento na transformação da sociedade, perguntando-nos e induzindo as outras pessoas a perguntarem-se: por quê? Contra quê e contra quem? A favor de quê e de quem?

Na dialogicidade, a dialeticidade implica a relação subjetividade-objetividade na compreensão do mundo, no ato educativo. Isto é, ser curioso na busca do conhecer mais, cientificamente, e autenticar-se ao respeitar as diversidades étnicas, raciais, de gênero, de religião, de língua e linguagens culturais; e ser generoso e tolerante ao acolher a participação do outro ou da outra com suas diferenças pessoais e culturais.

Paulo entendeu a dialogicidade na relação subjetividade-objetividade inovadora e dialeticamente se afastando assim da maiêutica socrática e da dialética mecanicista e apresentando uma compreensão do mundo/ato de educar e de conhecer verdadeiramente o saber, possibilitando que fossem criados novos saberes para interferir no mundo, tornando-o melhor e mais justo. Diálogo que implica, pois, numa relação dialética entre os pares que dialogam (as subjetividades) e a objetividade do objeto cognoscível em foco.

A dialogicidade tem a ver com a relação com o Ser curioso e a sua curiosidade epistemológica, com o autenticar-se e ter autenticidade na troca de afetos e saberes, o que provoca mais afetos e saberes, e com o respeitar-se e o respeitar o mundo, o outro e a outra em suas diferenças. Com o *Tu* que promove a percepção do *Eu*. Com o ser generoso e o ter generosidade no participar/participação.

A dialogicidade freireana, comunicadora e comunicante, possibilita o *conhecimento* que promove a *humanização* e, portanto, a *libertação* de todos e todas sob a égide da *tolerância*, que não pode ser confundida com conivência.

A comunicação freireana "ensopa" – este é um dos fundamentos da compreensão de educação proposta por meu marido. A comunicação que sustenta a autêntica educação e se nutre do sonho possível, da utopia, que nos coloca como homens e mulheres donos de nossos destinos humanos. A que pode, pela conscientização (que o diálogo verdadeiro oferece), abrir possibilidades de um outro mundo. A que nos indica a possibilidade de colocar em prática uma outra educação, pautada pelos princípios políticos e éticos, tanto quanto pelos pedagógicos e epistemológicos, aqueles que valorizam e dignificam todos os homens e mulheres.

A politicidade como outro fundamento da teoria e da práxis de Paulo Freire explicita a natureza política da educação, negando a neutralidade no ato educativo. Tem sua relação com a conscientização. Isto é, leva os indivíduos a conscientizarem-se do fato de que o educador e a educadora de toda natureza querem a mudança e que, portanto, agem com este objetivo como um projeto de vida. Seu desejo é de comprometer-se com a superação das injustiças sociais que são consequências das diferenciações dos níveis de educação de modo geral e não só pela qualidade de ensino escolar posta à disposição (ou até não posta) para a população nacional.

Solidarizar-se com os oprimidos e excluídos no processo educacional, mas sobretudo nas possibilidades de inserção deles nos destinos de seu país. Lutando ousadamente, correndo riscos com os oprimidos e excluídos para que pela educação eles e elas saiam do nível de compreensão mágica, mítica ou ingênua do mundo para se apropriarem, num processo permanente, do nível de consciência

MEUS DIZERES E FAZERES EM TORNO DE PAULO FREIRE | 129

crítica que a educação como ação cultural crítico-dialógica pode oferecer. Essa que dá voz à mudez, que pronuncia o mundo (no lugar dos comunicados "sloganizados"), que devolve ou cria a possibilidade de restaurar a ontológica humanidade roubada. Ernani Maria Fiori já nos tinha dito e escrito: "Paulo Freire é um pensador comprometido com a vida: não pensa ideias, pensa a existência."[7]

A obra de Paulo Freire, seu pensamento político-científico-ético--estético-religioso-antropológico-educacional canaliza seus princípios, conceitos, relações, sentimentos, emoções, prática e práxis na identificação de uma educação contra-hegemônica, como nos falou Gramsci, desde a sua origem. Educação contra os princípios da burguesia, radicalmente contra os interesses das classes dominantes e sempre a favor das camadas subalternas, espoliadas, dominadas, oprimidas.

Barcelona, 20 de setembro de 2021

---

7 Prefácio de Ernani Maria Fiori em Paulo Freire. *Pedagogia do oprimido*. Rio de Janeiro: Paz & Terra, 2021, p. 11.

Jango e Paulo Freire, dois homens necessários. Construir uma nação soberana, desenvolvida, livre e justa não é possível sem cidadania, consciência coletiva e uma educação libertadora. A educação freireana foi uma das prioridades para um sonho brasileiro, que perdemos em 1964. O golpe ceifou o projeto de nação do governo João Goulart, que tinha Paulo Freire como uma das engrenagens fundamentais para mudar a educação tecnicista. Esta, até hoje, dificulta a compreensão de nosso povo para distinguir os valores humanos, culturais, sociais e de nossa brasilidade, diante dos valores meritocráticos que nos são impostos. Essa equação não considera a falta de oportunidades que aqueles menos favorecidos têm em sua mobilidade social e produção cultural. Não é à toa que presenciei, ainda adolescente, em 1971, em Genebra, um encontro entre Jango e Paulo, durante o qual ouvi: "Paulo, tu sabes que essa ditadura que nos derrubou ainda está muito forte. E te digo uma coisa: esses milicos têm mais ódio de ti do que de mim." Deram risadas e se abraçaram, mergulhando posteriormente em um profundo papo sobre o Brasil distante. Gigantes, insubstituíveis.

Na construção de um "Projeto de Nação", que o governo João Goulart queria para o Brasil, Paulo Freire foi um dos pilares fundamentais na área de educação, sem a qual nenhum país constrói o seu desenvolvimento. Em especial, se pensarmos na formação de opinião e conscientização do papel do trabalhador brasileiro, quando esse aprende a pensar politicamente o seu papel, entendendo a verdadeira relação entre a força de seu trabalho e o capital motor da produção para o desenvolvimento nacional.

Nita Freire, com este livro, nos recoloca naqueles momentos fecundos que nos mostram a educação como estandarte das forças do pensamento social.

Parabenizamos este profundo esforço, e ninguém mais que Nita Freire poderia nos brindar com emoção, respeito à história e principalmente o conhecimento da profundeza e do amor que Paulo Freire tinha pelo Brasil.

João Vicente Goulart, filósofo, ex-deputado estadual e escritor

9.

CINQUENTA ANOS DO COMÍCIO DA CENTRAL DO BRASIL: O QUE PERDEMOS COM O GOLPE CIVIL-MILITAR-EMPRESARIAL DE 1964[1]

Devo, antes de tudo, agradecer a honra de estar em uma mesa de um evento da mais alta significação para a História do Brasil: a que restaura a presença e a dignidade do presidente João Goulart, eleito democraticamente para vice-presidente, mas que foi arrancado pelas forças civil-militar-empresariais,[2] comandadas pela extrema direita reacionária de nosso país. Homenageando ainda a digníssima esposa do presidente, dona Maria Teresa Goulart – companheira de todas as horas, cúmplice fiel no poder e na dor infinita do exílio do marido e seu também; a seu filho João Vicente Goulart – que luta bravamente para colocar o seu pai na galeria dos homens públicos probos, como deve ser, de nosso país; e a sua nora Veronica Fialho Goulart, engajada também na luta por esse *inédito-viável* como diretora adjunta do Instituto Presidente Goulart, que hoje tem um momento importante de concretizar-se, meus amigos.

---

1 Discurso proferido em evento realizado pela Universidade do Estado do Rio de Janeiro em homenagem aos 50 anos do Comício da Central do Brasil, em 2 de março de 2014.
2 Forças essas que, desde o fim da II Grande Guerra, tinham tomado como "verdade" orientarem-se pela Ideologia da Segurança Nacional. Tudo determinado pelo governo imperialista dos Estados Unidos dentro da pretensão da Doutrina Monroe, de 1823, que se perpetua até hoje: "América para os americanos."

Cumprimento as autoridades e todos e todas presentes, de modo especial ao advogado Modesto da Silveira, que conseguiu, em 1968, o *habeas corpus* para Paulo Freire, o qual foi extinto por força do AI-5, antes que ele visitasse o Brasil; e a Claudius Ceccon, que "apresentou" Paulo Freire ao seu próprio país através de uma entrevista publicada no *Pasquim*, já que as novas gerações não conheciam o educador pernambucano.

Quero enfatizar na personalidade do presidente João Goulart: a honestidade, a simplicidade; a humildade; a franqueza; o saber escutar os mais pobres e os mais sábios, as várias camadas e diferentes setores da sociedade brasileira; a capacidade de inovação e de criação, assim, sua crença na transformação social, política e econômica de nosso país. Sua vocação democrática. Essas grandes virtudes estão no seu modo de pensar, de agir, de portar-se diante do mundo, de governar o nosso país com seriedade e senso de justiça; honestidade no trato da coisa pública para a nossa autodeterminação.

O comício de 13 de março de 1964, que hoje completa cinquenta anos, é um momento emblemático da luta político-econômico-ideológica que se travava no Brasil, acirrada com a chegada do presidente João Goulart ao poder, mas iniciada, sobretudo, com o descompasso entre uma possível compatibilização no nacional-desenvolvimentismo entre os modelos político e econômico, com os consensos e dissensos próprios das contradições que se estabeleceriam entre os interesses e aspirações das diversas camadas e setores de nossa sociedade, com ressonância no equilíbrio social, desde o início da República Nova.

No governo Vargas (1930-1945 e 1950-1954) se alinharam a política nacionalista e populista com o modelo econômico nacionalista de substituições das importações, que favorecia o setor industrial. Nem um nem o outro agradavam aos latifundiários, o setor mais retrógrado da nação, nem à emergente classe média. A União Democrática Nacional (UDN) fez suas tramas ilegítimas, golpistas e o levou ao suicídio.

No governo Juscelino Kubitscheck (JK) *não* houve compatibilização: o modelo político era nacionalista – seu propalado "50 anos em cinco" –, mas favoreceu a entrada dos capitais estrangeiros cujos donos agiam com favorecimentos maiores do que os dados aos capitalistas nacionais. Neste momento, o movimento anti-imperialista ganhou grandes proporções. As tensões se aprofundaram, mas Juscelino Kubitscheck governou até o último dia do seu mandato num cenário de aparente paz.

Jânio Quadros quis governar o país seguindo o mesmo modelo varguista, de nacional-desenvolvimentismo populista, mas seu desdém no trato com os políticos e os partidos, suas decisões que beiravam o grotesco e seu gosto ditatorial o levaram ao impasse: ditadura ou renúncia. Perdeu o posto máximo da nação em 25 de agosto de 1961.

Jango, acusado de comunista, em circunstâncias inadmissíveis, carregadas de todas as maledicências, mentiras, desculpas, subterfúgios, incompreensões e interferência norte-americana, teve que fazer uma volta inusitada no caminho da China à capital federal brasileira, evitando embates, que prejudicariam mais ainda a tensa situação. O eleito vice-presidente, quando enfim consegue chegar em Brasília, toma posse como presidente, em 7 de setembro de 1961. Aceitou o regime parlamentarista, e o povo lhe devolveu, após plebiscito, o cargo de chefe de governo e chefe do Estado brasileiro em janeiro de 1963.

No comício de 13 de março de 1964, em frente ao Ministério da Guerra e da Estação de Ferro Central do Brasil, na presença de 150.000 pessoas, conforme dados oficiais, mas estima-se, entretanto que tenham estado lá cerca de 250.000 trabalhadores e trabalhadoras, o presidente Goulart lançou oficialmente as Reformas de Base: a *constitucional* (explicita a necessidade de mudar a Constituição de 1946); as *bancária, fiscal, urbana, administrativa* (para maior interferência do

Estado brasileiro nas atividades econômicas do país, inclusive com a encampação das refinarias de petróleo particulares e o controle das remessas dos lucros das multinacionais para suas sedes no exterior); a *eleitoral* (direito a voto para os analfabetos e aqueles de patentes subalternas das forças armadas); a *reforma agrária* (diminuição do tamanho e número de latifúndios, cadastro de terras improdutivas; desapropriação de áreas junto às ferrovias e rodovias do país de 10 quilômetros em cada margem, e também das margens dos lagos e rios; diminuir a miséria dos trabalhadores do campo e cuidar dos seus nascentes conflitos com os proprietários de terras a partir da organização das Ligas Camponesas e outras instituições derivadas desta, criadas pelo Brasil) e *educacional* (reforma universitária com o fim da cátedra vitalícia nas universidades e campanhas em prol da alfabetização massiva em todo o país).

O comício de 13 de março de 1964 foi o marco para o golpe civil--militar há muito tempo desenhado pelo general Golbery do Couto e Silva, intelectual orgânico das forças mais reacionárias do nosso país, "eminência parda", como se dizia, pois tramava toda uma nova geopolítica do Brasil, que "entregava" as riquezas de nosso país para os Estados Unidos da América, mas ele mesmo nunca aparecia na cena pública. Na verdade, foi o grande mentor das práticas "legais" que abriram todas as portas para a exploração das empresas multinacionais das riquezas do Brasil. Assim, a política nacional-desenvolvimentista foi totalmente repudiada pela direita, pela elite, que preferiu se atrelar aos interesses do capitalismo internacional, de modo especial ao dos Estados Unidos, em detrimento do que ocorria com a maioria da população espoliada e carente do país.

A Marcha com Deus pela Família e pela Liberdade, na capital de São Paulo, levou às ruas a mulher do governador Ademar de Barros, da mesma cidade, à frente de suas amigas e grande número de outras mulheres da classe média, puritanas todas, que, de terço nas mãos clamavam contra o comunismo que aqui estava se "instalando", receosas do que fizeram Fidel Castro, em Cuba, e Vo Nguyen Giap, no Vietnã. Todas unidas com as bênçãos das igrejas reacionárias, sobretudo do clero conservador da Igreja Católica, logo as marchas se espalharam pelo país.

Não podemos esquecer a tenaz interferência do Instituto Brasileiro de Ação Democrática (IBAD), que obedecia aos interesses da política externa dos norte-americanos, a doutrina Monroe. Dirigido no Brasil por um agente da Agência Central de Inteligência (CIA), que entregou-se à tarefa com afinco junto com o partido político brasileiro, UDN, golpista e entreguista por vocação e decisão, agente esse que também deixou o nosso país na calada da noite depois de difundir a ideologia "América para os americanos [do norte]". Em 1963, o IBAD se anexou ao Serviço Nacional de Informações (SNI).

Militares, industriais, latifundiários, comerciantes, clero retrógrado, proprietários da mídia, sobretudo a que no momento era a mais importante, a imprensa escrita, se armam e partem, sem senso crítico, sem escrúpulos e sem ética contra o governo legitimamente constituído e a pessoa do presidente Goulart. O mesmo capitão do exército Olímpio Mourão Filho, que tinha elaborado o Plano Cohen, em 1937, para "livrar o país do comunismo", agora general, parte de Juiz de Fora, Minas Gerais, com a "missão" de liquidar a democracia que começava a despontar na vida brasileira, e os *sonhos* de dias melhores, de participação popular nos destinos do país que invadiam o Brasil, de norte a sul, de leste a oeste. Tornaram compatível a política e a economia voltadas para os interesses estrangeiros e os seus próprios. Qualquer forma de nacionalismo caiu por terra. Os brasileiros que pensavam o Brasil para os brasileiros e brasileiras foram presos, torturados, humilhados, vilipendiados, assassinados e, em muitos casos, seus corpos ficaram desaparecidos. A quem foi

138 | Ana Maria Araújo Freire

possível optar por viver, restou o exílio. Outros permaneceram no país perseguidos[3] e presos.

Venceu o arbítrio. A violência de Estado contra seus próprios cidadãos. O imperialismo das multinacionais – hoje substituído pelo neoliberalismo e a globalização da economia ditados pelas mesmas elites, nacionais e estrangeiras – se apoderou do Brasil para o explorarem e a seus cidadãos. Inicia-se a Ditadura Militar, que perdurou de 2 de abril de 1964 a 15 de abril de 1985.

A questão da escolarização e do analfabetismo generalizado no Brasil

Pelos dados do IBGE, quando Jango assume a Presidência, em setembro de 1961, encontra um Brasil com 70.779.352 habitantes, 39,5% de analfabetos, distribuídos nas faixas de 15 a 69 anos. Da população estudantil, 5.775.246 alunos estavam matriculados na rede do ensino primário, 868.178 no ensino médio, 93.202 no ensino superior e 2.489 nos cursos de pós-graduação. Esses dados revelam claramente a extensão do afunilamento da estrutura educacional brasileira: menos de 15% da população estudantil do ensino primário passava para o ensino médio; quase 2% dos matriculados na rede primária chegavam ao ensino superior e apenas 0,5% à pós-graduação![4]

---

3 Dois casos que servem de exemplo: o do oficial da Força Aérea Brasileira, o coronel da reserva Hernani Fittipaldi, que levou Jango para o exílio, foi imediatamente preso e depois levado para o porão do navio do Loide, *Princesa Leopoldina*. Cassada a sua licença de pilotar, continuou sendo perseguido injusta e despudoradamente pelas Forças Armadas. Por outro lado, o passaporte sempre negado a Paulo Freire, pelo Itamaraty, forçava o educador a viajar pelo mundo com apenas salvo-condutos dos países que lhes estavam dando asilo. Seu primeiro passaporte tem a data de 26 de junho de 1979, concedido pela consulesa do Brasil em Genebra, Elsa Gomes. Em agosto desse mesmo ano ele veio, com parte da família, visitar o Brasil.
4 Ler mais em Helena Bomery. *O sentido político da educação de Jango,* publicado no site do Instituto João Goulart, 29 mar. 2010. Disponível em: <www.historico.institutojoaogoulart. org.br/noticia.php?id=1365>.

MEUS DIZERES E FAZERES EM TORNO DE PAULO FREIRE | 139

No Nordeste, a taxa de analfabetismo da população de 15 anos e acima era de 70% ou mais. O Brasil tinha acabado de sancionar a Lei de Diretrizes e Bases da Educação Nacional (LDB), Lei 4024/1961, a primeira lei educacional do Brasil e que regulamentava os três níveis de ensino, assinada em 20 de dezembro de 1961, pelo Presidente Goulart, depois de 13 anos de discussões na sociedade e no Parlamento. Seguindo a Constituição de 1946, a LDB se preocupou com a questão da descentralização do ensino ao determinar o repasse do encargo federal nos negócios da educação para os estados e municípios.

O Método de Alfabetização Paulo Freire

Em maio de 1961, se cria no Recife o Movimento de Cultura Popular (MCP), sob a liderança de Germano Coelho e Paulo Freire. O educador começa, então, a experimentar seu método de alfabetização dentro *de uma compreensão mais ampla da educação*: antropológica, cultural, ética e social (posteriormente é que ele vai centrar e priorizar a educação como ato político). O objetivo era, através do trabalho do *conceito antropológico de cultura*, promover a autoestima de iletrados e iletradas pela *conscientização* de que somos todos e todas fazedores da cultura ao transformarmos a natureza em objetos, instituições, crenças, valores etc., a serviço das necessidades e dos sonhos que a natureza humana cria. Que ler e escrever é um direito de todo homem e de toda mulher que criaram coletivamente, por séculos e milênios, este saber. Portanto, saber *ler e escrever a palavra é um direito de quem existe na sociedade*. Aos analfabetos a sociedade rouba o *direito ontológico* quando não lhes possibilita *ler e escrever a palavra criticamente*. Isto é, ler a palavra *lendo o mundo criticamente*. Assim, alfabetizar, para Paulo, era o ato de possibilitar que homens e mulheres a *pronunciassem no mundo* e se tornassem *sujeitos da história, e não apenas objetos dela*.

A alfabetização, segundo esse método, necessariamente tinha (tem) que partir das palavras conhecidas pelo grupo a se alfabetizar, as *palavras geradoras*. Portanto, esse conjunto de palavras deve conter todas as letras do alfabeto, ser composto por palavras de riqueza silábica e fonêmica e de valor pragmático, partindo do princípio de que é mais fácil sabermos mais do que já sabemos através da descodificação dessas palavras codificadas.

Paulo Freire cria, em 1962, o Serviço de Extensão Cultural da Universidade do Recife, no qual aperfeiçoou o processo de alfabetização de adultos e jovens. Fez experiências no Centro Dona Olegarinha, no Recife, e na educação do município de João Pessoa, na Paraíba, e de Natal, Rio Grande do Norte.

A experiência de Angicos

Paulo foi convidado pelo, à época, governador do Rio Grande do Norte, Aluísio Alves para implementar um programa de alfabetização na cidade em que havia nascido. Neste momento, a taxa de analfabetismo em Angicos era de 75%. A verba viria do convênio Ministério da Educação e da Cultura, junto à Sudene e ao estado do Rio Grande do Norte, além da Usaid (Agência dos Estados Unidos para o Desenvolvimento Internacional), dentro de um imaginado plano compensatório do presidente norte-americano John Kennedy (que tinha marcado sua viagem ao Brasil para conhecer Paulo e sua experiência em Angicos) e da Aliança para o Progresso, com a condição de que os brasileiros não seguissem o caminho cubano de adesão ao comunismo. Paulo aceitou as condições, mas fez também as suas: a não presença do governador no local durante o processo de alfabetização; os monitores seriam os estudantes secundaristas ligados e ligadas à União Estadual do Estudantes e que não aceitava o trabalho das professoras da rede

MEUS DIZERES E FAZERES EM TORNO DE PAULO FREIRE | 141

estadual; ele, Paulo, não seria remunerado, teria apenas traslados, hospedagem e alimentação pagos pelo governo do Rio Grande do Norte nos dias em que estivesse a serviço desse estado.

Em 18 de janeiro de 1963, o governador lançou o projeto oficialmente e houve a aula inaugural. Em 28 de janeiro, começaram as aulas em Angicos. Três meses depois, o presidente Goulart, o então ministro da Educação Theotônio Maurício de Barros Filho, o governador Aluísio Alves e o general Humberto de Alencar Castelo Branco, comandante da 7ª Região Militar do Exército, participaram da festa de formatura dos trezentos alfabetizandos, homens e mulheres da cidade.

Essa experiência ficou conhecida por alfabetizar em 40 horas, diante do empolgado artigo de Hermano Alves, publicado em jornal do Rio de Janeiro, "Angicos 40 graus, 40 horas". Paulo sempre negou este *prazo* tão exíguo como implícito ao seu "método de alfabetização Paulo Freire" – cujo nome ele também não gostava.

O PROGRAMA NACIONAL DE ALFABETIZAÇÃO

O presidente Goulart se impressionou enormemente com o trabalho de *alfabetização* e *conscientização* de Paulo Freire. Então, seu novo ministro da Educação, Paulo de Tarso Santos (que exerceu o cargo de 18 de junho de 1963 a 21 de outubro de 1963), convida o educador para coordenar uma campanha de alfabetização que tinha o intuito de *alfabetizar politizando* cerca de cinco milhões de jovens e adultos,[5] que, por lei, não poderiam votar. Mesmo que não se atingisse o alvo maior, inegavelmente alguns milhões de novos votantes alterariam o equilíbrio das forças no poder em favor da continuidade de governos eminentemente populares.

---

5 A estimativa é de que em setembro de 1963 o país contava com 20.464.000 analfabetos e analfabetas entre 15 e 45 anos de idade.

Contornado o problema da proibição determinada pela LDB nº 4024/1961, que descentralizava a educação como obrigação dos poderes estaduais e municipais, o governo federal cria o Programa Nacional de Alfabetização (PNA).

A portaria do Ministério da Educação e Cultura nº182, de 28 de junho de 1963, determinou que se iniciariam em Brasília os trabalhos da Comissão de Cultura Popular, presidida por Paulo Freire. Em seguida, a portaria nº 195 de 1963 instalou a Comissão de Cultura Popular em âmbito nacional e de cunho eminentemente popular, com o propósito de atingir áreas sem escolas. Essa portaria especificou os membros dirigentes e os recursos financeiros a serem destinados ao movimento. A portaria seguinte, de nº 233, de 23 de julho de 1963, publicada no *Diário Oficial da União* (DOU) em 5 de agosto de 1963, assinada pelo ministro da Educação Paulo de Tarso, revogaria as disposições em contrário, estabelecendo as linhas diretivas do movimento em caráter nacional. No dia seguinte, o mesmo ministro assinou a portaria nº 234, de 24 de julho de 1963, também publicada no DOU em 5 de agosto de 1963, que resolve:

> Designar os senhores Paulo Freire, Herbert José de Souza, Júlio Furquim Sambaquy, Luiz Alberto Gomes de Souza e Roberto Saturnino Braga para, sob a presidência do primeiro e tendo o segundo como o substituto eventual do presidente, integrarem a Comissão de Cultura Popular instituída pela Portaria nº 195, de 18 de julho de 1963.
>
> Designar o senhor Antônio Carlos Dias Ferreira para secretário executivo da Comissão de Cultura Popular, de acordo com o item 3 da Portaria nº 233, de 23 de julho de 1963.

Com os trabalhos de formação dos monitores e monitoras já em andamento, possibilitados pela legislação supracitada, é que, por meio do Decreto nº 53.465, de 21 de janeiro de 1964, ficou instituído:[6]

---

6 Já na gestão de novo ministro da Educação Júlio Furquim Sambaqui.

MEUS DIZERES E FAZERES EM TORNO DE PAULO FREIRE | 143

Art. 1º Fica instituído o Programa Nacional de Alfabetização mediante o uso do Sistema Paulo Freire, através do Ministério da Educação e Cultura.

Art. 2º Para a execução do Programa Nacional de Alfabetização, nos termos do artigo anterior, o Ministério da Educação e Cultura constituirá uma Comissão Especial e tomará todas as providências.

Art. 3º O Ministério da Educação e Cultura escolherá duas áreas no Território Nacional para início da operação do Programa de que trata o presente decreto.

Art. 4º A Comissão do Programa Nacional de Alfabetização convocará e utilizará a cooperação e os serviços de: agremiações estudantis e profissionais, associações esportivas, sociedades de bairro e municipalistas, entidades religiosas, organizações governamentais, civis e militares, associações patronais, empresas privadas, órgãos de difusão, o magistério e todos os setores mobilizáveis.

[...]

Art. 6º A execução e desenvolvimento do Programa Nacional de Alfabetização ficarão a cargo da Comissão Especial de que trata o Art. 2º.

Parágrafo único. O Ministério da Educação e Cultura expedirá, em tempo oportuno, portarias contendo o regulamento e instruções para o funcionamento da Comissão, bem como para desenvolvimento do Programa.

Art. 7º Revogam-se as disposições em contrário.

Previu-se a compra de 35.000 projetores a Cr$ 12.000,00 cada, e de 35.000 *strip-films* a Cr$ 3.000,00 cada; a organização de mais de 2 mil círculos de cultura (espaço pedagógico da alfabetização); a preparação de 250.000 supervisores e 25.000 coordenadores em cooperação com os estados, municípios e entidades privadas; e pesquisa em cada local para o levantamento do universo vocabular.

144 | Ana Maria Araújo Freire

O DESMONTE DO SONHO DE UM BRASIL MELHOR DO PRESIDENTE JOÃO
BELCHIOR GOULART E DO EDUCADOR PAULO FREIRE

Instalada a ditadura militar, cujo maior temor era, dentro da elite
nacional, a alfabetização crítica-participação das camadas populares
nos destinos do país, e que deu fim à generalizada inexperiência
democrática dos brasileiros, houve o desmonte do *sonho da autêntica
democratização do Brasil* com apenas algumas palavras. Palavras
arrasadoras através do Decreto nº 53.886, de 14 de abril de 1964, que
revogou o Decreto nº 53.465, de 21 de janeiro de 1964:

> Art. 1º Fica revogado o Decreto nº 53.465, de 21 de janeiro de 1964,
> que instituiu o Programa Nacional de Alfabetização do Ministério
> da Educação e Cultura.
> Art. 2º O Departamento Nacional de Educação recolherá
> todo o acervo empregado na execução do Programa Nacional de
> Alfabetização, cujos recursos ficarão à disposição daquele órgão.
> Art. 3º O Ministério da Educação e Cultura baixará os atos que
> se tornarem necessários para a execução deste decreto.
> Art. 4º O presente decreto entrará em vigor na data de sua
> publicação.

Com isso, todo o material do programa foi destruído, inclusive os
projetores e *strip-films*, bem como os lindos quadros do pintor
pernambucano Francisco Brennand, elaborados especialmente para
a descodificação das palavras e temas geradores da alfabetização.

Paulo Freire nasceu no Recife, em 19 de setembro de 1921, e faleceu
em 2 de maio de 1997, na cidade de São Paulo. Com a ditadura, foi perseguido e preso, respondeu a três inquéritos, foi demitido do cargo de
técnico do Serviço de Extensão Cultural da Universidade do Recife
(SEC-UR) e aposentado de seu cargo de professor da Universidade do
Recife aos 42 anos de idade. Precisou, para preservar a sua vida, partir

dias depois de ter completado 43 anos, em setembro de 1964, para um exílio de mais de quinze anos. Retornou definitivamente para seu "contexto de origem", o Brasil, em 16 de agosto de 1980.

João Goulart partiu em 1º de abril de 1964 para um exílio até sua morte, ainda hoje com suspeitas de ter sido um envenenamento criminoso, na Argentina, em dezembro de 1976. Em 14 de setembro de 2013, por iniciativa da presidenta Dilma Rousseff, seu corpo foi levado a Brasília para receber dela, da família dele e de todos os ministros de nosso país, na capital federal, as homenagens e as honras de chefe de Estado do Brasil.

Não me contenho de – para concluir esta pequena narrativa de um período alvissareiro, mesmo sofrendo revezes importantes – convidar meus leitores e leitoras para gritar de peito aberto: "Abaixo a ditadura civil-militar-empresarial, que destruiu a possibilidade de um Brasil de nossos sonhos: autenticamente democrático!" Enxotando assim dois dos homens mais importantes do Brasil: Paulo Freire! O educador que sonhou e lutou por toda a vida pela democracia porque amou, radicalmente, o seu, o nosso país e povo. E o presidente João Goulart! O presidente da República que nos fez felizes porque, generosamente, nos deu a alegria de sonhar os sonhos maiores, sonho de uma Democracia que ele também tanto partilhou e que certamente iria nos dar!

Lutemos por essa democracia tão sonhada e que ainda somos capazes de construir!

São Paulo, 2 de março de 2014

No ano de 1997, o professor Paulo Freire receberia o doutoramento *honoris causa* pela Universidad de La Havana, em Cuba – este era um dos poucos prêmios que estava realmente entusiasmado para receber. Infelizmente, quis a vontade divina que ele partisse antes, e então, em 2003, o doutoramento aconteceu *in memoriam*. A honraria foi recebida por sua esposa, Ana Maria Araújo Freire, e eu fui convidada a participar dessa viagem, o que para mim foi um dos momentos mais emocionantes e importantes da minha vida.

A cerimônia se deu durante o aniversário de 150 anos de José Martí. Houve uma programação extensa, em que constava o prêmio Frank País e um congresso de pedagogia. A cerimônia de doutoramento se deu no Teatro Karl Marx – que talvez seja um dos maiores do mundo, com capacidade para 5.500 pessoas –, que estava completamente lotado, e onde eu pude ver pessoas do mundo inteiro aplaudindo de pé o nome "Paulo Freire". Fidel Castro discursou para nós, e ele me pareceu uma pessoa doce e terna. Sua figura – a despeito de qualquer ideologia – era forte e, ao mesmo tempo, frágil. Todos já estávamos no teatro quando Fidel chegou, houve movimentação, olhares, sussurros, todos queriam ver e ouvi-lo. De repente se fez um silêncio incrível e, como se estivesse na sala de casa, sem se importar com a multidão, Fidel Castro chamou Nita Freire para o palco com ele. Os dois tiveram uma conversa amável e foram aplaudidos de pé por muito tempo.

Eu estava aturdida com aquilo, pensando em como Paulo Freire havia movimentado o nosso século através da educação, em como era ovacionado por aqueles que estavam ali, pessoas de todas as partes do mundo, representando instituições internacionais de grande relevância. Foi realmente um momento muito emocionante e inesquecível. Seguramente um reconhecimento da maior importância!

Lilian Contreira, professora e tradutora

10.

DISCURSO PROFERIDO NO DOUTORAMENTO *HONORIS CAUSA* DE PAULO FREIRE PELA UNIVERSIDAD DE LA HABANA

Estar aqui na ilha, como convidada especial do Exmo. Sr. Ministro da Educação, Dr. Luis Gómez Gutiérrez, para participar deste consagrado encontro de educadores e educadoras que Cuba realiza todos os anos, mas, sobretudo, para receber por Paulo Freire, meu marido, o título *honoris causa* concedido pela Universidade de la Habana é, para mim, motivo de profunda honra.

Na verdade, é uma emoção incomensurável reviver meus misteriosos sonhos de menina sobre esse país, que me levaram à curiosidade madura de sempre querer saber mais sobre seu povo alegre, risonho e de alma musical, tal como o povo brasileiro. Minhas lembranças caminham com o tempo, percorrem a história: meu primeiro passaporte, no qual lia-se, em letras vermelhas, a advertência do governo militar brasileiro sobre a proibição de entrar em Cuba e na então União Soviética, a compra de uma camisa com o rosto sereno de Che Guevara estampado junto à frase "Hay que endurecerse, pelo sin perder la ternura jamás", e o medo de que a alfândega brasileira encontrasse a prova da subversão! Sobretudo minha curiosidade histórica madura e consciente deteve-se na Sierra Maestra, de Fidel e Che, e depois se consolidou em admiração e respeito por Cuba, encarnada por seu povo vivo, que a constrói em um trabalho diário árduo nas escolas, nos campos e nos escritórios.

Emociona-me lembrar que a clareza e a lucidez crítica com as quais hoje reflito sobre esses fatos são frutos da razão fundamentada em um espírito crítico, ético e político de Paulo Freire, a quem eu já conhecia e admirava através da obra *Pedagogia do oprimido*. Nesse livro, o autor aborda a liderança revolucionária cubana, relacionando-a à esperança e ao sentimento de amor em sua compreensão ética e política de libertação.[1]

Fico emocionada em lembrar que foi com Paulo, já meu marido, que aprendi, entre tantas outras coisas significativas na vida, a observar e a valorizar a tenacidade, a ousadia e a capacidade de resistir através da luta, o que dignifica o povo cubano e o faz crescer. Matéria-prima – aliada às ideologias libertárias e ao materialismo histórico anterior a elas, que originalmente eram mais radicais, por fazerem parte inconsciente do caráter desse povo – que tornou-se fundamental na pavimentação do novo caminho histórico de Cuba. Fidel e Guevara despertam essa vocação libertária.

Assim, a solidariedade radical de Paulo pede-nos que resgatemos a rebeldia, o valor e o caráter de homens e mulheres cubanos que souberam transformar-se de *seres para outro em seres para si*. Além disso, pede-nos que reconheçamos que elas e eles escolheram um caminho árduo, na luta revolucionária dura e na coragem de mudar para construir, de fato, a nação cubana verdadeira.

Eu teria vindo a Cuba pela primeira vez em maio de 1997, com Paulo, exatamente no dia em que *ele partiu para outro destino*, deixando-me em profunda tristeza – quase desespero – quando, ininterruptamente, eu me perguntava, com sentimento de impotência, angústia e dor por sua partida: "O que farei neste mundo, sem Paulo?", "qual é o sentido da minha existência?".

Outro destino, obviamente. Longo e sem retorno: a presença dele já não é real. Paulo não está entre nós como *corpo consciente*. Ele se

---

1 Paulo Freire. *Pedagogia do oprimido*. Rio de Janeiro: Paz & Terra, 2020.

MEUS DIZERES E FAZERES EM TORNO DE PAULO FREIRE | 151

foi, para um lugar de onde, provavelmente, pode assistir-nos celebrar a outorga de seu título *honoris causa*, o que ele mais desejou receber em toda sua vida, o de Cuba. Recebeu ainda vivo 34 títulos e mais quatro honoríficos. Depois de 1997, fui convidada a receber em seu nome mais de dez títulos *honoris causa* e mais quatro honoríficos.[2] Lutgardes Freire, seu filho, recebeu mais um de doutor *honoris causa* em 2023.

Por ele, essa *outra viagem* de Paulo não foi a ruptura total e definitiva. Ele continua ocupando um lugar de onde sua presença e sua voz ainda podem ser compreendidas e escutadas. Onde sua tão esperada sociedade de cidadãos em permanente processo de libertação é realidade, aquela pela qual ele tanto lutou ao longo de sua vida. De alguma maneira, ele nos olha e nos transmite a confiança de que nossa esperança em dias melhores não se trata de um sonho vão, mas, sim, de um sonho possível. Esse lugar é o lugar da instância utópica no qual sempre haverá espaço para o legado de Paulo. Ou na história das ideias libertárias já consumadas e vividas por completo pela sociedade humana, ou na história dos projetos dos sonhos possíveis. Assim, Paulo continua e continuará presente entre nós. Como viúva e historiadora da educação brasileira, sinto-me responsável por oferecer meu testemunho sobre Paulo como pessoa e militante político. Eu o conheci no ano de 1937, nos corredores do inesquecível Colégio Oswaldo Cruz, em Recife, cujo proprietário era meu pai, Aluízio Pessoa de Araújo, que lhe concedeu uma bolsa de estudos, o que significou para Paulo a oportunidade de se formar professor, seu maior sonho. Na época, Paulo tinha dezessete anos e começava, tardiamente, a sexta série do ensino primário (Ensino Fundamental). Ele logo mostrou seu perfil de homem inteligente e responsável. Muito magro, olhar

---

2 Hoje, em fevereiro de 2019, Paulo Freire tem 42 títulos de DHC, além de cinco títulos honoríficos do mais alto grau, em um total de 47 títulos acadêmicos.

inquieto, observava tudo ao seu redor, a fim de fazer sua *leitura do mundo*. Mundo o qual abria-se para ele através da oportunidade de estudar em uma das melhores instituições de ensino da cidade. Atento ao próximo, respeitoso com seus semelhantes, tinha um extraordinário poder de fascinação.

Fui sua aluna em Recife, nos anos 1940, quando Paulo tornou-se professor de língua portuguesa daquela instituição que o acolheu nos anos mais difíceis de sua vida, do ponto de vista financeiro, e em 1980, no programa de pós-graduação da Pontifícia Universidade Católica de São Paulo, quando ele foi meu orientador nos estudos do mestrado. Estudei muito e profundamente sua obra e continuo a estudá-la. Colaborei com ele em três delas, escritas depois de nosso casamento em 1988. Organizei, depois de 1997, três livros, dois dos quais são de textos seus, como detentora dos direitos de sua obra, e um terceiro com ensaios de especialistas, inclusive um texto de minha autoria. Nós dois sempre fomos amigos, mas, sobretudo, fui sua companheira, amando-o nos últimos dez anos de sua vida.

A ausência de Paulo, portanto, não me provoca uma nostalgia vazia, mas, sim, traz à tona as marcas de oitenta anos de existência compartilhada. Sua presença em minha vida, além da presença que ele legou ao mundo, tem sabor de cumplicidade, respeito e solidariedade, de tolerância, troca e generosidade. Eu poderia afirmar que a capacidade de amar de Paulo é sua maior característica, assim como é a de Guevara e de José Martí.

Essas qualidades e virtudes Paulo desenvolveu intencionalmente, para si e para o mundo, com coerência, humildade e convicção, tornando-as parte de seu legado como pessoa – são virtudes com as quais fui brindada com plenitude –, afinal, no pensamento teórico de toda a obra de Paulo não há divergência entre sentir, pensar, trabalhar e escrever. As virtudes antropológicas, que ele transformou em qualidades políticas, epistemológicas e pedagógicas, tornaram-

MEUS DIZERES E FAZERES EM TORNO DE PAULO FREIRE | 153

-se éticas. Paulo foi um exemplo de educador humanista, político, libertador, amoroso e ético de uma forma crítica.

Hoje, na pós-modernidade progressista, como disse Paulo, entende-se a ética como "uma reflexão crítica sobre a moral", portanto tem como referência a essência dos seres humanos, com seus defeitos e dificuldades, desejos e necessidades, emoções e sentimentos, grandezas e aspirações, mas direcionada à conquista do mais humano que há em nossa condição humana.

De fato, a ética, ainda que idealista, formal e intransigente, perdeu seus traços de imperativo no novo paradigma do mundo, altamente marcado pela tecnologia, que se impõe "provocando a morte", desumanizando as condições e as relações sociais. Essa ética, a "ética do mercado", é a antiética. É a responsável pelo isolamento dos que não estão entre o pequeno grupo de pessoas que apoiam as ideias e as práticas do Consenso de Washington – uma nova faceta, mais sectarista que o imperialismo capitalista –, que determinam o incremento da concentração de renda, os índices crescentes de desemprego, a fome, as misérias de todo tipo, "globalizadas" pela facilidade com que se pratica a corrupção na velocidade das leis mercadológicas. Essa organização social, necessariamente, é responsável pela falta de solidariedade e de respeito pelos demais, causando, portanto, disparidades cada dia mais profundas entre quem tem, sabe, quer, pode, deseja, aspira e concretiza suas intenções e necessidades e quem nada é e nem tem direito de sonhar. Essa falta de ética acomete quem nada tem, tornando velhos os jovens, acabando com a ilusão dos adultos, matando as crianças, impondo sobre essas pessoas a perda da esperança, roubando, assim, a humanidade autêntica de milhões de homens e mulheres, em várias nações e vários continentes.

Ao denunciar esse estado das coisas, o filósofo da libertação Enrique Dussel estudou e compreendeu que Paulo, com sua teoria

154 | Ana Maria Araújo Freire

e sua práxis, criara uma nova ética, a *ética da libertação*, em que "[...] a vida humana é o conteúdo da ética".[3]

O princípio no qual sua ética crítica fundamenta-se com a pretensão de universalidade é:

> o princípio da obrigação de produzir, reproduzir e desenvolver a vida humana concreta de cada sujeito ético em comunidade. [...] Realiza-se através das culturas, motivando-as por dentro, assim como aos valores ou às diversas maneiras de cumprir a "vida boa", a felicidade etc. [...] Nossa intenção última é justificar a luta das vítimas, dos oprimidos por sua libertação, e não pretender argumentar racionalmente para fundamentar a razão por causa dela mesma: a razão é apenas a "astúcia da vida" do sujeito humano – e não o inverso – e como tal a usamos e a defendemos diante de necrofílicos (amantes da morte das vítimas, dos oprimidos, dos empobrecidos, da mulher, das raças não brancas, dos povos do sul, dos judeus, dos velhos, das crianças de rua, das gerações futuras etc.).[4]

Com essa compreensão da ética, da ética da libertação, que supera a "ética do discurso" e opõe-se à "ética do mercado" negando esta cabalmente, não é de surpreender que no início do capítulo 5 da obra *Ética da libertação na idade da globalização e da exclusão* Dussel afirmasse:

> Penso ser hora de colher frutos sem maiores dificuldades teóricas, abrindo caminhos, todavia, ainda não transitados pelas correntes éticas contemporâneas. Creio que aqui se mostrará a

---

3 Dussel, Enrique. *Ética da libertação na idade da globalização e da exclusão*. Trad. de Ephraim Ferreira, Alves, Jaime A. Clasen e Lúcia M.E. Orth. Petrópolis: Vozes, 2000.
4 *Ibidem*, pp. 93-94.

MEUS DIZERES E FAZERES EM TORNO DE PAULO FREIRE | 155

fecundidade do método iniciado. Além disso, como em tudo o que até agora se indicou, a originalidade é própria da "experiência" latino-americana de onde parte – que penso ter validade universal. Se Rousseau mostrou no *Emílio* o protótipo de educação burguesa revolucionária – solipsista, de um órfão sem família nem comunidade, metodicamente sem tradição cultural medieval ou da nobreza monárquica, dentro do paradigma da consciência e sob a orientação solipsista de um preceptor –, um Paulo Freire, o antirrousseau do século XX, nos mostra, ao contrário, uma comunidade intersubjetiva, das vítimas dos Emílios no poder, que alcança validade crítica dialogicamente, anti-hegemônica, organizando a emergência de sujeitos históricos ("movimentos sociais" dos mais diversos tipos), que lutam pelo reconhecimento dos seus novos direitos e pela realização responsável de novas estruturas institucionais de tipo cultural, econômico, político, pulsional etc. Trata-se, então, de todo o problema do surgimento da "consciência ético-crítica" (monológica e comunitária, com um superego responsável e criativo) como "tomada de consciência" progressiva (a "conscientização"), negativamente, acerca daquilo que causa a "negação originária" – a que nos referimos no capítulo 4 – como momento estrutural do sistema de eticidade (seja lá qual for) que causa as vítimas, que agora iniciam, elas mesmas, o exercício da razão crítico-discursiva; e, positivamente, irão discernindo a partir da imaginação criadora (libertadora) alternativas utópico-factíveis (possíveis) de transformação, sistemas futuros em que as vítimas possam viver.[5]

E continua com uma afirmação taxativa: "Freire não é simplesmente um pedagogo, no sentido específico do termo, é algo mais. É um

---

5 *Ibidem*, p. 415.

educador da 'consciência ético-crítica' das vítimas, os oprimidos, os condenados da terra, em comunidade".[6]

A natureza ético-humanista de Paulo é responsável pelo modo peculiar de seu pensamento sistematizado, que, infelizmente, é tão negado quanto rejeitado por acadêmicos adeptos da ética do discurso e da ética do mercado: analisava o que ouvia, lia ou via, vivenciando de forma dialética tudo em sua razão/emoção, como uma instância única de seu ser e o rigor que a *verdade* exige como tal. Concedia-se o direito de sentir com intensidade as iras legítimas, como dizia, e depois disso elaborava o ocorrido de forma científica e política em seus termos pautados pela compostura ética através de uma criação linguístico-estética de rara beleza. Dessa maneira, quando rejeitava fatos, denunciava-os para, dialeticamente, confiante do motivo dos acontecidos e das coisas, amorosamente anunciar o novo. Essa é a dinâmica da denúncia-anúncio de Paulo, seu *ser educador*, político e ético. Trata-se de sua maneira de autenticamente identificar-se com as "vítimas", com o outro e a outra negados-afetados. Sua maneira de ensinar a todas essas pessoas a partir do que fora aprendido com elas, que tiveram a própria voz, que foram, portanto, alcançando a condição de "novos sujeitos sociais".

A *ética humanista* radical de Paulo tem como máxima o testemunho de respeito à dignidade de homens e mulheres. Sua incontestável atitude de *respeito pelas demais pessoas e pelo mundo*, vinculada à postura amorosa e à solidariedade com os justos, os oprimidos e excluídos, nasceu dos sentimentos e da razão alimentados nele, não como um fim em si mesmo, mas, sim, a fim de voltar-se intencionalmente à valorização da vida fundamentada na justiça que possibilita a paz. Esse estado de discernimento ético de Paulo estendeu-se para sua teoria e sua práxis, marcando-as com seu *corpo consciente* e com sua alma magnânima e lúcida. Não há neutralidade em Paulo: ele é

---

6 *Ibidem*, p. 427.

MEUS DIZERES E FAZERES EM TORNO DE PAULO FREIRE | 157

a favor de algo ou de alguém, ele é contra algo ou alguém; há "por quê?"; há "quando?"; há "o porquê!". E sabemos que ele sempre foi a favor dos marginalizados, dos oprimidos, dos desvalidos do mundo, dos que necessitam de justiça e liberdade.

Paulo sempre perguntou-se sobre as coisas. Praticou e propôs, com coerência, a pedagogia da dúvida, a que provoca a curiosidade espontânea que transforma-se em curiosidade epistemológica e segue pela cognição até o centro das questões. Sempre superava-se, porque sempre duvidava das certezas porque tinha uma atitude inquieta e interrogante. Como um fenomenólogo, desnudava o fato, o conceito, a coisa, a relação, as condições dadas, buscando sua razão de ser, buscando a essência do ser sobre o que estava exercitando sua obra cognitiva. Em última instância, essa atitude de Paulo, que não é apenas intencionalmente epistemológica, mas também política e ética, tem sua fundamentação na máxima: a raiz das coisas é o interesse humano.

Dessa maneira, perguntando-se, duvidando sem limites, usando toda sua criatividade, sensibilidade e inteligência em prol do desvelar a materialidade das coisas, Paulo ampliou de tal maneira suas análises sobre a educação que a conferiu uma amplitude nunca antes vista: destacou as dimensões gnosiológicas, políticas, estéticas e éticas da ação de educar. Ele explicitou a obviedade ainda não discernida da natureza política da educação, a ausência da neutralidade do ato educativo.

A conscientização em Paulo, a partir das condições do contexto concreto e busca da razão de ser da coisa no contexto teórico, pode de fato dar voz à mudez, propicia a aquisição da palavra que "pronuncia o mundo", no lugar dos rumores dos comunicados em estilo de *slogans* ditados a quem antes fora silenciado. Palavra que conferindo-lhes *existência* a quem era afetado-negado (alienado/marginalizado/ excluído/oprimido) cria a possibilidade de restaurar lhes a ontológica humanidade roubada, e, desse modo, capacita-os para as ações éticas de sujeitos coletivos que podem, de forma lúcida, conseguir as transformações sociais ainda necessárias em vários lugares ao redor do mundo, até mesmo em países socialistas. Transformações que recebem alento dos sonhos e das utopias quando se recupera as condições materiais e culturais das "vítimas".

Para isso, Paulo valorizou a *dimensão dialógica* (a dialogicidade) ou a dialética subjetividade-objetividade (a dialeticidade) inovadora, dessa maneira distanciou-se dialeticamente da maiêutica socrática e da dialética mecanicista, apresentando uma compreensão do mundo/da ação de educar e de conhecer verdadeiramente o saber e de possibilitar a criação de novos saberes para interferir no mundo no sentido de torná-lo melhor e mais justo. Assim, a dimensão dialógica freireana possibilita o conhecimento que, por sua vez, promove a humanização e esta, dialeticamente, a libertação.

Paulo entendeu a *práxis de esperançar*, que nasce da natureza humana incompleta, tendo presente o princípio de que "mudar é difícil, mas é possível". Nela, a atitude revolucionária da filiação ética, da confiança amorosa e o respeito pelas diferenças e a dignidade dos demais na luta comunal e solidária podem livrar-nos da orfandade ontológica da submissão determinada pela relação opressor/oprimido e das condições determinadas por essa relação, que torna inviável muita coisa inédita viável, muitos sonhos possíveis de serem alcançados, que impede levar a cabo o passo das possibilidades à realidade histórica.

Em suma, a leitura do mundo e a teoria freireana – da impossibilidade de separar a ética como princípio da vida, da educação como prática para a liberdade e da atenção às necessidades das pessoas oprimidas, das "vítimas", dos rejeitados/afetados e que é diferente do proposto pela ética do discurso e pela ética do mercado dos tempos de globalização da economia e o neoliberalismo, que não consideram as subjetividades nominais e praticam a "educação bancária", que impede a problematização, ignoram as necessidades materiais e culturais da maioria da população do mundo – têm como premissa maior "o princípio da obrigação de produzir, reproduzir e desenvolver a vida humana concreta de cada sujeito ético em comunidade".[7]

Assim, Paulo, ao criar essa nova concepção teórica e essa práxis educativa, fez-se "o pedagogo da consciência ético-crítica", oferecendo-nos parâmetros de uma nova ética que nos permite sonhar com a invenção de outra sociedade verdadeiramente humana. Em permanente processo de libertação.

Cuba, de 3 a 7 de fevereiro

Tradução de Bhuvi Libanio

---

7 *Ibidem.*

Este texto a seguir foi escrito por Nita em 17 de setembro de 2001, seis dias após o atentado às Torres Gêmeas de Nova York. Ainda não se tinha ideia de quais seriam os efeitos daquele evento. Nita se antecipou e deu ao texto um título de caráter profético: "A reinvenção de uma sociedade mais ética: o sonho possível..."

Nita fala a partir do chão do Recife da sua infância e juventude – dela e de Paulo. A vida em família, o colégio, a cidade. Lembranças de acontecimentos pontuais, vividos cotidianamente. Desses pequenos eventos brotam grandes sonhos: basta que *o corpo seja consciente* (dirá Paulo Freire sobre Luther King) e que *a alma não seja pequena* (Fernando Pessoa).

A pedagogia sonhada, de Freire, terá uma ética, e essa ética terá um chão. A ética de Enrique Dussel tem os pés no *chão da vida cotidiana das vítimas* preferenciais das violências do mundo. Seu ponto de partida e sua finalidade coincidem com a *indignação* de Freire e o seu compromisso com essas vítimas – as mais pobres, oprimidas, indígenas, pretas, mulheres, as que não-podem-viver. Só é possível reinventar a sociedade a partir delas.

Não é por acaso, pois, que o ideal de "libertação" – como grande sonho – atravessa de modo coincidente os nomes da filosofia e da ética de Dussel, de uma certa teologia (presente na alma de Dussel e na de Freire) e da educação de Freire.

Tantos anos depois de 2001, que extraordinária atualidade e valor histórico tem esse texto! Pudera. São nada menos que testemunhos de vida, profissão de fé e reflexões críticas de uma vida fundida à do Patrono da Educação Brasileira, o maior educador brasileiro, um dos maiores da história mundial.

Alípio Casali, filósofo, educador, docente do
Programa de Pós-Graduação em Educação: Currículo
da Pontifícia Universidade Católica de São Paulo

11.

A reinvenção de uma sociedade mais ética: o sonho possível de Paulo Freire[1]

Estar aqui no Recife com pessoas que se reúnem em torno de Paulo Freire, o grande educador brasileiro, para mim apenas amorosa e simplesmente Paulo, meu segundo companheiro de vida e trabalho, é um privilégio. Voltar à cidade onde nascemos, crescemos e na qual aprendemos a amar para falar no encontro que o homenageia é de uma importância enorme para mim. Repasso como num filme a minha vida e a dele, paralelamente vividas antes mesmo da que construímos juntos – a "nossa" –, concretizada na maturidade da escolha e do saber viver a vida em toda a sua plenitude.

Rememoro o Recife da rua Dom Bosco, n° 1.013, sede do Colégio Oswaldo Cruz, que, alongava-se para a sua frente, para o outro lado da rua, na imensa casa de n° 1.002, onde então vivíamos os Araújo: Aluízio, Genove e seus nove filhos. Rememoro o bucólico Recife dos acendedores de lampião de gás, da ponte-giratória e da praça do Derby – com suas retretas domingueiras, seu peixe-boi, suas preguiças e tamarindos oferecidos a quem quisesse inebriar-se com seu olor e gosto de azedume. Rememoro o Recife fazendo-se moderno, das ruas alargando-se, das pontes construindo-se e das luzes esperando-se com a construção da hidroelétrica de Paulo Afonso. Rememoro o

---

1 Discurso lido no III Colóquio Internacional Paulo Freire, no Centro Paulo Freire, Recife, 2001, ocasião de comemoração dos 80 anos de Paulo Freire.

Recife dos passeios de domingo com meu pai nos bondes e depois nos "modernos ônibus" da Autoviária, indo em "carro de praça" ver a chegada do zepelim ou os hidroaviões da Condor descendo em pleno centro da cidade. Rememoro o Recife das festas de São João e de São Pedro entre fogueiras e queimas de fogos, dançando quadrilha, e das idas de ônibus para tomar banho de mar em Boa Viagem, caminho tão longo que Sivuca tinha tempo de tocar na sua sanfona todo o seu repertório. Rememoro o Recife das pontes e dos rios correndo livremente em seus leitos, dos seus mangues quando os víamos quase que para onde olhássemos; dos sorvetes do Gemba; dos roletes de cana-caiana; das pitombas, das pinhas e das goiabas do quintal dessa casa na qual vivi grande parte de minha infância.

Rememoro meus dois anos de estudos na Escola de Engenharia, então na rua do Hospício, quando era hábito dos professores prometerem reprovar os alunos, sobretudo as alunas, para provarem suas excelências. Meu namoro e casamento com Raul, minha vinda para São Paulo. Meus quatro filhos, Ricardo, Eduardo, Roberto e Heliana nascendo, eu e Raul criando-os para as suas próprias vidas, hoje continuadas em André e Marina – que recentemente me deram duas bisnetas maravilhosas, Gia e Martina. Rememoro a trágica morte de meu irmão Paulo, cuja dor de toda a nossa família foi, em parte, amenizada pelas visitas diárias de Paulo Freire. Meus outros irmãos vão entrando em cena, um a um: Therezinha, Miryam, Lula, Paulo, Lena, Cristina, Bel e José Antônio, e os que a eles e elas se juntaram para dividir a vida, perpetuando nossa família. Meu pai sereno, profundamente humanista, simples e generoso, um grande educador; minha mãe vigilante, dinâmica e arguta. Maria, minha "mãe-preta"; "seu Cândido"; Corina e Américo; David, primo de minha mãe; Yú e Eurico, meus cúmplices nas travessuras infantis. Paulo, meu marido, presença certa nas tardes de sábado, sozinho, depois com Elza. Minha decisão de voltar a estudar fazendo um curso de pedagogia nos anos férreos da ditadura militar, depois de ler

Paulo pela primeira vez, em espanhol, "escutando-o" traduzir para mim a sua *Pedagogia do oprimido*.

Volto mais atrás no tempo e me lembro de Paulo Freire por volta do ano de 1937, nos corredores do colégio de meu pai, Aluízio. Essa oportunidade possibilitou que Paulo estudasse e se tornasse professor, um de seus maiores sonhos[2] – anos nos quais o conheci. O jovem Paulo, inteligente e estudioso, já era atento ao outro, respeitoso e com extraordinário poder de fascinação. Décadas mais tarde, em março de 1988, aconteceu o meu casamento com ele aqui no Recife, no auge de sua sabedoria, quando cheios de paixão e amor nos unimos formalmente em cerimônia religiosa para completarmo-nos um no outro. Nas tantas vindas aqui, nas últimas férias, no nosso apartamento de Jaboatão, que ele comprou dizendo a todo mundo, na minha presença, que era para ir enganando-me, adocicando-me com seus projetados períodos de permanência cada vez maiores, preparando-nos para a volta definitiva ao amado Recife, mesmo sabendo que isso não seria possível em futuro próximo. Sonhava e me prometia uma casa grande em Casa Forte ou Poço da Panela, a meu gosto e escolha de preferência, uma da qual pudéssemos ver o rio Capibaribe e a que tivesse frondosas mangueiras, pitangueiras e jaqueiras no seu quintal para desfrutarmos de seus cheiros e sabores e para descansarmos, recebendo amigos e amigas, bebendo "uma cachacinha" ou refletirmos sobre o mundo debaixo de suas sombras.

Tudo isso, a minha vida, a dele, a "nossa vida" com nossas personagens e vivências fez-me retomar a nossa história simples, amena e de comunhão intensa – marcada pela amizade em suas diferentes etapas, este mais delicado sentimento humano –, mas absolutamente decisiva para o meu ser que venho sendo hoje e que me instiga a refletir sobre o que ele pensou, sonhou e praticou. Sem este vínculo

---

2 Entre outros depoimentos, conferir em Paulo Freire. *Política e educação*. São Paulo: Cortez, 2000.

amoroso e terno que criamos deliberadamente entre nós e sem a aprendizagem que a nossa vida em comum por dez anos me proporcionou seria difícil falar sobre ele com a responsabilidade afetiva, com o respeito de companheira e com a identificação com a sua leitura de mundo com a qual venho falando e escrevendo sobre os seus pensares e agires. Hoje é um capítulo importante dessa compreensão de minha relação com Paulo.

O seu *sonho* maior foi a reinvenção de sociedades nas quais pudessem prevalecer a justiça e a menor desigualdade possível, tornando-se, pois, sociedades verdadeiramente democráticas. Tal como Martin Luther King, Paulo dizia com seu *corpo consciente*, e continua nos dizendo com sua obra e com seu exemplo. Paulo nos falava:

— Eu tenho um *sonho*... Eu tenho um *sonho possível*,[3] o de huma-nizando-nos, em comunhão, homens e mulheres, libertarmo-nos das amarras das injustiças que vêm nos fazendo Seres Menos... Eu tenho um *sonho*... Eu tenho um *sonho possível*: o de construirmos um mundo mais ético, mais humano... O de sermos todos e todas *Seres Mais* em processo permanente de libertação.

O tema que me dei para as minhas reflexões neste espaço-tempo – o III Colóquio Internacional Paulo Freire, em Recife, cidade minha e de Paulo; ano de seus 80 anos e dos 64 entre os meus quase 68 de idade o tendo como presença tensamente viva e fascinante, inteligentemente marcante e emocionalmente indelével, torno a enfatizar – é exatamente esse seu *sonho possível* de democracia gerado na *ética humanista*, na sua permanente preocupação com a *libertação* dos homens e das mulheres. Sonhos que têm a sua razão de ser, portanto, na ousadia democrática, na avidez de justiça e na generosidade humanista que pautou toda a vida dele.

---

3 Ao livro que estou organizando com ensaios, cartas, conferências e entrevistas de Paulo, a ser lançado durante as comemorações de homenagem aos seus 80 anos, nomeei de *Pedagogia dos sonhos possíveis*.

Assim, minha reflexão – necessária, e que é de todos e todas que querem se unir em torno desse sonho – se empenha em resgatar em Paulo o educador ético-político tanto ou mais do que o foi da instância pedagógica e epistemológica de maneira imbricada às minhas referências a ele como *gente existenciada* e de inteligência engajada, porque em Paulo a coerência entre o homem e o intelectual justifica essa minha maneira de, ao ir tratando dos seus temas humanistas e libertadores, dialeticamente referir-me a ele como pessoa. Não quero e não posso dicotomizar o homem que soube sonhar arriscando-se, ousadamente profetizando, quase que adivinhando, se antecipando no tempo e que por isso mesmo permanece tão vivo hoje quanto ontem do homem que vi viver refletindo intensa e sensivelmente a dramaticidade humana.

Gostaria, antes, de justificar minha proposta/crença no *sonho possível* de Paulo fazendo algumas digressões necessárias. Tradicionalmente, a ética vem sendo entendida como uma entidade abstrata, desencarnada, idealizada, uma ética apenas do discurso, a "ética do discurso":

> Em geral a ciência da conduta. Existem duas concepções fundamentais dessa ciência: 1ª, a que a considera como ciência do *fim* que a conduta dos homens se deve dirigir e dos *meios* para atingir tal fim; e deduz tanto o fim quanto os meios da *natureza* do homem; 2ª, a que a considera como a ciência do *móvel* da conduta humana e procura determinar tal móvel com vistas a dirigir ou disciplinar a mesma conduta. Estas duas concepções, que se entrelaçaram variadamente na Antiguidade e no mundo moderno, são profundamente diferentes e falam duas linguagens diversas. A primeira, com efeito, fala a linguagem do ideal a que o homem está dirigido pela sua natureza, e por conseguinte, da "natureza" ou "essência" ou "substância" do homem. Já a segunda

168 | ANA MARIA ARAÚJO FREIRE

fala dos "motivos" ou das "causas" da conduta humana ou das "forças" que a determinam e pretende ater-se ao conhecimento dos fatos. A confusão entre ambos os pontos de vista heterogêneos foi possibilitada pelo fato de ambas se apresentarem habitualmente idênticas a uma definição de bem.[4]

A ética é entendida hoje – na pós-modernidade progressista, como diria Paulo – como "uma reflexão crítica sobre a moralidade", está referenciada, pois, à concretude dos seres humanos, às pessoas com suas fragilidades e dificuldades, anseios e necessidades, emoções e sentimentos, grandezas e aspirações, mas norteada para a conquista do mais humano que temos em nossa ontológica condição humana. Segundo o mestre e amigo Alípio Casali:

> A ética existe como uma referência para os seres humanos em sociedade, de modo tal que a sociedade possa se tornar cada vez mais humana. [...] A ética tem sido o principal regulador do desenvolvimento histórico-cultural da humanidade. Sem ética, ou seja, sem a referência a princípios humanitários fundamentais comuns a todos os povos, nações, religiões, etc., a humanidade já teria se despedaçado até a autodestruição.[5]

Podemos deduzir por esta afirmação mais uma coisa importante sobre a ética: a sua força integradora. O porquê ainda não nos despedaçamos até a autodestruição. Na verdade, se em alguns períodos a ética vigente não tinha a preocupação que hoje perpassa a *ética humanista*, por outro lado, na história, cada vez mais homens e mulheres se mostraram atentos à continuidade da espécie humana, a nossa não

---

4 Nicola Abbagnano. *Dicionário de Filosofia*. São Paulo: Editora Mestre Jou, 1970, pp. 360.
5 Alípio Casali. "Saberes escolares: o singular, o plural, o particular, o universal." Disponível em: <www2.fe.usp.br/~etnomat/site-antigo/anais/AlipioCasali.html>.

destruição. Mas essa preocupação certamente não está direcionada às pessoas enquanto seres *com* o mundo e *com* os outros e as outras, não é a preocupação de *existenciar-se* e dar possibilidades aos outros do *existenciar-se*, mas está voltada para uma ética que traduz quase tão somente a perpetuação da vida em si, numa rotina pré-estabelecida e da moral tradicional, "sustentando" o *status quo* que pretende a permanência dos valores e das tradições.

Há dois exemplos de práticas da ideologia da permanência, desenvolvidas no medo de novos padrões éticos e que rejeitaram por milênios novas relações pessoais e sociais e novas interpretações do mundo. O primeiro é a Igreja Católica (que, aliás, ainda vem "segurando" o estado das coisas, ainda que tenha se modificado) com a concepção da mística da transcendentalidade do estável, do estático, do não processual. Foi essa a ideologia que condenou Galileu Galilei por seu "pecado", o de ter negado a imutabilidade e o não movimento das coisas e do mundo (consequentemente das explicações novas!); e o segundo é a mítica popular e patriarcal de que mulheres "em pecado" inibem as chuvas, põem em risco o planeta Terra etc.

Ambos os exemplos, embutindo a ideia da não destruição do mundo pelas pessoas em "pecado", demonstram simbolicamente o quanto os que têm medo do novo sentem os seus poderes ameaçados, já que para que sejam preservados é necessário que o mundo não se modifique. A necessidade da permanência/preservação das coisas e das leituras de mundo quase custou a vida de Galileu, pois a ética católica, através da Santa Inquisição, praticava toda sorte de torturas e de maneiras de eliminar os "inimigos" da poderosa e então hegemônica Igreja e, para continuar *com* o mundo, ele precisou negar seus conhecimentos científicos.

Permanência/preservação, em última instância da moral e da ética socialmente ditadas e aceitas pelos dominantes, pelos que detêm o poder para continuarem usufruindo econômica e politicamente. Não da dinâmica necessária entre preservação/mudança, mas tão somente da preservação/permanência. Todas as sociedades tradicionais se caracterizam exatamente pela posição de permanência/preservação, por ficarem presas mais à reprodução do conhecido, à manutenção do secularmente vigente e se manterem com pouca abertura ao novo, às mudanças de toda ordem. A ética tradicional determina o julgamento dos padrões, das normas e códigos morais, atingindo consequentemente todas as dimensões da vida social, tanto política, quanto econômica e educacional.

Da Antiguidade à Idade Moderna, a ética se perpetuou resguardando a compreensão da "natureza", "essência" ou "substância" dos homens (entendidos às vezes como seres humanos, outras vezes deixando de incluir as mulheres) e dos limites impostos pela moral estabelecida como uma questão entre o bem e o mal. Só com o aperfeiçoamento e a rapidez das mudanças nas tecnologias é que as transformações nas relações sociais vieram mudando as tradicionais formas mais arcaicas das estruturações morais e éticas. Foi a partir do invento da máquina a vapor, marco inaugural da Idade Contemporânea, que a moral, os métodos e os conteúdos do saber, as ciências e as concepções de mundo místicas, míticas ou filosóficas, as práticas religiosas, as necessidades materiais, os comportamentos, as vontades e os desejos e, portanto, a ética passaram a incorporar as novas concepções filosóficas, antropológicas e políticas ditas modernas. A ética, como todo fenômeno humano, tem historicidade, portanto vem sofrendo e dialeticamente influenciando o processo histórico.

A cada década, desde a Revolução Industrial, depois mais aceleradamente a cada década e quinquênio, e depois do fax (hoje uma empresa transnacional demite gerentes, ordena projetos e diretrizes da maior importância aos seus subordinados do mundo todo via

MEUS DIZERES E FAZERES EM TORNO DE PAULO FREIRE | 171

palavra escrita/telefone), do computador e da internet, praticamente a cada dia, as mudanças tecnológicas vêm interferindo na nossa maneira de ser. Na maneira como estabelecemos as mais diversas relações com as coisas do mundo e com as pessoas –"virtualmente" ou de fato –, consequentemente vem interferindo nas possibilidades das leituras de mundo e de como agir e optar pelo caminho do destino humano, ou não. Na nossa maneira de entender e de exercer a cidadania ética.

Na verdade, a ética, mesmo a idealista, formal e intransigente, desfigurou-se como um imperativo do novo paradigma do mundo altamente tecnologizado que prevalece "matando", desumanizando as condições e as relações sociais. Essa ética, a "ética do mercado", é a antiética. É a que responde pelo acirramento da concentração da renda, dos índices cada vez maiores do desemprego, da fome, das misérias de toda sorte "globalizadas" pela facilidade com que se corrompe e se é corrompido na velocidade das cirandas mercadológicas, mas sobretudo pela falta de solidariedade e de respeito pelos outros e outras, determinando assim disparidades cada dia mais profundas entre os que têm, sabem, querem, podem, desejam, aspiram e realizam suas vontades e necessidades e os que nada disso podem e são – sequer sonham! Esta antieticidade vem nos dias de hoje ferindo os fracos, desiludindo os adultos, envelhecendo os jovens, matando as crianças, levando todos e todas à desesperança, roubando, assim, a humanidade autêntica de milhões de homens e mulheres, levando-nos, enfim, pelos caminhos da autodestruição, conforme nos alertou Alípio Casali.[6]

Então temos que nos perguntar urgente e seriamente: é essa a sociedade que queremos, que precisamos, que sonhamos? É

---

6 Já terminado este trabalho, mas diante do ocorrido em 11 de setembro de 2001, nos Estados Unidos, estamos em todo o mundo entre atônitos e aterrorizados, nos interrogando: sucumbiremos todos e todas na autodestruição por nós fomentada ou trataremos de eticizar o mundo?

essa "ética do mercado" que queremos, que precisamos, que sonhamos? Só existe a possibilidade de escolher ética do discurso ou ética do mercado? Ou precisamos nutrir e nos pautar por uma nova ética que possa estabelecer o humanismo que nos faz *gente*, *existência* verdadeira? Que possa inibir e destroçar essa que nos está levando à destruição do meio ambiente, do planeta Terra e de todos os seres, incluindo nós, seres humanos, que há milênios estávamos ensaiando, mesmo que quase sempre equivocada e debilmente, um esforço, com avanços e recuos, para uma vida social marcada de alguma forma pela tolerância, pela fraternidade e pela solidariedade? "O sonho acabou?" O neoliberalismo, ao decretar o fim da história e da luta de classes, levou no seu bojo de destruição as possibilidades de reinventarmos uma nova sociedade, mais ética, ou melhor, realmente ética? *O sonho possível* de Paulo como uma possibilidade histórica e uma viabilidade concreta foi definitivamente derrotado pelo pragmatismo cínico, egoísta, usurpador, devastador, deturpador das verdades dos que mandam, ordenam, decretam, oprimem, excluem e marginalizam o destino histórico-ontológico da humanidade?

Em outras palavras, constatada e comprovada essa atualidade na qual estamos sendo *Seres Menos*, nos aquietaremos ou nos rebelaremos contra ela? Ficaremos de braços cruzados na simples espera vã? Assistiremos placidamente "para ver no que vai dar", ou, ao contrário, agiremos dentro de uma práxis libertadora que negue esse *status quo*? Continuaremos aceitando essa falta de ética que ameaça a humanidade? Acreditamos que o futuro foi inexoravelmente traçado com a queda do muro de Berlim, que a desfaçatez que presenciamos nos condutores e usufruidores da "ética do mercado" é o preço que bilhões de pessoas do mundo todo devem pagar com o fim das utopias socialistas do Leste Europeu? Ou podemos e devemos acreditar nos sonhos éticos, nas utopias e nas ideologias libertadoras?

Vejamos, então, o que é *ética da libertação* através das palavras do filósofo da libertação Enrique Dussel,[7] no intuito de verificarmos se há identificação com a ética humanista de Paulo: "[...] a vida humana é o conteúdo da ética [...]. O projeto de uma ética da libertação entra em jogo de maneira própria a partir do exercício da crítica da ética [da ética do discurso] [...], em que se afirma a dignidade negada da vida da vítima, do oprimido ou excluído."[8] Continua Dussel, afirmando que é em função desses "que se necessita esclarecer o aspecto material da ética, para bem fundá-la e poder a partir dela dar o passo crítico [...]."[9] Portanto, o princípio de sua ética crítica e sobre o qual ele tem como pretensão a universalidade é:

> [...] o princípio da obrigação de produzir, reproduzir e desenvolver a vida humana concreta de cada sujeito ético em comunidade. [...] Realiza-se através das culturas, motivando-as por dentro, assim como aos valores ou às diversas maneiras de cumprir a "vida boa", a felicidade etc. Mas todas essas instâncias nunca são o princípio universal da vida humana. O princípio penetra todas elas, incitando-as à sua autorrealização. As culturas, por exemplo, são modos particulares de vida, modos movidos pelo princípio universal da vida humana de cada sujeito em comunidade, a partir de dentro. Toda norma, ação, microestrutura, instituição ou eticidade cultural tem sempre e necessariamente como conteúdo último algum momento da produção, reprodução e desenvolvimento da vida humana em concreto [...]. Nossa intenção última é justificar a luta das vítimas, dos oprimidos por

---

7 Enrique Dussel. *Ética da libertação na idade da globalização e da exclusão.* Petrópolis: Editora Vozes, 2000.

8 *Ibidem*, pp. 93. Conferir em Dussel sobre essas categorias fundamentais de sua teoria: a vítima é o outro afetado-negado como oprimido ou excluído. Assim são os pobres, as viúvas e os órfãos.

9 *Ibidem.*

sua libertação, e não pretender argumentar racionalmente para fundamentar a razão por causa dela mesma: a razão é apenas a "astúcia da vida" do sujeito humano – e não o inverso – e como tal a usamos e a defendemos diante dos necrófilos (amantes da morte das vítimas, dos oprimidos, dos empobrecidos, da mulher, das raças não brancas, dos povos do sul, dos judeus, dos velhos, das crianças de rua, das gerações futuras etc.).[10]

Com esta compreensão de ética, de ética da libertação que supera a ética do discurso e se antagoniza com a ética do mercado, negando-a totalmente, não nos espanta que a obra de Dussel caminhe para a originalidade da *experiência* latino-americana como validade universal.

Penso ser a hora de colher frutos sem maiores dificuldades teóricas, abrindo caminhos, todavia, ainda não transitados pelas correntes éticas contemporâneas. [...] a originalidade é própria da "experiência" latino-americana de onde parte – que penso ter validade universal. Se Rousseau mostrou no *Emílio* o protótipo de educação burguesa revolucionária – solipsista, de um órfão sem família nem comunidade, metodicamente sem tradição cultural medieval ou da nobreza monárquica, dentro do paradigma da consciência e sob a orientação solipsista de um preceptor –, um *Paulo Freire*, o antirrousseau do século xx, nos mostra ao contrário uma comunidade intersubjetiva, das vítimas dos Emílios no poder, que alcançando validade crítica dialogicamente, anti-hegemônica, organizando a emergência de sujeitos históricos ("movimentos sociais" dos mais diversos tipos), que lutam pelo reconhecimento de seus novos direitos e pela realização responsável de novas estruturas institucionais de tipo cultural, econômico, político,

---

10 *Ibidem*, pp. 93-94.

MEUS DIZERES E FAZERES EM TORNO DE PAULO FREIRE | 175

pulsional etc. Trata-se, então, de todo o problema do surgimento da "consciência *ético-crítica* (monológica e comunitária, com um superego responsável e criativo) como "tomada de consciência" progressiva (a conscientização), negativamente, acerca daquilo que causa a "negação originária" [...] como um momento estrutural do sistema de eticidade (seja lá qual for) que causa as vítimas, que agora iniciam, elas mesmas, o exercício da razão crítico-discursiva; e, positivamente, irão discernindo a partir da imaginação criadora (libertadora) alternativas *utópicas-factíveis (possíveis)* de transformação, sistemas futuros em que as vítimas possam viver.[11]

Mais adiante, Dussel diz com convicção: "Freire não é simplesmente um pedagogo, no sentido específico do termo, é algo mais. É um educador da 'consciência ético-crítica' das vítimas, os oprimidos, os condenados da terra, em comunidade."[12] Os exaustivos estudos de Dussel sobre a ética o levaram a examinar o pensamento de diversos filósofos, como também o dos mais afamados psicopedagogos e psicanalistas do século XX, que se preocuparam com a questão da moral e da ética.

Sucintamente, Dussel[13] critica, embora incorpore alguns aspectos dos estudos deles, asseverando que: a psicologia evolutiva de Jean Piaget tem a limitação de "uma moral formal, só de princípios, razão prático-cognitiva"; Lawrence Kolberg amplia o horizonte da posição formal piagetiana da moral, mas continua com "falta completa daquilo que denominaremos os níveis críticos"; Habermas e Karl-Otto Apel se enquadram e se limitam igualmente pelo formalismo acrítico; o psicopedagogo Reuven Feuerstein, que estudou o processo do

---

11 *Ibidem*, p. 415 (grifos meus).
12 *Ibidem*, p. 427 (grifos meus).
13 *Ibidem*, pp. 428-435.

amadurecimento do juízo moral, tem também uma visão formal, universalista, de princípio, que chega apenas ao estádio pós-convencional, tal como Habermas e Apel; o psicopedagogo genético-evolutivo Lev Vygotsky, que superou o solipsismo da psicogenética de sua época, levou em conta na origem psíquica da criança o momento constitutivo sociocultural e opôs-se "a um mero método ontogenético puramente cognitivo (no sentido do "paradigma da consciência")". Foi dialético, integrando o método "genético-comparativo" com o "experimental-evolutivo". Entretanto, devido ao autoritarismo então reinante na União Soviética, "[...] dentro de uma ordem social, cultural, política e econômica tratada simplesmente como um 'dado', e cuja transformação nada tem a ver com a tarefa do pedagogo ou psicanalista [...] não pode propor-se gerar na criança a consciência ético-crítica [...]".[14]

Dussel classifica-os como *cognitivistas* ("porque se ocupam com a inteligência teórica ou moral, ou com a consciência como mediação da patologia"); *consciencialistas* ("enquanto não desenvolvem uma teoria dialógica, linguística"); *individualistas* ("enquanto se trata de uma relação de pedagogo individual com os educandos individualmente, embora em grupo") e *ingênuos* ("enquanto não procuram transformar a realidade contextual nem promover uma consciência ético-crítica no educando"). Demonstrando a fragilidade de psicopedagogos e psicanalistas como Jean Piaget, Lawrence Kohlberg e Lev Vygostsky, Dussel os contrapõe a Paulo Freire, afirmando que:

> [Paulo] define precisamente as condições de possibilidade do surgimento do nível do exercício da razão ético-crítica [...] como condição de um processo educativo integral. [...] O processo transformativo das estruturas de onde emerge no novo "sujeito

---

14 *Ibidem.*

social" é o procedimento central de sua educação progressiva, liberdade que se vai efetuando na práxis libertadora.[15]

Ainda sobre sua ética do discurso, Dussel enuncia:

> Poderíamos dizer que Freire, antecipadamente, subsumiu "dialogicamente" o procedimento de ética do discurso e, por isso, não pode concordar com a conclusão de Habermas,[16] segundo a qual a ética não proporciona orientações de conteúdo, mas só um procedimento cheio de pressupostos que deve garantir a imparcialidade na formação do juízo.[17]

Após analisar algumas categorias de Paulo (*situação limite*; *conscientização*; *consciência ingênua*; *medo da liberdade*; *participação do educador crítico*; *consciência ético-crítica*; *sujeito histórico da transformação*; *intersubjetividade comunitária*; a *razão ético discursiva*, isto é, a *dialogicidade*), Dussel nomeia o meu marido de *"o pedagogo da consciência ético-crítica"*.[18]

Após essa rápida passagem pela historicidade da ética, quero, por outro caminho ou com outras palavras, mas subsidiada por Casali

---

15 *Ibidem*, pp. 435.

16 Talvez seja alvissareiro sabermos – mesmo que estejam indo aos franceses e anglo-americanos, e não ao brasileiro – que o sucessor de Habermas na Escola de Frankfurt, Axel Honneth, teria uma nova orientação sobre este assunto: "[...] essas são perguntas com as quais a terceira geração da Escola de Frankfurt continua envolvida. Seu interesse por questões de exclusão, marginalização, emoções e a condição do outro a levou na direção da filosofia francesa, assim como dos estudos culturais e teoria política anglo-americanas – da mesma forma que o interesse de Habermas pelas questões fundamentais da justificação normativa e da estrutura profunda da comunicação o levou à filosofia." Conferir Joel Anderson, "A opressão invisível", publicado no jornal *Folha de São Paulo*, Caderno Mais, 12 jul. 2001, pp. 8-13 (grifos meus). Cabe perguntar-nos: estariam os atuais filósofos da Escola de Frankfurt abandonando a ética do discurso e caminhando em direção à ética da libertação?

17 *Ibidem*, p. 441.

18 *Ibidem*, nota número 161, p. 487 (grifo meu).

178 | Ana Maria Araújo Freire

e Dussel procurar essa ética humanista ou da libertação presente na revolucionária[19] compreensão de educação de Paulo. Só assim, por minha conta e risco, justificaria minha afirmação/tema desse colóquio, qual seja: *A reinvenção de uma sociedade mais ética: o sonho possível de Paulo Freire.*

Assim devo partir do *sonho possível,* como Paulo o concebeu, tomando-o como premissa verdadeiramente concreta e concretizável, como um "inédito-viável" ou a possibilidade plausível de *(re)inventarmos uma nova sociedade* cujo valor não residiria no novo, mas na qualidade desse "novo": ser e estar autenticamente preocupado com as condições éticas que podem dar a dimensão ao humano de cada um e uma de nós. Não de uma ética qualquer, portanto, mas de uma *ética* que tem como *conteúdo e finalidade* de sua práxis a realização plena da vida humana, com suas necessidades e possibilidades, com suas dificuldades e fragilidades, com suas debilidades e grandezas, com seus sonhos e utopias encaminhadas para o atendimento do mais humano que temos em nós: nossa ontológica, política e ética necessidade de liberdade.

Vou, então, caminhar em torno e *com* o pensamento de Paulo. Buscar algumas categorias que medeiem a sua compreensão de educação libertadora/leitura de mundo crítica/modo de ser ético. Se formalmente terei que falar delas separadamente, uma a uma, dialeticamente as entendo, e assim devem ser entendidas por todos e todas, porque só assim é possível avançar corretamente ao cerne da razão de ser de cada uma delas dentro da proposta pedagógica,

---

19 Paulo revolucionou muitas vezes as "certezas" até então vigentes nos momentos em que desvelou algumas obviedades. Por exemplo, em 1958, quando foi relator do Tema 3 (Departamento Técnico de Educação Primária, da Secretaria do Estado dos Negócios da Educação e Cultura de Pernambuco) no Congresso Nacional de Educação de Jovens e Adultos; em 1970 com a *Pedagogia do oprimido* e, a partir de 1992, com a *Pedagogia da esperança* e outras obras que se seguiram ao apresentar nova interpretação sobre velhos temas e situações ou "adivinhando" o que estava por vir.

política e ético-estético de Paulo e que dá, contraditoriamente, a unidade que existe em sua teoria e o verdadeiro significado a essas partes constituídas pelos *conteúdos* de natureza ética da totalidade de sua teoria.[20]

A natureza ético-humanista de Paulo responde por um peculiar modo do seu pensar sistematizado, infelizmente tão negado quanto repudiado pelos academicistas e pelos adeptos da ética do discurso e a ética do mercado: analisava o que ouvia, lia ou via, vivendo dialeticamente tudo na sua razão/emoção, como uma instância única do seu ser e da rigorosidade que a *verdade* exige enquanto tal. Dava-se o direito de sentir profundamente as raivas, legítimas, como dizia, e então elaborava o acontecido científica e politicamente nos seus dizeres pautados pela compostura ética através de uma criação linguístico-estética de rara beleza. Assim, quando repudiava o feito ou o fato, os denunciava para, dialeticamente, certo da razão de ser dos fatos e das coisas e, amorosamente, anunciar o novo. Essa é a dinâmica da denúncia-anúncio em Paulo, o seu ser educador, político e ético. A sua maneira de autenticamente é aproximar-se das "vítimas", do outro e da outra negados-afetados. Trata-se de ir ensinando, a partir do aprendido com esses e essas, a como terem voz. A irem, pois, emergindo como "novos sujeitos sociais".

A radical *ética humanista* de Paulo tem a sua máxima nesse testemunho de respeito à dignidade do outro e da outra. Essa sua inabalável postura de *respeito pelos outros e outras e pelo mundo*, imbricada à amorosidade e à solidariedade para com os justos, os oprimidos e

---

20 A ética vinha preocupando Paulo, profunda e diuturnamente, sobretudo nos últimos anos. Ele tinha a intenção de escrever sobre ela sistematizando suas inquietações diante dos descalabros antiéticos do mundo da globalização e do neoliberalismo – que vêm "contaminando" cada dia mais os costumes e valores sociais da sociedade como um todo e deformando a educação como mero treinamento técnico –, e fazer suas propostas utópicas em torno dela. Seria um anúncio-denúncia em torno da ética. Seria, como sempre, a sua compreensão da ética que precisamos para nossa humanização/libertação, como substantividade de nossa presença no mundo, através da educação dialógica e libertadora.

excluídos nasceu dos sentimentos e da razão nutridos nele, não como um fim em si mesmo, mas para voltar-se intencionalmente para a valorização da vida pautada na justiça que possibilita a *paz*. Enfatizo também sua postura intencional e eminentemente ética de permanecer manso e quieto, dignamente na sua posição de humildade mesmo nos momentos mais difíceis de sua vida. Assim, jamais lamuriava-se, mesmo quando injustiçado ou incompreendido por quem quer que fosse. Esse estado de discernimento ético de Paulo alongou-se na sua teoria e práxis, marcando-as com o seu *corpo consciente* e com sua alma dadivosa e lúcida. Por outro lado, até porque não só pensou e escreveu dialeticamente, mas, sobretudo, por ter corporificado a dialética das contradições, ele abominou com todas as suas forças os invejosos, os vingativos e os que se prevalecem de suas posições para prevaricar de qualquer forma e em qualquer situação. Por ter tido uma compaixão enorme pelos e pelas que não sabem ser firmes em suas posições, de quaisquer naturezas, respeitosos com as escolhas e decisões alheias ou leais aos seus companheiros e companheiras de luta. Quero dizer que em Paulo não há neutralidade. Há a parcialidade a favor do quê e de quem, o contra o quê e contra quem. Há o porquê e o quando. E sabemos, ele esteve sempre a favor dos explorados, dos oprimidos, dos esfarrapados do mundo, dos que necessitam de justiça e liberdade.

Assim, Paulo sempre perguntou acerca das coisas. Praticou e propôs, coerentemente, a pedagogia da pergunta, a que provocada pela curiosidade epistemológica pode ir pela cognição ao âmago das questões. Superava-se sempre por nunca ter ficado muito certo das certezas, por ter tido esta postura inquieta e indagadora. Como um fenomenólogo, despia o fato, o conceito, a coisa, a relação, as condições dadas, buscando a razão de ser deles e delas, indo buscar a essência do ser em torno do qual estava exercendo a sua cognoscibilidade. Em última instância, essa postura de Paulo não sendo apenas intencionalmente epistemológica, mas também política e ética, tem sua razão de ser na máxima: a raiz das coisas é o interesse humano.

Assim perguntando-se, questionando-se sem limites, pondo toda a sua criatividade, sensibilidade e inteligência a serviço do desvelamento da substantividade das coisas, Paulo ampliou de tal maneira as suas análises sobre a educação que acabou por dar a ela uma abrangência nunca antes conhecida, evidenciando as dimensões gnosiológica, política, estética e ética do ato de educar.

Desse modo, ele denunciou da "educação bancária" às explorações classistas, ampliando-as, posteriormente para as de raça, de gênero, de escolhas sexuais etc.; das condições materiais e culturais às formas e condições mais diversas de opressão, alienação e exclusão. Esteve atento às manhas do imperialismo econômico e com os problemas do analfabetismo dos trabalhadores do campo e da cidade; e ultimamente com a malvadez, como dizia, da *globalização da economia*. Em seus derradeiros trabalhos, dedicou-se a pensar sobre esta nova forma capitalista que têm suporte no pensamento da pós-modernidade filosófica de práticas reacionárias, que negam as ciências modernas com suas certezas e utopias, e que instaurou uma nova "ética", a "ética do mercado", cujo princípio, vale enfatizar, é o de que os valores "humanos" devem ser ditados pela necessidade do mercado e isto significa, sabemos, atender tão somente aos interesses (Paulo dizia gulodice) dos que detêm o capital e o poder e, consequentemente, abandonar as necessidades humanas mais autênticas da maioria da população. Nesta antieticidade do neoliberalismo/globalização da economia reside um enorme potencial de nossa destruição enquanto seres humanos. Um viver sem sentido, sem *existência verdadeira*, que nega, assim, "[...] o princípio da obrigação de produzir, reproduzir e desenvolver a vida humana concreta de cada sujeito ético em comunidade", repito com Dussel.

Paulo apresentou a diretividade sem autoritarismos. Desvelou a face oculta das coisas cobertas pelas ideologias sem ansiedade, *pacientemente impaciente*. Procurou sem tréguas a coerência entre o que pensava, dizia, fazia e escrevia. Deu seu sim à rebeldia e seu não à resignação. Valorizou a ciência sem menosprezar ou diminuir o senso comum, mas antes o considerando ponto de partida. Entendeu o erro como fase da construção dos saberes, um dos motivos pelos quais é considerado um construtivista. Negou veementemente o treinamento no lugar da formação. Desmantelou convicções marxistas ao afirmar que a história é possibilidade, e não determinismo. Proclamou sua descrença no fatalismo e teve fé nos homens e mulheres para construírem a história segundo seus próprios anseios, lutas e projetos. Sistematizou e valorizou a curiosidade. Tinha a certeza de que roubávamos ontologicamente as pessoas quando as deixávamos apenas no estágio da linguagem oral. No processo de busca do conhecer, não omitia suas opções, dúvidas, indecisões e decisões que implicam ruptura e dor. Considerava ser pedagógico discutir com o diferente e como um instante do exercício da cidadania educativa do educador e da educadora explicitar as suas opções aos seus educandos e educandas, dever de um, direito do outro. Socializou e procurou "ganhar" os outros sem jamais impor, prescrever ou resolver pelo outro e pela outra as suas dúvidas, sonhos ou problemas.

Reconheceu seus resvalamentos e seus próprios erros com a mesma naturalidade com que foi "des-cobrindo", desvelando, como dizia, algumas obviedades ainda não apreendidas ou entendidas na história. Compreendeu que os homens e as mulheres "como seres capazes de valorar, de intervir, de escolher, de decidir, de romper, razão por que nos fizemos seres éticos e por que nos tornamos éticos abrimos a trágica possibilidade de transgredir a própria ética."[21] Entendeu, pois, a problematicidade da vida em todas as

---

21 Paulo Freire. *Pedagogia da indignação*. São Paulo: Unesp, 2000, p. 108.

suas instâncias ao mesmo tempo em que defendeu a conscientização como uma maneira para que as pessoas pudessem lutar por um mundo eminentemente ético.

Chamo ainda a atenção, mesmo correndo o risco de repetir-me, para algumas qualidades de natureza ético-libertadoras na postura de Paulo posta nos seus *quefazeres* e *quepensares*, instâncias de seu patrimônio como pessoa, cidadão e educador preocupado com a humanidade roubada, assim com a libertação dos homens e das mulheres, indistintamente da religião, cor, etnia, raça, sexualidade etc. com a qual se identificassem. Sua irrestrita inclusão a tudo o que significasse vida e excluísse a morte. Sua tolerância com o diferente e sua cumplicidade com a diversidade. Sua responsabilidade, humildade e perseverança. Sua resistência a entregar-se à acomodação. Sua capacidade de dividir tarefas, delegando poderes aos seus companheiros. Sua continência verbal e dos gestos, mesmo nas suas horas de denúncias cheias de raiva e indignação. Sua inteligência comprometida e sabiamente curiosa que o fez capaz de desvelar as obviedades que homens e mulheres de seu tempo não foram capazes de perceber. Sua dedicação indiscutível "às vítimas" ao colocar toda a sua energia, generosidade e inteligência, toda a sua vida, a serviço dos desesperançados, dos excluídos e dos oprimidos, dos vilipendiados, dos explorados e dos marginalizados.

Foi Paulo quem explicitou a obviedade ainda não discernida da politicidade ou a natureza política da educação, a não neutralidade do ato educativo e sua relação com o conscientizar-se/conscientização, com o comprometer-se/compromisso e com solidarizar-se/solidariedade. Conscientizar-se dos fatos como *situações limites*, e que, assim, se faz necessário intervir com ações objetivas, como um projeto de vida nas ações antidialógicas dos(as) descomprometidos(as) com a vida. Portanto, comprometer-se com a superação das injustiças sociais de toda sorte e solidarizar-se com os oprimidos e excluídos não só do processo educacional, mas também lutar para possibilitar a todos e a todas as suas inserções nos destinos de país.

Enfim, ele nos ofereceu condições para tomarmos em nossas próprias mãos o nosso próprio destino de cidadãos e garantindo a nossa ontológica humanidade, possibilitando ao outro e à outra de serem também sujeitos da história e não só objetos nela. Acreditou, assim, na comunhão entre homens e mulheres e na ressurreição de nossa substantividade ontológica. Mostrou-nos como se pode e o porquê – assim sem prescrições ou ordenações – devemos lutar ousadamente, enquanto educadores, correndo riscos *com* os oprimidos/excluídos e oprimidas/excluídas para que eles e elas possam sair do nível de compreensão mágica, mítica ou ingênua do mundo para se apropriarem, num processo permanente, do nível de consciência crítica que só uma educação como ação cultural dialógica pode oferecer. A conscientização em Paulo porque parte das condições do contexto concreto e busca a razão de ser da coisa no contexto teórico pode dar concretamente voz à mudez, propicia a aquisição da palavra que "pronuncia o mundo" no lugar dos blábláblás dos comunicados "sloganizados" ditados aos que tinham sido silenciados.

Palavra que *existenciando* a quem era afetado-negado (alienado/ marginalizado/excluído/oprimido) cria a possibilidade de restaurar neles e nelas a ontológica humanidade roubada, repito, e, assim, os capacitar para as ações éticas de sujeitos coletivos que podem lucidamente concretizar as transformações sociais, políticas etc. Transformações nutridas pelos sonhos utópicos ao se recuperarem as condições materiais e culturais das populações de "vítimas" de todo o mundo.

Paulo entendeu a *dialogicidade* ou a *dialeticidade subjetividade--objetividade* como inovadora e foi se afastando, assim, da maiêutica socrática e da dialética mecanicista, apresentando uma compreensão do mundo/ato de educar e de conhecer verdadeiramente o saber e de possibilitar que se criassem saberes para interferir no mundo, no sentido de o tornar melhor e mais justo. O seu processo tem a ver, portanto, com a sua relação com o ser curioso (curiosidade epistemológica), com o autenticar-se (autenticidade na troca de afetos e saberes que provoca mais afetos e saberes) e com o respeitar-se (respeitar ao outro e à outra nas suas diferenças, e ao mundo). Com o *Tu* que promove a percepção do *Eu*. Com o ser-se generoso (generosidade) no participar (participação igualitariamente ética). Isto é, ser curioso na busca do conhecer mais cientificamente e autenticar-se ao respeitar as diversidades étnicas, raciais, de gênero, de religião, de língua e linguagem culturais; e ser generoso na oportunização da participação do outro e da outra nas decisões e ações, com suas diferenças pessoais e culturais. A dialogicidade freireana possibilita, pois, o conhecimento, que por sua vez promove a humanização, e essa, por sua vez, a libertação.

Paulo entendeu a *práxis esperançosa* como uma atitude ontológica pessoal desejável e necessária à qualidade de vida possível e ao cumprimento das tarefas político-sociais, ou o atuar dos homens e mulheres refletindo, sabendo-se na sua incompletude – e sua relação com a compreensão de que "saber que mudar é difícil, mas é possível" – engajar-se (engajamento) e confiar e ter fé em si e no outro (confiança para projetar e concretizar as possibilidades históricas), os *inéditos-viáveis*, os *sonhos possíveis*.

A esperança na concepção freireana está embutida em cada uma das palavras de Paulo porque ela tem nascedouro na sua coerente postura ética de enfrentamento à dramaticidade dos reais problemas humanos formulada na sua concepção de ética universal dos seres humanos e não só porque faz parte da natureza ontológica de todos os homens e mulheres. Assim, Paulo anunciou possibilidades de outras relações e de novas condições de um mundo com mais tolerância e menos desigualdades. Essa instância esperançosa é a que nos leva a criar os *sonhos possíveis* e a lutarmos por eles.

Em Paulo, as palavras que pronunciam o mundo têm dentro delas mesmas a sua natureza ético-libertadora, elas estão carregadas no mais íntimo delas da própria essência de quem as proclamou, do cerne mais profundo da natureza ética de seu criador. Daí que *palavra* para ele significa *práxis libertadora*, pois nelas, nas palavras dele, estão a dinâmica da práxis, a intenção da verdade que só a práxis eticamente correta tem. Ética em Paulo é verdade, é *existência humana* concreta. É libertação.

A compreensão de educação de Paulo por sua coerência existencial – e não por afirmações metafísicas, como faz a ética do discurso – precisa ser entendida como uma proposta utópica, como paradigma de nossas opções éticas por um mundo mais justo. Como um paradigma para a educação libertadora porque carrega no seu bojo a *ética da libertação* identificada com a *ética da libertação* de que nos falam Casali e Dussel.

Em suma, a leitura de mundo de Paulo sobre os seres humanos posta na sua compreensão de educação libertadora é, pois, uma epistemologia antropologicamente política e socialmente histórica. Portanto, *nominada* (os sujeitos oprimidos concretos/relações sociais de classes), *datada* e *especializada*, sustentada pela eticidade e pela esteticidade, que assim superou as concepções tradicionais da ética. Em Paulo, a concepção de ética tem seu *conteúdo* retirado das atitudes de homens e mulheres com nome, desejos e aspirações, sentimentos e emoções, conflitos e fragilidades, grandezas e necessidades no seu enfrentamento existencial sempre referidos a determinados tempo-espaços e enquanto explorados, excluídos e oprimidos. Tratando pedagógica e politicamente essas questões, como Paulo fez, há a possibilidade de sairmos da condição de apenas objetos de exploração e opressão para a de sujeitos da história também. Isso é o proporcionar o *existenciar-se*. É o possibilitar em cada um de nós, é possibilitar que encontre em si mesmo a ética que dá sentido ao existencial.

O conteúdo fundante da ética humanista *de* e *em* Paulo foi posta claramente por ele desde a *Pedagogia do oprimido* constantemente aperfeiçoado até a sua morte: a de que só o oprimido impedindo o opressor de oprimir pode libertar a ambos. Provou-nos que ao inverter os polos opressor-oprimido sem mudar a natureza mesma da relação – opressor passando a oprimido e este a opressor –, não superando esta relação e as condições determinadas por ela para que os contraditórios não continuem aniquilando as vidas, continuaríamos coniventes com esta situação, a de negação do direito mais elementar da cidadania ética. De um mundo voltado para a paz. Essa premissa da pedagogia do oprimido de Paulo, ponto de partida de sua compreensão de educação, é, pois, o que nos garante estar sua proposta teórica absolutamente identificada com a ética da libertação. Por outro lado, essa premissa também demonstra claramente quão as ideias de Paulo estão afastadas dos princípios neoliberais, desde que estes, entre outras divergências, declaram a inexistência desses polos e consequentemente da luta entre esses antagônicos e a inexorabilidade do destino humano ao já conhecido. Nisso, aliás, há uma certa coincidência entre a ética do mercado e a ética do discurso, que, ao falsificarem a verdade com discursos de imparcialidade e neutralidade, destroem as nossas possibilidades de procurar o verdadeiro patrimônio humano.

Quero ainda evidenciar que a leitura de mundo de Paulo partindo das constatações práticas, do escutado, do observado, do sentido, do intuído, do adivinhado no seu corpo caminha sempre, para provar que as suas constatações fossem verdades, que as verificações nos pressupostos teóricos filosóficos e científicos fossem comprovadas. Esta dinâmica é a que permite dar validade à prática. Fazer dela

O texto que segue tem um significado para além do seu indiscutível valor científico, pois trata a educação nas dimensões pertinentes ao contexto do processo de democratização do país, na perspectiva dos setores populares e dos movimentos sociais. Produzido nos anos 1990, expressa vontades, desejos e sonhos de milhares de educadores por uma educação libertadora capaz de contribuir para a construção de uma sociedade democrática que incorpore as classes populares como autoras do processo civilizatório.

Não por acaso, sua apresentação deu-se no Seminário Internacional, no ano 2000, promovido pela administração municipal de Porto Alegre, que à época realizava um projeto de educação popular. Se o objetivo da luta política nos anos 1980 era suplantar o autoritarismo, os anos 1990 foram marcados pelas administrações populares locais, com a realização de ricas experiências de democracia participativa, como o Orçamento Participativo de Porto Alegre.

No momento em que estamos superando novos retrocessos, isto é, ameaças à democracia, abrem-se novas possibilidades para a construção de um projeto de educação popular. O artigo de Ana Maria Freire apresenta-se como uma ferramenta teórica potente para os que sonham e lutam por uma educação que contribua para se construir uma sociedade verdadeiramente democrática e inclusiva.

Ao resgatar "Utopia e democracia: os inéditos-viáveis na educação cidadã", Ana Maria Freire apresenta um texto de atualidade evidente – e com elementos substanciais do legado de Paulo Freire dá forma e conteúdo a um corpo de ideias que revelam o compromisso com a práxis transformadora, com uma ciência a serviço da humanização, no plano individual e social.

Jose Clovis de Azevedo, professor, pesquisador, doutor
e ex-secretário de Educação de Porto Alegre (1997-2000)
e do Rio Grande do Sul (2011-2014)

12.

Utopia e democracia: os inéditos-viáveis na educação cidadã[1]

Dizer que não deveria ser eu quem estivesse aqui falando neste momento no qual a Secretaria Municipal de Educação de Porto Alegre organiza mais um seminário internacional cujo tema é "Utopia e democracia: os inéditos-viáveis na educação cidadã" seria, como dizia Paulo, uma falsa modéstia. Se tal hipótese fosse verdadeira, não deveria mesmo estar aqui. Ademais, tenho certeza, sequer teria sido convidada para abrir os trabalhos de um encontro pedagógico de conhecida envergadura como é este que os governos municipais populares da capital gaúcha vêm organizando.

Dizer, por outro lado, que só eu tenho o que dizer sobre esta categoria freireana – o *inédito-viável* – seria além de um alardeado personalista, portanto estéril e aético, um erro epistemológico e político. Seria negar os outros e as outras. Seria negar sobretudo a autenticidade da pedagogia dialógica de Paulo. Seria dar-lhe as costas. E minha luta vem sendo exatamente outra: vem sendo olhá-lo de frente, com amor e seriedade, para ajudar a manter sua presença viva em mim e no mundo.

Quando recebi o convite, cuja chamada era a transcrição da nota de número 1, que fiz especialmente para o livro *Pedagogia da esperança*,

---

1 Texto originalmente publicado em *Utopia e democracia na educação cidadã*, de Jose Clovis de Azevedo et al (orgs.). Porto Alegre: Editora da Universidade Federal do Rio Grande do Sul, 2000, pp. 13-21.

sobre uma compreensão de estar no mundo *com* ele – mundo de Paulo –, fiquei, confesso, me perguntando se eu mesma teria ainda mais alguma coisa para dizer sobre esta feliz expressão criada por meu marido: o *inédito-viável*.

Refleti e aí entendi que vindo aqui poderia mais do que dizer. Poderia dizer e escutar o que têm vocês a dizer sobre o meu dizer. Escutar o que vocês têm a dizer com os seus dizeres sobre a experiência da escola cidadã, ela mesma um *inédito-viável* tão poucos anos atrás. Ou mais freireanamente falando, ineditamente viabilizando-se a cada dia nas práxis. Efetivamente, o realizando-se dos educadores e das educadoras portalegrenses, a partir, em grande parte, das teorizações aqui abordadas por gente de todo o mundo, de um modo muito especial, devo lembrar, a teoria do conhecimento libertadora de Paulo Freire. Sonho utópico ao qual devemos nos engajar lutando para que essa experiência, como a de outras idênticas de outros governos progressistas, antes inéditas, mas viáveis – tanto que estão funcionando com sucesso –, se estenda e incorpore a todas as escolas deste país. Para que todas elas sejam verdadeiramente *do* povo. Para que as práticas de concepção libertadora que estão embutidas nas da escola cidadã sejam o *sonho possível* de que tanto nos falou Paulo.

Poderia, continuei em minhas reflexões, fazer deste momento o de troca dialógica – e não o de fechamento – em torno do que eu já tinha elaborado nas referidas notas. Percebi mais que isso nesses momentos de pensar. Entendi que o que se passava em mim era o medo de ousar e refazer o já dito no livro que colaborei com Paulo. Dei mais um passo e concluí que eu mesma com essa compreensão embalsamaria, engessaria no reino do eterno e verdadeiro, muito porque Paulo tinha, com orgulho, aprovado as duas páginas e meia que eu escrevera sobre o *inédito-viável*. Reconheci que ao cristalizarmos posturas, valores, conceitos ou palavras considerando-os intocáveis, sacramentados e

MEUS DIZERES E FAZERES EM TORNO DE PAULO FREIRE | 195

terminados, não só demonstramos nosso imobilismo emocional, cognitivo e epistemológico, por puro medo de arriscarmo-nos e/ou na certeza de que as verdades proclamadas são eternas, como também o que dissemos com acerto e adequação tende a estratificar-se na certeza sem mudanças, numa coisa estéril, sem vida.

Assim, devo falar. E falar querendo, realmente, que minha fala não seja uma fala unilateral, sem retorno, friamente despejada sobre uma plateia que sem olhos e sem ouvidos me daria uma satisfação narcisista de que sei tudo sobre o *inédito-viável*, a *utopia* e a *democracia*, e isso, portanto, me bastaria a mim mesma. Me deixaria em paz com o "meu saber". Resolvi, então, com uma certa ousadia e esse mencionado medo, expor-me num encontro internacional de intelectuais, ademais comprometidos com esses mesmos sonhos. Assumi essa tarefa na certeza, pois, de que este é um momento de crescimento para todos e todas nós. Que a comunicação, a coparticipação, a cooperação e a compreensão mútuas, com ou sem consenso, podem negar o "bancarismo". Podem nos libertar das amarras do depositado e despejado sobre os outros e outras. Do feito, do dito e do experimentado de caráter absoluto, portanto ahistórico.

O *inédito-viável* não é uma simples junção de letras ou uma expressão idiomática sem sentido. É uma *palavra* na acepção freireana mais rigorosa. Uma palavra-ação, portanto, práxis. Uma palavra epistemologicamente construída para expressar, com enorme carga afetiva, cognitiva, política, ética e ontológica, os projetos e os atos das possibilidades humanas. Uma palavra que traz nela mesma o germe das transformações possíveis voltadas para um futuro mais humano e ético. Uma palavra que carrega no seu bojo crenças, valores, sonhos, desejos, aspirações, medos, ansiedades, vontade e possibilidade de saber; fragilidades e grandezas humanas. Carrega a inquietude sadia e a boniteza arraigada da condição de ser-se homem ou mulher. Palavra na qual estão intrínsecos o dever e o gosto, como gostava de dizer Paulo, de mudarmos a nós mesmos dialeticamente mudando o mundo e sendo por este mudado. Que traz na essência dela mesma o que sentimos, desejamos, lutamos e sonhamos. O que nos incomoda, nos deixa inconformados e nos entristece nas fraquezas dos seres humanos levados pela ingenuidade verdadeira ou pela deformação da antieticidade.

Uma palavra na qual cabe nela mesma a compreensão do tempo e do espaço, da denúncia e do anúncio. Tempo e espaço no qual impacientemente pacientes alimentamos a curiosidade epistemológica que deve levar aos conhecimentos filosófico e científico e esses à concretização da esperança ontológica e histórica através da criatividade transformadora dos sonhos humanos. Ciência e filosofia que se não estão a serviço desses *sonhos possíveis*, da encarnação dos *inéditos-viáveis* concretizados nas *ações editandas*, não merecem o nosso respeito e consideração. Não é ciência, é cientificismo. Não é filosofia, é filosofismo.

Palavra, assim, que criou uma nova epistemologia a partir dessa nova leitura de mundo esperançosa. Que nos induz, pois, a criarmos um novo homem e uma nova mulher para uma nova sociedade: mais justa, menos feia, mais democrática, relembrando de outra forma o que Paulo tanto insistiu em nos dizer. Que nos dá a nós todos e todas, quando o problema é já um *percebido-destacado*, a unidade necessária do presente de lucidez, alegria e transparência do sonho, em processo ontologicamente humano, que se nos aponta como possível; com o passado de injustiças, tormentos e sofrimentos que nos afligiu a tal ponto que o percebemos destacadamente como um problema à espera de solução; e com o futuro de acolhimento mansamente inquietante, de paz de consciência pelo resgate da eticidade e do sentimento e certeza de que tudo vai, precisa e deve continuar em processo ininterrupto de mudanças para concretizarmos o sempre sonhado e mutante *Ser Mais* de todos e todas nós.

O *inédito-viável* nos diz, claramente, que não há o reino do definitivo, do pronto e do acabado; do nirvana da certeza e da quietude perfeita.

Alcançado o *inédito-viável* pelo qual sonhamos e lutamos, já não seria mais um sonho em sua possibilidade, mas o *sonho possível concretizado*. A utopia alcançada faz brotar outros tantos *inéditos-viáveis* quantos caibam em nossos sentimentos e em nossa razão ditada pelas nossas necessidades mais humanas. Isso diante da dinâmica que implicam, porque sendo palavra/práxis estão radical e essencialmente ligadas ao que há de mais ontologicamente humano em nós: a esperança *do* e *nos* movimentos de autoaperfeiçoamento e de nosso construir social-histórico para a paz e a justiça. Quantos mais *inéditos-viáveis* sonhamos e concretizamos, mais eles se desdobram e proliferam no âmbito de nossas práxis, de nossos desejos políticos e de nosso destino de afirmação de nossa humanidade mais autêntica – de nossa engenhosa capacidade de superarmo-nos quando nos lançamos no fértil e infinito mundo das possibilidades.

Paulo entendeu o *inédito-viável* como tática, como a possibilidade de darmos concretude de ação aos nossos anseios, necessidades e desejos; aos nossos sonhos socialmente pretendidos, engajados e possíveis, concretizados a cada momento pelas *ações editandas*; e ao nos acercarmo-nos do historicamente possível em determinado momento. Entre esses, a realização do *Ser Mais* e da *democracia* deverão ser perseguidos, pois são, na verdade, a estratégia a ser alcançada, porque correspondem à plenificação da essencialidade ontológica de nós, homens e mulheres.

A riqueza dessa categoria posta por Paulo na *Pedagogia do oprimido* e retrabalhada por ele mesmo em *Pedagogia da esperança* é, na verdade, de tamanha importância e profundidade que "empapa", como ele dizia, toda a sua obra, uma vez que traduzia o seu modo de ser coerente com sua leitura de mundo. Posta assim, intencionalmente, por ele, não para nos prender a ela mesma por sua beleza linguística, mas para, por sua riqueza semântica, nos abrir ao mundo genuinamente humano. Isto é, ao mundo da ética e da libertação, através daquilo que está contido nesta categoria – o *inédito-viável* – e que sua análise crítica indica: múltiplos desejos, anseios, necessidades, vontades, razão, criação e, sobretudo, espírito de justiça. Qualidades/ sentimentos que, estando dentro de todos nós, foram norteados pela seriedade ética. Coletivamente engendrados e se vão vindo, passo a passo, se concretizando, se fazendo ação tática, e assim atingiremos, certamente, a estratégia, ou fim último, do *inédito-viável*. O *mais* radical, a Utopia, que, entretanto, e paradoxalmente, para manter sua própria característica, a do campo de *sonhos possíveis*, de nutrir-se de nossa não tão menos rica inconclusão humana, não tem um fim, um termo definitivo de chegada. Caberá sempre nela a superação do já atendido que será, pois, transitório no caminho ético para a concretização da vocação ontológica dos seres humanos em *Seres Mais*, consequentemente da *democracia* social, étnica, sexual, racial, religiosa etc., desde que não pode haver uma sem a outra, interminavelmente refazendo-se na busca de aperfeiçoamento.

Paulo entendia a subjetividade humana de maneira ímpar. Nos mostrou como não ficarmos ou nos restringirmo-nos à dialética dual sujeito-objeto para agir/transformar, conhecer ou ajustarmo-nos a algumas necessárias condições do mundo dado. Isto é, Paulo entendeu essa relação radicalizando nossas subjetividades de tal maneira que, de sujeitos que ao se relacionarem entre si mediados com mundo objetivo pudéssemos construir não só saberes, mas também condições e relações de saberes, de estar no mundo e de pretensão de mudar o futuro. Entendia que não somos meros espectadores da história que vai passando aleatoriamente, sem nossa interferência. Entendia, como muitos outros pensadores, que não somos nem reflexo da realidade, tampouco constituímos a realidade a partir da simples ideia de fazê--la. Que a realidade é construída pela relação da nossa consciência com o cotidiano do observar, do criar, do fazer, do refazer, do intuir, do entender, do sentir, do inteligir, do sistematizar o que o mundo natural e o cultural já elaborado nos oferecem e/ou nos impõem. Nesta compreensão da constituição da realidade, os *sonhos possíveis*,

MEUS DIZERES E FAZERES EM TORNO DE PAULO FREIRE | 199

em última instância, são produtos culturais que a intersubjetividade plena, em relação com o real, pode construir. São também eles próprios agentes e produtos constitutivos e mobilizadores da recriação, assim, potencialmente, da transformação político-social. Se algum de nós pensasse em mudar o mundo sozinho, simplesmente na sua relação solitária com o mundo já dado, saberia, em pouco tempo, que isso não é um sonho possível, é um devaneio esquizofrênico sem possibilidades. Não é um *inédito-viável*.

Os *inéditos-viáveis* além de serem, pois, sonhos coletivos, deverão estar sempre a serviço da coletividade, não têm um fim em si mesmos. São, portanto, sonhos fundamentalmente democráticos a serviço do mais humano que existe em nós, seres humanos: o cumprimento da vocação ontológica de sermos *Seres Mais*, repito, mais uma vez com Paulo. Posto por ele na sua compreensão de educação e sociedade, intencionalmente, para nos fazer sentir a indignação, a justa raiva e o repúdio. Para nos mobilizarmos na negação desses sentires. Para nos dar a dimensão mais exata de nossa capacidade política e necessidade ética, estética e de justiça e paz. Posto, intencionalmente, por Paulo para refletirmos incessantemente na possibilidade de sermos nós mais homens e mais mulheres, quando agimos norteados pela ética e pela vontade política em direção aos *sonhos possíveis*.

É preciso repensarmos essa categoria que dá a dimensão de quanto o mundo está "grávido" de utopias à espera de nossas ações esperançosas, fortes e decididas. Nossa humanidade autêntica nos coloca mais do que em alerta, nos coloca em ação, em dinamismo criador quase sem limites a partir do imaginário da beleza, do ético, do poético e do político. Que não temos, exclusiva nem prioritariamente, apenas esse potencial de criação. Potencial que partiu, é preciso estar atento a isso, dos sonhos mitológicos muitas vezes, ou também dos de um Júlio Verne ou de um Aldous Huxley. A criação parece destinada ao campo das invenções tecnológicas, que, dia após dia, nos deixam espantados e maravilhados diante da fantástica velocidade com que surgem e imediata renovação deles, infelizmente, hoje, quase sempre, por distorção, a serviço da globalização.

Precisamos acreditar no nosso potencial criador de sonhos como Paulo acreditou e colocou como ponto fundamental de sua teoria do conhecimento: a educação e a sociedade libertadora e dialógica como a utopia a ser atingida. Sua teoria quando foi pensada e proclamada era um *inédito-viável* em si, e muitos não acreditavam na sua consistência e necessidade. Hoje, se não alcançamos o sonho maior, alcançamos a compreensão de que podemos lutar pelo *inédito-viável* como um *sonho possível*, mesmo diante das ameaças de toda sorte que nos atingem nos tempos do neoliberalismo e da globalização.

Outra coisa importante que quero dizer é que se a obra de Paulo está absolutamente impregnada de *inéditos-viáveis* não se deve só à sua postura de conhecida coerência, é porque ele mesmo foi um ser *ineditamente-viável*. Corporificado. Pensante. Atuantemente amoroso do mundo ao criar e expor sua compreensão de educação, nutrindo, assim, de conteúdos éticos e políticos a história das ideias pedagógicas.

Quero dizer que Paulo, tendo captado por intuição, sensibilidade e razão as *situações limites* de nossa sociedade, o modo pelo qual vimos nos organizando socialmente, portanto, pela leitura que ele fez sobre as seculares condições de opressão, alimentadas, entre outras, pela nossa educação de práticas elitistas e autoritárias, deficiente e retrógrada, por isso mesmo "bancária", representou, na verdade, ele mesmo, um *inédito-viável*. Foi ele e não outro ou outra que nos disse tudo o que ele disse, que compreendeu com clareza absolutamente inédita a relação entre educação, ética e política. E pode ter voz e denunciar, executá-las através de seus *atos-limites*, entre os quais re-enfatizo a sua própria criação teórica e nela a compreensão dos *inéditos-viáveis*, justamente porque soube captar o que, com flagrante obviedade, o mundo estava nos clamando e dizendo e tantos outros e outras não escutavam. Porque teve humildade e sabedoria para

MEUS DIZERES E FAZERES EM TORNO DE PAULO FREIRE | 201

assumir-se consciente dentro das suas limitações históricas, pode nos propor a superação dos limites estreitos impostos pela negação da vocação ontológica de *Ser Mais* dos humanos, através da esperança que está embutida no *inédito-viável*. Anunciando através desse, embutido neste, o anúncio esperançosamente viável. Denunciar e denúncia com toda a presença do repudiante, do desumanizante e do antiético que o *inédito-viável* mesmo anuncia sobre o que é *ineditamente-viável* é um sonho utópico. Anunciar e anúncio com toda a carga de generosidade, de humanismo e de esperança de futuro que lhes são próprios.

Outros e outras certamente não são *inéditos-viáveis* corporificados porque não têm ou tiveram a capacidade para apreenderem o real ou porque não têm/tinham sensibilidade para tanto ou mesmo porque os problemas da *gentidade* de nós todos e todas, principalmente os problemas da educação, os problemas dos miseráveis e dos pobres eram (e são) questões de dimensão transcendental, das religiões e não de educadores ou educadoras. Dos políticos sérios, matreiros ou inescrupulosos. Daqueles que pensam na cidadania e nos direitos humanos ou desses que se preocupam apenas com si próprios e/ou nos seus pares. Ou mesmo consideram os problemas do povo, os mais necessitados e ávidos dos tempos que os *inéditos-viáveis* podem trazer, como sendo das polícias quando esse se rebela, e não dos que fazem filosofia sobre os problemas do cotidiano, do que o povo sabe, quer, precisa e nos ensina através do senso comum. Paulo personificou o *inédito-viável* justamente porque viu, sentiu, apreendeu, escutou, analisou e sistematizou tudo isso que estava aí para ser visto e pensado na obviedade do cotidiano. E deu a esta através do *inédito-viável*, a ambos, aliás, a este e aquele a estatura de problema filosófico-ontológico, lhes deu corpo de questões que a nós cabe continuar elucidando e resolvendo quando for um *percebido destacado* na sua consciência inteligente e sensível.

Dizendo que Paulo foi um ser *ineditamente viabilizado*, por condições históricas e pessoais, estou dizendo em outras palavras que ele é (não apenas foi) um profeta. "Adivinhando" os problemas que nos afligem, antecipando-se na percepção dos mesmos, nos deu caminhos de solução. Não as soluções mesmas. Senão não teria sido o profeta da esperança. Teria querido ser o demiurgo do já predeterminado, o dono dos humanos e do mundo, que, controlando as ações e instâncias futuras, nos tiraria a possibilidade de sermos os construtores mesmos da história. Não teria sido o homem que foi, dialógico e libertador, porque também não teria tido a capacidade ímpar de amar o gosto da vida que ele teve. Da capacidade que tinha de ser generoso, de acreditar no outro e na outra, de que há coisas difíceis para as quais temos força na possibilidade exatamente porque como humanos somos limitados por nossa inconclusão. Assim, nos fez acreditar que as coisas não "são assim porque sempre foram assim", "porque Deus quer", "porque mudar a ordem social e política (dita natural) das coisas é impossível". Nos mostrou um caminho: *o sonho possível* de um futuro melhor, desde que façamos hoje o possível contido no *inédito-viável* ou na utopia.

O *inédito-viável* como Paulo o entendeu nos diz, portanto, que nós, todos e todas, podemos ser também seres *ineditamente-viáveis*, desde que vivamos embrenhados e imbricados, radicalmente como ele, nos sonhos utópicos. No construir humano, ético e político das vidas. Desde que nos empenhemos, como ele se empenhou, na busca da verdade, do saber e do amor.

São palavras de Paulo no seu livro, o que organizei e nomeei *Pedagogia da indignação: cartas pedagógicas e outros escritos*, sobre a questão de profetizar:

> Pensar o amanhã é assim fazer profecia, mas o profeta não é um velho de barbas longas e brancas, de olhos abertos e vivos, de cajado na mão, pouco preocupado com suas vestes, discursando palavras alucinadas. Pelo contrário, o profeta é o que, fundado no que vive, no que vê, no que escuta, no que percebe, no que inteligE, a raiz do

exercício de sua curiosidade epistemológica, atento aos sinais que procura compreender, apoiado na leitura do mundo e das palavras, antigas e novas, à base de quanto e de como se expõe, tornando-se assim cada vez mais uma presença no mundo à altura de seu tempo, fala, quase adivinhando, na verdade intuindo, do que pode ocorrer nessa ou naquela dimensão da experiência histórico-social.[2]

Paulo fez profecia, sem cajado e sem alucinações. Fez profecias de verdade, quase adivinhações do que queria ver realizado porque tinha certeza que correspondia aos sonhos humanos, em geral a partir dos sonhos concretos dos e das que com ele conviveram e comungaram. Deu um nome, uma palavra a este ato de fé e *sonho possível* no poder gerado da possibilidade que temos homens e mulheres de, em procura intencional e coletiva, fazermo-nos mais autenticamente humanos e construirmos uma sociedade mais justa, alegre e fraterna: o *inédito-viável*.

Concluo dizendo que, aqui neste espaço aberto para os debates pedagógicos, eminentemente políticos, destinado a que saibamos mais o que já sabemos, fazendo análises de nossa prática pedagógica, não há por que negar: contribuir para as discussões acadêmicas é, em última instância, estar em um espaço e em um tempo *ineditamente viabilizando-se* para a consagração do sonho democrático. Um sonho através da escola cidadã, a que educa, necessária e freireanamente, os alunos e alunas na direção da constituição de *Seres Mais ao serem respeitados os direitos humanos.*

Porto Alegre, 3 de julho de 2000

---

2 Paulo Freire. *Pedagogia da indignação*. São Paulo: Unesp, 2000, p. 118.

Foi o próprio Paulo Freire quem me apresentou a Nita, em uma de minhas visitas à sua casa. Havia privado da amizade de Elza, sua primeira esposa, e, ao longo do tempo, construí a mesma relação de amorosidade com a nova companheira de Paulo. Desde sempre a conheci como uma estudiosa e autora da área da educação (*Analfabetismo no Brasil*, Editora Cortez, 1989). Tanto assim, que Paulo delegou a ela não só a preservação de sua obra, como também a continuidade da publicação de textos seus ainda inéditos. Qualquer estudioso de Paulo Freire conhece não só os livros-depoimentos de Nita sobre sua relação pessoal com ele, mas também as várias coletâneas de seus trabalhos, realizadas por Nita após o falecimento do educador em 1997.

Nita escreveu dois belíssimos prefácios para livros meus. O primeiro, *Mídia, teoria e política*, o segundo, *Comunicação e cultura: as ideias de Paulo Freire*, comemorativo dos 90 anos do nascimento de Paulo.

A celebração dos 90 anos de Nita Freire que a Paz & Terra faz com a publicação de *Meus dizeres e fazeres em torno de Paulo Freire:*

uma vida de dedicação é não apenas uma justa homenagem, como também um reconhecimento e uma contribuição para todos nós que continuamos a estudar e admirar o legado tanto de Paulo quanto de Nita Freire.

Venício A. de Lima, professor emérito da
Universidade de Brasília

13.

APRESENTAÇÃO AO LIVRO *UTOPIAS PROVISÓRIAS* DE PETER MCLAREN[1]

O que levou um homem louro, do "norte", intelectual e professor respeitado a escrever sobre dois homens do "sul", afeitos e metidos nas coisas do cotidiano secular da opressão e exclusão da gente latino-americana? Sobre dois homens nos quais os traços de coragem e ousadia os uniu no tempo histórico, mas principalmente no espaço da solidariedade, da generosidade e da humildade?

O que levou, repito, Peter McLaren a debruçar-se sobre um brasileiro e um argentino de alma cubana? Apenas uma, mesmo que justificada, curiosidade epistemológica? Refaço a mesma indagação de outra forma: que identidade há entre os dois – Paulo Freire e Che Guevara –, que ofereceram suas vidas, cada um à sua maneira, para tornar o mundo mais bonito e mais justo, e o autor desta obra?

Os dois partiram para a luta da subversão da ordem injusta estabelecida duma realidade tão diferente da do mundo asséptico do então adolescente Peter. Partiram da feiura das misérias, da fome e das doenças, do analfabetismo e da prostituição, do não ter nada para fazer ou dizer porque secularmente acorrentados a toda sorte de opressões e explorações para uma tarefa comum, embora nunca tenham se visto ou se falado. O que aproximou esse jovem dos

---

1 Texto originalmente publicado em Peter McLaren, *Utopias provisórias: as pedagogias críticas num cenário pós-colonial*. Petrópolis: Editora Vozes, 1999, pp. 9-14.

revolucionários da libertação e da *pedagogia da revolução*, desde que, nos anos 1950 e 1960, deveria estar apenas lendo sobre os temas que os currículos "bancários" exigiam, mesmo porque acreditavam os educadores e políticos do Primeiro Mundo estarem livres dos problemas existentes apenas na América Latina e na África? O que justifica o *leitmotiv* da caminhada de Peter, enquanto gente e enquanto intelectual, dessa sua "perseguição" ao educador político Paulo Freire e ao político educador Ernesto Guevara? Por que vem ele há anos preocupando-se com a temática da dor e da injustiça dos oprimidos, sob o ponto de vista epistemológico e afetivo, com esse mundo que inicialmente não era seu?

Paulo e Che lutaram até a morte por suas convicções, porque lúcida e engajadamente tinham se dado às tarefas políticas de libertação: a práxis educativa e a revolução armada. Por que, então, essa opção de Peter, homem nascido no frio hemisfério, que vem dominando o mundo quente povoado apenas de "preguiçosos" e dolentes, como querem crer os dominantes, que nasceram apenas para servi-los? Acrítica e simplesmente teria feito uma leitura das *leituras de mundo* que os dois faziam sobre a vida dos homens e mulheres espoliados e "esfarrapados" do mundo, quer as pronunciadas nas universidades ou nos círculos de cultura ou ainda as das "sierras maestras"? Não. Entendeu-as e estudou-as racional e apaixonadamente. Engajou-se nelas. Sentiu-as como parte de seu próprio ser que valora o mundo. Identificou-se com o sentimento comum a ambos – Paulo e Che –, que é também muito seu: a capacidade de amar. Sentimento que, ao ser verdadeiro e profundo nos seres humanos, não se esgota nele mesmo; abre possibilidades a quem o vive radicalmente, para as reflexões no campo epistemológico e político e para as práxis éticas e generosas do cotidiano.

Conheci Peter McLaren em fins dos anos 1980, em Los Angeles, quando, numa das viagens que fiz acompanhando Paulo em seu trabalho de *peregrino do óbvio,* estava ele lá, "tentando esconder",

MEUS DIZERES E FAZERES EM TORNO DE PAULO FREIRE | 209

através dos cabelos caídos ao rosto, de sorriso franco e menino e de fala mansa, esse dom maravilhoso que algumas pessoas têm de modo mais especial e profundo: o de *amar* os outros e as outras, independentemente de sua condição social, etnia, religião, gênero e idade. A opção de Peter certamente nasceu ao admitir que tem em si a *admiração* por Paulo e Che porque, sobretudo, eles tinham criado a *pedagogia do amor*.

Na "era da razão cínica" – como tão bem caracterizou Peter –, os tempos nos quais vivemos a nova versão mais apurada e malvada – como dizia Paulo – do capitalismo, é muito difícil amar verdadeiramente. Os exemplos dessa possibilidade humana não podem morrer com as mortes de Paulo e de Che – e de tantos outros e outras espalhados(as) pelo mundo. Temos que tomá-los, como Peter os vem tomando, com a intenção de concretizar uma ordem mais humana e justa no mundo. Devemos dedicar nossos melhores esforços políticos, pedagógicos e epistemológicos para oferecer-nos a todos e todas o que ainda é hoje uma utopia democrática.

Os homens e as mulheres no construir a sua história inventaram, pela sua capacidade de inteligir e de criar e para suas próprias sobrevivências, as tecnologias. Todas "de ponta", que instauraram, em seu tempo, avanços antes nunca vistos. O plantio, a irrigação, a roda, a escrita e a leitura, a imprensa, a bússola, as navegações, o comércio, a máquina a vapor, a indústria moderna, o trem, a luz elétrica, o telefone, o rádio, o automóvel, o avião, a TV, o VT etc., etc. encaminharam-nos para a "era da comunicação". Recentemente, os computadores, as naves espaciais e a conquista do espaço sideral, os satélites artificiais postos no cosmo para as telecomunicações, a Internet e o fax completaram, temporariamente, o rol dos instrumentos ditos a serviço da humanidade.

Realmente, a facilidade com a qual falamos por telefone com um parente ou amigo, ou enviamos um fax com mensagens diversas e de naturezas as mais diferentes (lidas com a nossa própria letra!) para outra pessoa distante ou viajamos em poucas horas para qualquer parte do mundo em aviões cada dia mais velozes e seguros, apesar de cada vez menos confortáveis, explicita uma necessidade humana de comunicação.

Entretanto, essa capacidade criadora humana vem se distorcendo, contraditória e generalizadamente, em atos e ações que negam a eticidade que deveríamos ter dentro de nós para delimitar e reger os comportamentos sociais. A *comunicação* verdadeira, que amplia contatos e conhecimentos imprescindíveis para o progresso e a equalização dos diferentes povos e segmentos sociais do mundo está se transformando numa mera *extensão,* usando categorias freireanas, a serviço da globalização da economia, que vem tomando a todos nós como reféns de alguns poucos "donos do mundo". A "era da comunicação" está sendo, na realidade, a era das fronteiras, dos limites mais marcantes do que nunca da incomunicabilidade humana, do campo do desamor.

Portanto, na era que nega a autêntica comunicação, no que ela é em sua essência: o diálogo *eu-tu.* Diálogo que deveria envolver num mesmo ato amoroso os sujeitos com o objeto que pode e que se quer conhecer, mas sobretudo a autêntica comunicação que deveria se estabelecer entre os sujeitos cognoscentes. Nunca na história houve uma distância tão grande como a que hoje há entre a educação escolar e a prática social ditada pelas tecnologias sofisticadas criadas e a serviço dos interesses econômicos e ideológicos dominantes. Como sons duma flauta mágica, essas tecnologias e ideologias inebriam quase todos e todas, opacizando a realidade e alienando as pessoas, cortando a possibilidade do diálogo amoroso. Assim, devastando de roldão os legítimos interesses e aspirações da maioria da população; daí a necessidade frenética de negá-los.

Enfim, a educação atual, de princípios neoliberais, basicamente tecnicista, vem, quase tão somente, contribuindo e indo a reboque dessas perversões da globalização. A educação passou a ser uma coisa menos importante, temos que admitir, do que acumular e enriquecer gananciosamente em detrimento do sofrimento sem limites da maioria da população do mundo.

Precisamos enfatizar o fato de que a globalização não apenas dita as normas do mercado comercial e financeiro, mas os valores, os comportamentos, os padrões culturais elitistas e discriminatórios socialmente consagrados pelos interesses dominantes, o ter, o ser e o querer de todos os seres do planeta, quer queiramos ou não, quer saibamos disso ou não. Que há, aliás sempre houve, uma relação dialética entre educação, política e poder.

Assim, se queremos a transformação das sociedades injustas, repito, um dos caminhos é seguir Paulo e Che. Reinventá-los – porque o mundo caminha em passos largos e também porque suas compreensões humanísticas e históricas não se coadunam com a mesmice da permanência eterna – para as soluções dos dramáticos dias atuais.

Opor-se a esse estado de coisas, gritar que os seres humanos nasceram para *Ser Mais* foram as posturas ético-pedagógicas e político-epistemológicas de Paulo e Guevara. E essa é uma das principais tarefas do educador progressista, se quisermos fazer um mundo melhor para todos e todas. E é a essa tarefa que Peter McLaren vem se dedicando com fervor, ternura e competência, como comprovam a sua obra teórica e sua práxis de cidadão do mundo comprometido.

É preciso, sem delongas, aliarmo-nos aos que, como Peter, empenham-se em reinventar a *pedagogia da resistência,* com táticas eficientes para combater as novas vestes da milenar malvadeza dos poderosos. E, por mais romântico e idealista que possa parecer aos astutos "incrédulos" do mundo, a possibilidade de criarmos, inteligentemente, um mundo mais justo, mais bonito e verdadeiramente fraterno, resistindo às injustiças, às degradações e às violências de toda sorte que tomam conta do planeta Terra, é através duma *pedagogia do amor.*

É preciso nutrir a esperança – essa coisa ontologicamente humana – que instaura a fé num futuro melhor e nos faz agir na direção da concretização das sociedades verdadeiramente democráticas. Não podemos correr o risco de morrermos todas e todos na angústia e na nostalgia impostas pelos neocolonialismos e imperialismos de qualquer natureza. Devemos ter claro que a esperança, enquanto categoria política, se plenifica no amor. Esperança sem amor fraterno, revolucionário transformador ou pelo saber e pela ética radical perde a sua força, sua nitidez e sua clareza políticas.

Sinto a presença benfazeja de Paulo, não só como meu marido, mas também como um homem que ainda vem contribuindo com toda a sua energia de vida através das reflexões sérias e profundas e de sua generosa práxis revolucionária no campo da educação política quando o vejo reinventado, como tanto queria, por pessoas que, acima de tudo, têm a mesma capacidade de amar os homens e as mulheres que ele e Che tiveram.

Peter, estou muito feliz por ter a certeza de que vem contribuindo para a *pedagogia da transgressão* de Paulo e Che, recriando-os no contexto atual. Muito obrigada pela especial oportunidade de escrever esta apresentação, ligando-me, assim, mais ainda a Paulo e a você.

Com amor, Nita.

São Paulo, domingo de junho de 1999

PARTE II

Entrevistas

Estas entrevistas são textos sensíveis e cativantes que revelam de várias maneiras o carinho e a determinação de Nita Freire em manter viva a presença e o legado de Paulo Freire entre nós. Nita é uma mulher corajosa, ousada, consciente das dificuldades e injustiças criadas por sistemas de poder perniciosos, e que mesmo aos 90 anos continua a ler a realidade de forma lúcida, coerente e crítica. Nita também é amorosidade e afeto.

Aqui, como em muitas outras ocasiões, Nita relembra como a prática pedagógica de Paulo incluía interações de afeto e amorosidade. Durante os dez anos em que conviveu intensamente com Paulo, Nita o ouviu com atenção e admiração. Um dos aspectos mais admiráveis de sua postura tem sido seu desejo inabalável de continuar essa escuta sensível do que Paulo disse, viveu e sentiu, bem como a sua preocupação em como melhor traduzir toda essa carga de sentimentos e emoções para interpretar a realidade de forma autenticamente freireana. Essa escuta, que despertou curiosidade epistemológica em Paulo, resultou em amorosidade epistemológica em Nita, ou seja, o amor é o princípio epistemológico que a move e inspira.

É por amor que Nita continua expressando seu carinho por Paulo em cada livro que tem organizado ao longo dos anos, em cada espaço pedagógico que participa e em cada reflexão que elabora. É por amor que ousa falar das suas emoções, dos seus afetos, declarando livremente o seu amor por Paulo. É por amor que tem se posicionado contra as estruturas e forças que geram genocídios, feminicídios e ecocídios. É por amor que se solidariza com as vítimas das mais diversas formas de violência. Como resultado do legado de Freire e do trabalho dedicado e amoroso de Nita Freire, continuaremos esperançando por um mundo mais ético, equitativo e cheio de boniteza.

Débora B. Agra Junker, professora de Pedagogia Crítica
e fundadora da Cátedra Paulo Freire no Seminário
Teológico Garrett-Evangelical, Estados Unidos

14.

A BONITEZA EM NITA FREIRE: AUTORIA E DEVIR COM PAULO FREIRE

Ana Lúcia Souza de Freitas[1] e Bárbara Cristina Moreira Sicardi Nakayama[2]

São Paulo, 18 de maio de 2022.

Querida Nita,

Gostaríamos de conversar contigo neste momento tão significativo após o ano do centenário, a partir do qual nos deparamos com algumas questões relacionadas a uma investigação sobre *Cartas Pedagógicas* como instrumento de ensino, pesquisa, extensão e gestão, a ser realizada na Unipampa, em parceria com a UFSCar e outras universidades.

A celebração do centenário de Paulo Freire ocorreu em meio à crise sanitária, agravada pela crise política do atual governo do Brasil, com indesculpáveis consequências para todas(os/es) e principalmente para os grupos historicamente marginalizados, ampliando as condições de desigualdade e opressão de classe, raça

---

1 Doutora em Educação e pós-doutora em Pedagogia Crítica. Pesquisadora visitante da Universidade Federal do Pampa (Unipampa), Campus Jaguarão e Bagé. Cofundadora do Coletivo Leitoras de Paulo Freire na França.

2 Doutora em Educação e pós-doutora em Psicologia da Educação. Professora do Departamento de Ciências Humanas e Educação e do Programa de Pós-Graduação em Educação da Universidade Federal de São Carlos (UFSCar), Campus Sorocaba.

e gênero. Além disso, importa destacar o modo como a memória de Paulo Freire foi ameaçada e desqualificada pelo governo, disseminando discursos de ódio e *fake news* relacionadas ao seu legado. Paradoxalmente, provocou também a indignação de educadores(as) e desencadeou processos de estudos e leituras que ganharam enorme dimensão no ambiente virtual, principalmente no ano do centenário. Temos hoje um imenso acervo de materiais digitais sobre o legado de Paulo Freire reinventado em experiências que não deixam dúvidas sobre a atualidade e relevância de seu pensamento para as práticas de resistência e retomada da democracia no Brasil de um modo geral, e nas práticas educativas de modo especial. Levando em conta este contexto, o ano do centenário será um marco em relação aos estudos que o precedem, se considerarmos o significativo crescimento da presença de Paulo Freire em experiências inédito-viáveis que ressaltam o valor e a atualidade de seu pensamento, tais como inúmeras *lives*, seminários e cursos *online*, dossiês temáticos publicados em periódicos nacionais e internacionais, *e-books*, entre outras.

Foi com o compromisso mobilizado a partir da carta-convite ao diálogo aqui exposta que Nita nos recebeu em sua residência. Durante mais de duas horas, pautamos mais que um roteiro prévio de questões. Nita, além de nos revelar que escreve porque "a saudade de Paulo permanece como um sentimento que dá sentido à vida", fala da inteireza do autor com a mesma intensidade que vive o que aprendeu com ele.

Aos quase 90 anos, fala com lucidez e paixão sobre como conheceu Paulo, indivisível, inteiro e entregue – um homem que coloca a amorosidade, a escuta, o afeto e a comunicação não violenta como princípios da relação humana, que faz transbordar saberes, aprendizagens e sentidos *epistemopolíticos* que compõem nossa existencialidade.

Nita narra, com emoção, parte de suas "andarilhagens" com Paulo e nos apresenta uma pedagogia que nos encharca, transborda e mobiliza a querer Ser Mais. As linhas a seguir se apresentam a partir desse movimento e do desejo de tornar pública e se fazer ouvir a voz de uma educadora-autora referência na obra de Paulo Freire.

A conversa foi realizada a partir de questões sobre as quais gostaríamos de ouvir. Agora, transcrevemos e apresentamos em texto o que nossa convidada narra.

SOBRE O CENTENÁRIO

ANA LÚCIA SOUZA DE FREITAS E BÁRBARA CRISTINA MOREIRA SICARDI NAKAYAMA: Nita, tiveste uma incansável presença entre as atividades do centenário, participando de inúmeros eventos *online*, concedendo entrevistas, além de organizar e publicar dois livros: *A palavra boniteza na leitura de mundo de Paulo Freire* e *Testamento da presença de Paulo Freire, o educador do Brasil.*[3] Podes nos falar um pouco sobre isso? Qual é tua avaliação sobre a presença de Paulo Freire na atualidade e os compromissos com o futuro, considerando o crescente movimento em defesa de seu legado e da reinvenção de seu pensamento?

ANA MARIA ARAÚJO FREIRE (NITA FREIRE): Eu consegui com o reitor da Universidade Federal de Pernambuco que a universidade publique *online* o relatório afetivo-científico dos 100 anos de nascimento de Paulo Freire. Quem está juntando isso e reorganizando, classificando, formatando tudo é Itamar Mendes. Itamar foi meu aluno em Moema, ele veio do interior como seminarista da Ordem

---

3 Refere-se às obras organizadas em homenagem a Paulo Freire, no ano do centenário, por meio das quais Nita convidou, reuniu e disponibilizou a autoria de diversas pessoas a respeito da atualidade do legado de Paulo Freire: Ana Maria Araújo Freire (org.). *A palavra boniteza na leitura de mundo de Paulo Freire*. São Paulo: Paz & Terra, 2021; Ana Maria Araújo Freire (org.). *Testamento da presença de Paulo Freire, o educador do Brasil: depoimentos e testemunhos*. São Paulo: Paz & Terra, 2021.

dos Salvatorianos, como tanto outros, nos anos 1980. Hoje ele já é doutor, professor na Universidade Federal do Espírito Santo. Vamos fazer um relatório das atividades que duraram o ano inteiro, em quase todo o mundo, e homenagearam Paulo, comemorando em 2021 os 100 anos de nascimento de meu marido. São centenas de eventos engrandecendo Paulo. No dia 19 de setembro, 129 países, sobretudo da América Latina, ofereceram o melhor de suas culturas, reafirmando a presença de Paulo Freire diante da atualidade de seu pensamento e práxis.

Há alguns dias saiu no boletim do *Brasil 247*, que é o boletim da esquerda, que diz algo como "Lula convocou pessoas que tenham a orientação progressista de Paulo para que se reúnam em torno de sua campanha à Presidência da República brasileira, pois a educação em seu governo terá influência, vai ser toda freireana". Lula vai restaurar todas as coisas contra Paulo que Bolsonaro fez. Sobre isso eu até escrevi a Lula, dizendo que estava muito emocionada com a decisão dele.

Em 2021, quando fui receber o título de doutor *honoris causa* de Paulo na Universidade Federal Rural de Pernambuco, uma professora que eu não conhecia, do campus do interior, disse: "Olha, Ana Maria, eu gostaria de lhe dizer o seguinte: nós aqui temos discutido que temos certeza de que essa grandeza da festa de Paulo se deve a você. Se você não existisse, não estaríamos fazendo essa coisa tão grande, como está sendo feita no mundo todo." Então eu fiquei realmente muito orgulhosa e convicta de que quando a gente trabalha, vai devagarinho e sem grandes espalhafatos, mas vai cumprindo a ética, o caminho que aprendeu desde criança e que vai toda a sua vida se dedicando, a gente obtém bons resultados.

Sobre *Pedagogia da indignação* e *Cartas pedagógicas*

AL e BC: Nita, tens uma importante participação na produção e presença do pensamento de Paulo Freire. Em primeiro lugar, pela

MEUS DIZERES E FAZERES EM TORNO DE PAULO FREIRE | 221

maneira amorosa com que renovaste com ele o sentido da vida e a vontade de escrever, como vemos em suas diversas publicações na década de 1990. Em segundo lugar, pelo valor das notas explicativas produzidas para importantes obras desse período. E também pelo empenho em manter vivo o legado de Paulo Freire de diversas formas, além de organizar publicações com essa finalidade, entre elas a obra *Pedagogia da indignação*.[4] Essa publicação tem importante significado, pois torna pública a escrita de um projeto que ficou inconcluso, além de dar a conhecer a expressão "cartas pedagógicas". Aliás, esse é um tema que ganhou destaque entre as atividades do centenário. Podes nos falar um pouco sobre essa expressão, incluída no subtítulo atribuído à *Pedagogia da indignação* e sobre esse projeto que ficou incompleto?

NF: Você acha que ficou incompleto? Paulo já tinha feito livros com o título de cartas pedagógicas. É porque uma pessoa muito maledicente disse que o último livro escrito por Paulo foi *Pedagogia da autonomia,* e a partir daí não são mais livros dele. Mas reconheço que muita gente valoriza essa obra do Freire publicada por mim. É lindíssimo esse livro, porque ele fala da morte do indígena pataxó enquanto dormia em um ponto de ônibus em Brasília. Ele foi molestado por jovens, filhos de pais da alta hierarquia do poder, que justificaram a nefasta ação dizendo que supunham se tratar de um "mendigo". Para Paulo, eles se "desgentificaram". Paulo criou essa expressão. É muito bonito, muito forte, uma lição de civilidade, de ética para o Brasil. Mas é interessante que esse livro não é dos mais procurados aqui [no Brasil], mas na Argentina vende muito. No México também, entende? Nos Estados Unidos eu acho que vende pouco também. É um livro que não está sendo valorizado. Às vezes eu fico triste, não porque

---

4 Paulo Freire. *Pedagogia da indignação: cartas pedagógicas e outros escritos.* São Paulo: Unesp, 2000; São Paulo: Paz & Terra, 2021.

eu o tenha organizado, porque eu organizei os outros também, mas porque é um livro que eu acho muito bonito. Muito bonito na linguagem e eticamente falando.

Nesse livro coloquei o subtítulo "cartas pedagógicas e outros escritos" porque vêm primeiro as cartas que Paulo tinha escrito e ele já gostava desse título, tanto que chegou a pensar em colocar somente "cartas pedagógicas", embora a editora tivesse aconselhado a não colocar "cartas" no título, já que no Brasil o livro *Cartas a Cristina*, por exemplo, mesmo sendo o mais bonito de Paulo, é pouco procurado. Como escrito é um poema, é uma coisa de uma boniteza ímpar... aliás, o Balduíno Andreola disse: "Olha, eu concordo com Nita. É uma coisa muito forte o livro. É muito forte. Você se toma com aquelas emoções dele." Os editores em geral dizem que é porque é *Cartas a Cristina*. Mas eu não vou trocar o título do livro para fazê-lo mais comercial. Talvez isso esteja relacionado a uma cultura acadêmica de não considerar a escrita pessoal, a escrita de cartas como algo relacionado à produção de conhecimento autêntico, legítimo.

AL e BC: Mas professora, será que estamos falando de uma nova ciência ou de uma ciência que se precisou que existisse? Essa que considera a amorosidade como forma de compreender o humano, de compor a produção de conhecimento? Por que as pessoas resistem tanto a isso? Tem crescido muito um campo de produção de conhecimento vinculado às narrativas, à escrita de si. Ao mesmo tempo, tem se fortalecido no próprio meio acadêmico a discussão sobre a potência do biográfico, sobre a legitimidade da amorosidade nas relações humanas para a produção científica e para o empoderamento, para a emancipação das pessoas. Vemos no trabalho que a senhora realiza, ao colocar em evidência o trabalho do professor Paulo com as cartas, um fortalecimento dessa discussão.

NF: Eu acho que a amorosidade como uma categoria científica é importante para o ato de escrever, para o ato de conviver, mas é uma coisa nova. E acho que quem introduziu isso mesmo no campo pedagógico foi Paulo Freire, não é? Paulo sempre fez questão dessa coisa da amorosidade. Quando Paulo disse "Eu não aprendo, eu não escrevo com a minha cabeça. Eu aprendo com o meu corpo inteiro", se referia a isso. Eu acho lindo isso! Paulo diz coisas intuitivamente pela curiosidade e inteligência dele. Ele tinha uma capacidade de ir e penetrar em tudo que era lugar, em todo vazio ele entrava e "descobria" coisas. Vejam o que Paulo dizia:

> Olha, como é que eu conheço? Eu conheço quando uma coisa me chama a atenção. Quem é que chama a atenção de mim? Qual é o meu raciocínio? Eu vejo uma coisa ali e aquela coisa me chama a atenção e eu vou e olho outra vez. Vou e olho outra vez. Aquilo me desperta e, de repente, eu sinto que eu tenho taquicardia. Eu tenho taquicardia quando eu vejo ou sinto alguma coisa que então eu vou ter que refletir. Aquilo me dá taquicardia, aquilo me dá, às vezes, impossibilidade de andar. Eu fico ruborizado.

E é mesmo. Paulo ficava assim. Aí ele dizia: "É o meu corpo que está dizendo: siga a sua intuição e use o seu raciocínio. E siga a sua reflexão." Então, ele disse que o que vem primeiro é o corpo, é o que vai falar da amorosidade, que vai falar da importância daquele fato, da introdução de coisas novas. Então, é todo um aparato que começa pelo corpo inteiro da gente, não é? Então, por isso [que ele dizia]:

> Eu tenho pena de intelectuais que são até bons, poderiam ser muito melhores, mas não são porque eles têm medo do corpo, eles têm medo de falar de que o corpo tem alguma interferência, na realidade de gostar ou não gostar, amar ou não amar, fazer ou não fazer. Os que não ouvem o seu corpo são austeros, são duros.

AL e BC: É. Mas isso já não é mais Paulo Freire. Isso é Nita Freire, não é?!

NF: Não. Eu acho que isso é Paulo Freire mesmo.

Sobre registro e produção de conhecimento na obra de Paulo Freire

AL e BC: Quando tu entras nesse tema, de certa forma, outra questão que a gente queria trazer para a conversa é esse modo freireano de produzir conhecimento que escreves lindamente naquele livro ali, não é? Tem uma quarta parte dedicada ao seu fazer teórico que fala como Freire se arrepiava ao escrever. Então, a gente queria te ouvir recolocando aquilo ali, esse modo freireano que interpretas tão bem. Essa relação entre sentir, pensar a vida da vida e a vida da escola, não é? Mas que acrescentaste também esse ato de registrar. O ato crítico de registrar é uma das grandes contribuições de Paulo Freire para desenvolver a reflexão sobre a prática e a produção de conhecimento a partir dela, valorizando os saberes de experiência feitos. Poderia nos falar um pouco sobre o processo de escrita em Paulo Freire, considerando o que já publicou a esse respeito na obra *Paulo Freire: uma história de vida*, mas acrescentando o estudo que realizou sobre as "fichas de ideias" que apoiaram a produção de seu pensamento? Poderia nos antecipar um pouco do que virá no livro *Meus registros de educador* e o quanto Paulo Freire tem a nos ensinar sobre esse modo de produzir conhecimento que valoriza o saber da experiência desde essa atitude permanente de registrar para não perder?

NF: Tem que ter a atitude permanente de repetir, de retomar para avançar. Porque quando você registra, uma pessoa vê de um jeito, outra vê de outro e, então, gera uma discussão, que precisa ser amorosa, em torno daquele objeto de conhecimento. É nessa discussão que você avança. Portanto, o registro é o ponto de partida. E tem vários pontos de chegada. Não tem um só.

E é nisso que se promove o diálogo, que, para Paulo, é a forma única de você conhecer. E o diálogo se dá primeiro pela consciência de si. Nesse registro eu coloco a minha percepção, aquilo que sou, aquilo que penso de mim.

Acho que tem aí um conceito de formação em pauta: quem é o outro? E a partir do que o outro demanda, do que ele é, compõe-se o processo formativo, não é mesmo? Não é formatado. É formação. É escuta, mas escuta intencional. A formação é organizada a partir de uma escuta sensível de quem compõe aquele espaço. Porque Paulo foi uma pessoa também que na pedagogia deu muito valor à escuta. Tanto que a escola é a escola da resposta, que não é a escola bancária! É contrária ao conceito bancário de educação, no qual o aluno não tem que escutar, raciocinar, buscar a razão de ser das coisas. Ele não tem que escutar, repito. Ele tem apenas que decorar o que o professor passou falando, mecanicamente, sua obrigação como aluno é de apenas decorar. E acabou.

AL e BC: E esse registro da escuta é um dos tipos de fichas de registros dele, não é? Registros de escuta do cotidiano, valorizando a fala do outro, não é?

NF: É sim. Paulo cuidava das coisas assim. Ele nunca pensou ideias, pensou a vida. Pensou a existência. Paulo fazia diferença entre a vida e a existência. A vida pode ser a vida vegetal ou animal etc. E a existência é aquela que nos constitui enquanto homem e mulher, porque somos capazes de outras coisas que os outros animais não podem fazer, não sabem fazer. Paulo até admitia, "Pode ser que um dia a gente 'descubra' que os animais e as plantas fazem muito mais do que a gente pensa que eles e elas fazem". Então, se você é um ser de existência, você tem a capacidade de escutar e de raciocinar sobre a escuta. O cachorro escuta. Você diz: "Para, levanta", ele obedece. Mas ele não sabe que sabe que está fazendo aquilo. Não tem a consciência necessária.

E é interessante se a gente pensar como um processo complementar das obras do Freire que a *Pedagogia do oprimido* é o aprender a dizer a sua palavra e o saber escutar. Porque é tão importante aprender a dizer a sua palavra quanto saber escutar. Porque às vezes as pessoas também falam, falam, falam e não escutam. Ficam ávidas para colocar tudo o que sabem, às vezes consideram que sabem mais do que as outras da classe e absorvem totalmente o tempo para si. Então, não fica mais o falar, o pronunciar. Fica um arrazoado de coisas desorganizadas. Não é raro que isso aconteça.

Sobre as relações de Paulo Freire na França: diálogos com Georges Snyders e a ousadia na academia

AL e BC: Uma curiosidade: como foi a relação entre Paulo Freire e Georges Snyders e com outros autores e autoras na França? Gostaríamos de saber um pouco mais sobre a relação de Freire com a França, mas especialmente com Georges Snyders, porque eles têm uma proximidade explícita no tema da alegria e da esperança. Freire fez o prefácio do livro *Alunos felizes*, de Georges Snyders.[5] É um livro contemporâneo a *Pedagogia da esperança*,[6] essa complementaridade se percebe quando ele diz, neste maravilhoso prefácio: "Não há esperança sem alegria." Em suas obras, sempre que aborda o tema da alegria na escola, Paulo Freire se refere a Georges Snyders. Mas essa presença aparece pouco em sua história de vida. No teu livro, *Paulo*

---

5 Paulo Freire. "Prefácio à edição brasileira." In: Georges Snyders. *Alunos felizes: reflexão sobre a alegria na escola a partir de textos literários*. Rio de Janeiro: Paz & Terra, 1993, pp. 9-10.
6 Paulo Freire. *Pedagogia da esperança: um reencontro com a pedagogia do oprimido*. Rio de Janeiro: Paz & Terra, 1992.

Freire: uma história de vida, aparece lá no final o convite de Snyders a Freire para a escrita do prefácio. Mas qual foi a proximidade entre os dois? Tem algum lugar em que se possa encontrar mais sobre Freire e Snyders, juntos, a não ser o que academicamente já conhecemos a partir do professor Demetrio Delizoicov?[7] Sobre a vida do Freire em si, os encontros com Snyders, tens algo para nos contar? Notadamente há uma mútua influência e complementaridade de seus pensamentos no que se refere a pensar a alegria na escola como forma de esperançar. Como se deu essa aproximação de Freire com Snyders e quais as influências da França na produção de seu pensamento?

NF: Não sei muito a respeito do que me perguntam. Sei que quando Snyders conheceu Paulo, elogiou demais sua literatura. Disse que era uma coisa muito importante para a pedagogia, para a educação, ele sempre admirou muito Paulo, mas tiveram apenas alguns encontros. Eu nunca o conheci. Quer dizer, na época em que Paulo esteve comigo, nós fomos à França, mas nunca estivemos juntos [Nita e Snyders]. Fomos muitas vezes à França, a Paris, mas nunca o procuramos para um encontro. Quando Snyders mandou o livro, escreveu: "Paulo, você conseguiria que publicassem esse livro em português?" Aí Paulo disse: "Sem dúvida nenhuma." Já respondeu por conta própria. Assim a Paz & Terra o publicou, um livro muito bonito. Ele também trabalhava muito com amorosidade. Embora eu ache que ele ainda nem usava esse termo, mas todo o comportamento dele com relação aos alunos, o respeito pelos alunos, a "bem-querência" com os alunos é a amorosidade. Pode-se traduzir na amorosidade.[8]

---

7 Refere-se à tese de doutoramento do professor Demetrio Delizoicov, intitulada *Conhecimento, tensões e transições*, apresentada à Faculdade de Educação da Universidade de São Paulo, em 1991, posteriormente publicada em obras sobre o ensino de ciências, de sua autoria e em parceria com outros autores e autoras.

8 Para saber mais, ver verbete de Cleoni Fernandes. "Amorosidade." In: Danilo Streck; Euclides Redin; Jaime José Zitkoski (org.). *Dicionário Paulo Freire*. Belo Horizonte: Autêntica, 2018, pp. 39-40.

AL e BC: E essa relação do Freire com a França? Porque a professora Irene Pereira, diretora do Instituto bell hooks – Paulo Freire na França, quando faz o prefácio da nova edição francesa da *Pedagogia do oprimido*,[9] considera que a maior presença de Paulo Freire na França foi no período em que ele estava em Genebra, ocorrendo depois certo silenciamento, digamos assim, dele na França. Segundo ela, a partir de 2015 a referência a Paulo Freire vem se tornando um pouco mais presente nesse país.

NF: Acho que ela foi delicada quando falou assim. Acho que os acadêmicos franceses são muito pretensiosos. Eles acham que ainda têm o pensamento irradiador do mundo, que o pensamento é o iluminismo, é lá mesmo e só lá. Paulo dizia que ele nunca se sentiu valorizado na França. Os livros de Paulo que entraram lá foram *Educação na cidade* (hoje reeditado com muitas mudanças e com o título *Direitos humanos e educação libertadora: gestão democrática na educação pública na cidade de São Paulo*, organizado por mim com a parceria de Erasto Fortes de Mendonça), *Pedagogia do oprimido* e *Educação como prática de liberdade*. E tem *Pedagogia da autonomia* agora também, mas isso é muito recente.[10]

E agora estão querendo publicar em francês a *Pedagogia da esperança*. Eu acho ótimo que façam, que garantam uma tradução boa. Porque um dos problemas de quando um livro é publicado no mundo inteiro é que vai havendo aquela história... Quando a tradução é do português, já vem, vamos dizer, uma deficiência no texto, vem

---

9 Irene Pereira. "Préface." In: *La Pédagogie des opprimés*. Trad. Élodie Dupau e Mellen Kerhoas. Marselha: Agone éditeur, 2021.

10 A esse respeito, ver: Alain Patrick Oliver; Eva Faucher. "Recepção e não recepção de Paulo Freire na França: das ciências da educação à educação popular." *Pró-Posições*, v. 32, p. e20210098, 2021. Disponível em: <www.scielo.br/j/pp/a/fKcxFLvcnVpq5m8CmtYppMF/>. Acesso em 1° out. 2023.

MEUS DIZERES E FAZERES EM TORNO DE PAULO FREIRE | 229

com uma perda muito grande do original, porque a linguagem de Paulo é muito difícil. Eu acho que a linguagem de Paulo é fácil para nós, brasileiros mais maduros. Meninos com 18 ou 19 anos em geral não entendem. A literatura de Paulo é tão carregada de noções, de conceitos, de sentimentos, de emoções, de coisas novas que ela vai se tornando muito complexa. Então, são livros em que é preciso você entender a cultura brasileira, a cultura nordestina. Tudo que ele fez, que ele pensou e produziu foi a partir do Recife, entende? Paulo, eu diria, é um corpo que foi feito daquele barro nordestino, sabe? Paulo tem uma linguagem nordestina, e ele dizia: "Tudo que eu faço é tocado por ti, Recife." É muito forte ser recifense, e eu digo: "É o que está impregnando, então, todas essas coisas que nós falamos, tudo, tudo, tudo dele. É que ele vivendo no Recife, tendo nascido nessa cidade nordestina como que se amalgamou com sua cidade querida e se fez homem a partir disso."

AL e BC: Nita, considerando toda essa brasilidade, essa nordestinidade que precisa estar apropriada para entender a obra de Paulo Freire, qual é o recado, o conselho, a dica que você pode dar para esse pequeno grupo de mulheres brasileiras residindo na França e que hoje constitui esse coletivo de leituras de Paulo Freire nesse país querendo difundir, ampliar o conhecimento do legado e a reinvenção nas práticas lá?

NF: Eu acho que faz sentido a gente convidar os brasileiros no Brasil e os franceses também que dizem e que gritam tanto por uma cientificidade estruturada na neutralidade, que nega a emoção, que nega a existencialidade, à amorosidade de Paulo Freire. Porque me parece que se faz muito discurso em cima da produção do professor Paulo Freire, mas não se lê nas entrelinhas o que ele está falando: que a existência se compõe da razão e da emoção, com a teoria e o afeto. Que

230 | ANA MARIA ARAÚJO FREIRE

amorosidade é também ciência. Para ler Paulo tem que se considerar tudo dentro de sua arraigada e nunca negada "recifensidade".

SOBRE SE TORNAR AUTORA COM PAULO FREIRE

AL e BC: As produções gestadas no diálogo com a abordagem autobiográfica têm buscado muito as conexões entre as obras do professor Paulo Freire e o que está com os olhos voltados para os estudos dos/nos/com os cotidianos, a escuta sensível, a amorosidade, as intersubjetividades. Quando a senhora escolhe investir na produção biográfica sobre suas "andarilhagens" com Paulo, escolhe publicar uma obra como essa, faz uma escolha *epistemopolítica*, porque é uma escolha. A senhora está assumindo um lugar político na ciência. A senhora tem clareza disso?

NF: Eu nunca poderia ter escrito a biografia do Paulo[11] sem a paixão com a qual a escrevi. Não foi uma coisa assim que eu tracei, *a priori*, rigidamente. Tudo foi vindo intuitivamente, rememorando, revivendo. Depois, sim, revi, consultei documentos e anotações rigorosamente, usando sobretudo e objetivamente a razão. Não, não tinha clareza de meu lugar político na ciência, você é quem está me dizendo agora.

AL e BC: Sim, a senhora se dedica durante sete anos sabendo que não é a escolha do mercado, nem uma exigência acadêmica, mas é uma escolha que a fortalece e a legitima epistemológica e politicamente no universo da academia. Então, estou aqui pensando mesmo que o campo do biográfico tem que considerar também e muito mais as suas produções, porque a senhora atribui às produções do professor Paulo Freire essa possibilidade de encontro com o sentido autobiográfico

---

11 Ana Maria Araújo Freire. *Paulo Freire: uma história de vida*. São Paulo: Paz & Terra, 2017.

MEUS DIZERES E FAZERES EM TORNO DE PAULO FREIRE | 231

da produção acadêmica. Por exemplo, tem uma tese que busca as conexões entre Walter Benjamin e a produção do professor Paulo Freire. Esse é um dos primeiros movimentos do campo do biográfico para compreender quanto há de discussão do biográfico, do cotidiano, da subjetividade na produção do professor Paulo Freire.[12] Mas quando a gente olha para as produções da senhora, elas são motivadas por essa escolha *epistemopolítica* diante da academia, do universo de produzir conhecimento, diante do reconhecimento de se assumir mulher, pesquisadora, mãe. Então, a senhora traz para a sua forma de escrita e organização das obras que mantêm vivo o pensamento de Paulo Freire essa consciência do autobiográfico como princípio da produção de conhecimento.

Nita, eu acho que poderias nos falar, talvez, para nos ajudar um pouco a pensar a questão do teu movimento de te autorizares a ser autora; sobre essa tua experiência tão densa de escrever as notas nos livros do Paulo Freire. Quem me conhece sabe que eu não conheci Paulo Freire pessoalmente; eu conheci Nita quando fui levar para ela umas fotos que eu tirei dela com Paulo Freire em 1995, quando ele foi ao Ginásio Tesourinha, em Porto Alegre. Daí eu fui assim, bem tiete, levando as fotos para ela e pedindo: "A senhora pode me conceder uma entrevista?" No outro dia ela me recebeu no hotel, em Canoas, chovia muito, foi um momento muito bacana e um dia inesquecível. De fato, foi através dos olhos de Nita Freire na obra do Paulo Freire que eu encontrei a minha tese. A minha tese se chamou *Pedagogia do inédito-viável*,[13] e a nota número 1 da *Pedagogia da esperança* é sobre o inédito-viável, na qual Nita diz: "Esse é um conceito muito importante na obra de Freire, mas pouco conhecido e estudado." E aquela leitura,

---

12 A esse respeito, ver: Nilo Agostini. *Os desafios da educação a partir de Paulo Freire & Walter Benjamin.* Petrópolis: Vozes, 2019.
13 Ana Lúcia Souza de Freitas. *Pedagogia do inédito viável: contribuições da participação pesquisante em defesa de uma política pública e inclusiva de formação com educadores e educadoras.* Tese de doutorado. Porto Alegre: PUC-RS, 2004.

na época – o livro é de 1992 – foi bastante desafiadora para mim. As notas de Nita são muito importantes como um complemento que abre a leitura para outras buscas. Então, poderias, Nita, falar um pouco para nós sobre essa experiência existencial de participar da vida e da obra do Paulo Freire sendo autora das notas de algumas de suas obras?

NF: Paulo já me conhecia um pouco intelectualmente porque ele tinha orientado minha dissertação de mestrado. Embora não tenha saído com o nome dele, porque a gente se casou, então ele disse: "Não posso examinar minha mulher. Vou botar dez e dez e dez. Nota mil." A paixão que ele tinha por mim fazia com que me desse mil. Eu conheci Paulo, ele estudou no colégio do meu pai, eu tinha acho que 5 anos incompletos quando ele entrou lá. E Paulo sempre foi essa pessoa muito especial, que tinha uma empatia muito grande, uma presença forte dentro de uma humildade enorme.

Paulo era muito dialético e ele, sentindo que ocupava um lugar forte na minha vida, na minha intelectualidade, também se predispõe a receber de mim. A me chamar para ficar ao lado dele.

Quando ele escreveu *Pedagogia da esperança*, era praticamente o primeiro livro depois do nosso casamento, ele inaugurou um novo ciclo de sua literatura pedagógica. Porque veja o seguinte, as pessoas não gostam de dizer isso, mas Paulo ficou dez anos sem escrever praticamente. Paulo escreveu *A importância do ato de ler*,[14] e os livros em coautoria com Sérgio Guimarães, instigado por ele. Mas se sentar sozinho no seu escritório e escrever só aconteceu 12 anos depois. Um dia ele disse assim: "Nita, eu queria que você escrevesse notas para esse meu livro, está bem?" Eu disse: "Mas, Paulo, você acha que eu sou capaz de fazer isso com um livro seu?" Então ele disse: "Que é isso?"

---

14 Paulo Freire. *A importância do ato de ler: em três artigos que se completam.* São Paulo: Cortez, 1981.

MEUS DIZERES E FAZERES EM TORNO DE PAULO FREIRE | 233

Aí, quando ele terminou o livro... Paulo tinha coisas de criança que eram lindas, maravilhosas, sabe? Gestos, atos absolutamente assim, infantis. Eu sei que ele numa tarde entra na minha sala, contígua à dele.... era uma casa meio antiga, tinha uma geografia muito pouco comum. Você passava por uma segunda sala, que era pequenininha, era essa a minha sala. Aí ele chega com os escritos assim e rindo, aqueles olhos de criança, sabe? Nos braços estendidos estavam as folhas manuscritas do seu novo livro. Assim, ele veio e me disse: "Olha, estão aqui os meus escritos que eu gostaria que você escrevesse as notas onde você quiser, onde você julgar necessário. E do tipo que... qualquer orientação que você tenha não importa. Importa que você complemente e deixe alguma marca sua. Guarde a relação, a correspondência entre o que eu escrevi e o que você vai escrever para facilitar; às vezes o leitor entender alguns fatos. Por exemplo, eu boto o nome lá dos ditadores brasileiros, acrescente o período de governo de cada um porque fica até muito didático."

E Mario Sergio Cortella me disse um dia: "Olha, Nita, eu mandei os alunos comprarem o livro, mas para ler as notas e para aprender História do Brasil. Depois nós vamos estudar o livro do professor." Muita gente interpretou assim. Começa a ler as notas e depois é que vai ao livro. Então, Paulo deu total abertura. Ele disse: "Só peço uma coisa. Que tu procures, que eu não sei, sobre a Turma do Lenço, que foi um movimento que aconteceu em Pernambuco e que houve uma matança de estudantes, a polícia matou a mando do governador etc." E tinha morrido gente conhecida dele, mas ele era criança, não sabia muito bem. Aí eu pesquisei e fui procurando, procurando, aí fui ao sobrinho desse cara que morreu, que é um autor, o professor Vamireh Chacon. Eu fui até Vamireh e ele ficou louco de felicidade. Mandou uma carta todinha contando como foi, e aí eu transcrevi um pouco dele... Foi ele quem possibilitou que eu escrevesse essa nota. Então, sempre que eu escrevia, no fim da tarde, porque Paulo não trabalhava mais de noite, eu lia para ele o que tinha escrito.

Ele precisava dormir mais do que quando jovem. "Eu dormia seis horas no máximo quando vivia no Chile. Minha vida antes, no Recife, eu dormia cinco horas." Paulo leu muito e vamos dizer: "Para ter trabalho, lecionar e fazer isso e aquilo eu tinha que diminuir minha noite e me acostumei a ter noites pequenas." Sacrificou-se muito nisso, e depois ele dizia: "Eu não sinto falta de dormir mais." No fim da vida, depois que a gente estava casado havia um certo tempo, ele disse: "Agora eu quero me dar ao luxo de poder dormir aquilo que realmente é o tempo de uma pessoa idosa dormir."

Bem, então, no fim de cada dia, eu lia para ele. Aí ele dizia: "Nossa, Nita, está ótimo. Está ótimo!" Outras vezes: "O que você pensou nisso aqui e aqui? Ah, então complemente isso que você está pensando." Ele respeitava muito tudo que as outras pessoas faziam e diziam. Respeitava muito dentro da ética e da moral. Comigo não foi diferente.

Para mim foi assim. O que eu quero dizer? Eu só vou dizer o que eu quero. Eu não vou dizer que Fulaninho tem um grupo que desmoraliza Paulo, que faz isso, faz aquilo. É um livro meu, sou quem escolho o que vou dizer e como vou dizer, com o maior rigor ético. Acho que uma das partes bonitas do livro é quando eu digo como Paulo escrevia. Ele se sentava no escritório, que ele dizia ser a sombra da mangueira onde ele aprendeu a ler com seus pais. Quando se sentava ali, ele já sabia o que iria escrever. Para vocês terem uma ideia, Paulo tinha na cabeça todinhos os três primeiros capítulos da *Pedagogia do oprimido*. Ele se sentou durante quinze dias de férias e escreveu à mão o livro todinho. Até o terceiro capítulo. Aí o Ernani Maria Fiori disse: "Paulo, falta um capítulo de teoria política. Você tem que completar. Guarda isso tudo e daqui a uns tempos você relê o escrito, faz um quarto capítulo." Aí Paulo foi trabalhando durante suas viagens ao interior do Chile. Chegava em hotéis, às vezes a luz era de lamparina, e ia ler. Nem luz elétrica tinha naquelas cidades que eles paravam para dormir. E aí Paulo, no outro dia, passava a limpo aquilo que tinha escrito. Foi assim que ele escreveu o quarto capítulo. E foi assim que ele escreveu *Pedagogia do oprimido*.

Quando Paulo morreu, eu me lembrei. "Paulo, por que você faz assim?" Estava me referindo a uma coisa banal de nosso cotidiano. Ele com sutileza me disse: "Não, mas isso é o que você quer que eu vá fazer?" "Paulo, isso é por coerência. Você tem que fazer. Porque, assim, vamos fazer com coerência." Ele respondeu: "Ah, mas eu gosto tanto de ser incoerente. Para eu me sentir coerente. Quando é que eu vou sentir que eu sou coerente? Estou sendo incoerente com você." Aí ficou naquela brincadeira. Então eu disse: "Está certo." Ele disse: "Quando você for escrever sobre mim, depois que eu morrer, você conte isso. Que para eu ser coerente eu tinha que ser incoerente alguma vez."

Então, é assim que eu me senti e tomei para mim a questão da coerência. Pois bem, então, quando Paulo escrevia, ele tinha essa coerência de escrever aquilo que ele queria, que ele sabia, que ele tinha experienciado, que ele achava importante escrever e deixar para as novas gerações. Usava canetas simples, Bics azuis, pretas, vermelhas e verdes. Ele escrevia do cantinho de cá ao cantinho de lá até o último espaço possível, aproveitava todo o papel. Em papel sem pauta, sempre. Quando tinha uma palavra que ele queria modificar, ele parava, ficava horas, pegava os dicionários atrás dele e consultava, ficava lá, pensando, pensando, pensando, recortava, riscava aquilo, recortava um pedacinho de papel e colava por cima. Os primeiros escritos de Paulo sempre foram assim. No fim, ele já riscava e não fazia esse aparato tão exigente com a visualização da escrita.

Quando você olha uma página escrita por Paulo, você diz: "Que coisa linda. Todo o visual é bonito." É, mesmo que você não saiba o que está escrito lá, você acha bonito aquilo. Então, ele tinha essa perspicácia, a intuição que saía do mais íntimo do seu ser de tornar belo tudo que fosse referente ao saber. Tudo que ele fazia na vida. Para ele, a beleza que depois ele começa a chamar "boniteza", da boniteza como beleza, como bem-querer. "Ah, como vai minha boniteza?" Ele me chamava de "boniteza" ou "menina". Eu tenho espírito muito mais de menina mesmo. Então, ele me chamava de "menina minha", "minha menina" ou então de "boniteza". E aí depois, um dia, num livro falado com professores da PUC, a coordenadora do programa falou sobre disciplina na escola, e então Paulo falou em boniteza como ato ético, e daí em diante para ele boniteza era um ato ético e um ato político, um ato estético. Repetiu muitas vezes: "Eu não vim ao mundo para enfeiá-lo, mas para transformá-lo para melhor, mais democrático e mais ético."

Então eu acho que foi esse caminho que eu tomei elaborando as notas da *Pedagogia da esperança*. Eu ia lendo e ele sempre, sempre referendou. Sempre, sempre. Nunca disse: "Nita, pelo amor de Deus. Isso está horrível. Refaça." Não, ele nunca me disse uma coisa dessa. Ao contrário, acho que ele considerou as notas muito bem-feitas. Ele ficou muito contente e a coisa caminhou assim até o fim. Depois, ele pediu que eu participasse de *À sombra dessa mangueira* e de *Cartas a Cristina*, o que me deu mais gosto. Primeiro, foi uma coisa inédita para mim: escrever num livro com meu marido, que era esse intelectual tão famoso e uma pessoa que eu respeitava tremendamente desde que era criança. Desde muito pequena eu tinha um respeito e uma fascinação enorme por Paulo. Paulo sempre foi um cara assim, sabe? Todo mundo que o conhecia se fascinava por ele. Um cara sempre muito legal.

Sobre esperançar

AL e BC: Considerando este momento eleitoral, num final de governo marcado pelo retrocesso da democracia, o que diria Paulo Freire em relação às ações necessárias e urgentes para esperançar e reconstruir o Brasil? Com Lula presidente, a presença de Paulo Freire será referência para as políticas educacionais de democratização da educação e da sociedade. Pensando metaforicamente, o que Paulo Freire diria/faria como ministro da Educação no governo de Lula?

NF: Paulo dizia: "Olha, eu sempre tenho falado de esperança. Escrevi um livro *Pedagogia da esperança*, não é? Mas eu acho que a esperança é uma coisa estática, um substantivo. O substantivo não tem mobilidade. Quem tem a mobilidade, quem é o motor de arranque é o verbo. É o que determina. É o que dá ação."

Então, vamos dizer agora "esperançar" porque é a esperança movida com novos objetivos, com novos *inéditos-viáveis*. É o esperançar que pode dinamizar os *inéditos-viáveis*, o que a gente sonha. O nosso *inédito-viável* maior talvez seja, por tudo que a nação brasileira já passou e está passando, pelo menos para nós que nos julgamos conscientemente inteligentes e sabemos discernir alguma coisa, é colocar Lula agora no poder! Paulo seria então um notável ministro da Educação. Faria nesse ministério o resgate histórico que a elite deve ao povo brasileiro.

15.

Entrevista com Nita Freire

Itamar Mendes da Silva[1] e Lisete Arelaro[2]

ITAMAR MENDES DA SILVA e LISETE ARELARO: Pedimos que fale um pouco sobre o que, na sua visão, Paulo Freire representa para a educação brasileira.

ANA MARIA ARAÚJO FREIRE (NITA FREIRE): Existe uma dualidade, uma ambiguidade na representação de Paulo Freire, no que se refere a seu perfil, no âmbito dos envolvidos na educação brasileira e na sociedade em geral.

Me baseio em algumas evidências, já que não há estudos e pesquisas estatísticas sobre o assunto. Há um grande orgulho, é fato inconteste, de grande parte de brasileiros em terem Paulo como um importante educador, como Patrono da Educação Brasileira. Outro exemplo: o número de tributos feitos a Paulo neste ano no qual completa 100 anos de seu nascimento (19 de setembro de 2021) é uma vitrine de sua popularidade e da admiração que lhe conferem pessoas e instituições do Brasil. Até hoje somam-se 15 títulos de

---

1 Pedagogo, mestre em Educação: Supervisão e Currículo e doutor em Educação (Currículo) pela Pontifícia Universidade Católica de São Paulo. Pós-doutor em Políticas, Educação, Formação e Sociedade pela Universidade Federal Fluminense.
2 Pedagoga e doutora em Educação pela Universidade de São Paulo (USP). Fez parte da equipe de Paulo Freire na Secretaria Municipal de Educação de São Paulo (1989-1992) e foi diretora da Faculdade de Educação da USP (2010-2014).

instituições brasileiras, de um total de 50,[3] de doutor *honoris causa*, e mais cinco títulos de instituições brasileiras e mais um do exterior de grande valor acadêmico, como de Professor e Investigador Emérito. Tem título de cidadão de 17 cidades e estados brasileiros. Seu nome está em mais de uma centena de teatros, salas, auditórios, diretórios e centros acadêmicos do Brasil. São 361 escolas públicas (quase todas com o nome escolhido pela comunidade) e privadas no Brasil com seu nome. São sessenta ruas, avenidas e praças, no nosso país, com seu nome. Medalhas, condecorações e prêmios; um banco comunitário, na cidade de São Paulo, cuja moeda das transações é o "Freire"; associações comunitárias; bibliotecas; cátedras; centros de pesquisa; e monumentos, estátuas (uma delas em tamanho natural, confeccionada por Abelardo da Hora, assentada no campus da UFPE) e pinturas de sua face, tudo em sua homenagem, com seu nome. É letra da música popular brasileira "Beradêro".[4] Foi tema do carnaval paulistano de 1999, pela Escola de Samba Leandro de Itaquera, com o tema: "Educação, um salto para a liberdade", classificada em 4º lugar; e pela Escola Águia de Ouro, em 2020, com o enredo "O Poder do Saber – Se saber é poder… quem sabe faz a hora, não espera acontecer" (que nos remete a uma canção de protesto de Geraldo Vandré), campeã paulista do carnaval 2020. Diante de um quadro grandioso de reconhecimento do saber e da imensa criatividade de Paulo, contraditoriamente as obras dele não são lidas e estudadas com a profundidade necessária. É comum trabalhos científicos nos quais Paulo é citado através da citação de outro autor ou outra autora, ou seja, estudantes universitários preferem escrever dissertações e teses tendo como base autores estrangeiros. Escrevem sobre a teoria da ação comunicativa de Habermas como algo novo, inédito, que o projeta ao ápice da criação filosófica, quando Paulo criou a teoria

---

3 Contagem realizada em fevereiro de 2024.
4 Chico César. "Beradêro", 1995.

MEUS DIZERES E FAZERES EM TORNO DE PAULO FREIRE | 241

da ação dialógica mais de dez anos antes. Por que essas escolhas alienadas? Por que preferência pelo que vem de fora?

A sociedade escravagista brasileira, elitista, machista e preconceituosa determinou na mentalidade de nossa população a crença de que somos inferiores por natureza. Que nestas plagas, longe da civilização, o que valia era apenas porque aqui "em se plantando tudo dá". Uma postura colonial que até os dias de hoje nos persegue. Nunca demos, na medida do necessário, o salto qualitativo para fora da noção de "país" dependente de tudo, dependente das ideias de fora para a autonomia nacional e valorização de sua riqueza criativa.

A própria educação jesuítica é a "mãe" dessa triste realidade. Nos tempos coloniais, fortaleceu essa distorção. Ela não reconhecia que as escolas brasileiras tinham condições da formação intelectual de seus estudantes, embora seguissem, como todas as outras de suas escolas jesuítas no mundo, o plano geral de educação, o *Ratio Studiorum*.[5] O ensino era por repetição. As aulas da manhã eram repetidas durante a tarde. As aulas da semana, repetidas no sábado. De tudo lecionado nos quatro anos escolares, um 5º ano – o curso de humanidades – para a repetição de tudo ensinado desde o primeiro dia de aula.

Após todos os pesados *decorares* e *repetires* durante cinco anos, quem quisesse simplesmente obter o diploma ou continuar os estudos de nível superior teria que ir a Évora ou Lisboa, cuja finalidade era a repetição do que tinha aprendido no Brasil.

Agora, sim, tinha o diploma e todas as benesses que a formação na Europa, e só lá, poderia lhe dar, sobretudo a superioridade, com relação à população em geral, porque conseguira o título de "doutor".

Hoje em dia, para a elite brasileira, seus filhos e filhas devem ser bem formados, isto é, devem ir estudar em Harvard ou Cambridge. Essa é a forma mais atual de garantir a separação de classes sociais,

---

5 Método pedagógico formulado para unificar e instruir as práticas de docentes jesuítas. [N. da E.]

os privilégios sociais e econômicos da classe dominante, repetindo de forma mais moderna o mesmo que se passava nos séculos anteriores.

Raramente esses estudantes da elite querem escrever suas teses sobre um "alienígena" deste país, pois se consideram os eleitos pelas suas condições econômicas de prestígio e de poder para escrever sobre o que lhes aprouver, e não para colaborar com o desenvolvimento nacional e fazer as denúncias sobre as iniquidades e injustiças de nossa sociedade. Preferem intencionalmente não repercutir as ideias de Paulo Freire e se alienar com seus orientadores nos nomes de filósofos, sociólogos ou educadores, no caso da educação, de prestígio na Europa ou nos Estados Unidos.

Entendo que, após o pensamento de Paulo Freire ter sido reconhecido como da mais alta importância e atualidade em duas pesquisas feitas em universidades de países de língua inglesa, houve uma repercussão, no Brasil, de considerável mudança no sentido de valorização de sua teoria do conhecimento. Mais uma vez, o de "fora" repercutindo, desta vez, positivamente "dentro" de nosso país. O *Open Syllabus Explorer*, um projeto da Universidade de Colúmbia que reúne mais de 1 milhão de ementas de estudos universitários em países de língua inglesa, afirma que *Pedagogia do oprimido* é o 99º livro mais citado em trabalhos acadêmicos dos Estados Unidos, Inglaterra, Austrália e Nova Zelândia. Paulo é o único brasileiro entre os cem autores mais citados e mais solicitados para leitura.[6]

Outra pesquisa,[7] realizada por Elliott Green, professor associado na London School of Economics, analisou as obras mais citadas em trabalhos em língua inglesa disponíveis no Google Acadêmico e verificou que *Pedagogia do oprimido* é o terceiro livro mais citado na área de Ciências Sociais.[8]

---

6 Pesquisa publicada no ano de 2016.
7 Pesquisa também do ano de 2016.
8 Veja detalhes no livro de minha autoria: *Paulo Freire, uma história de vida*, 2ª edição. Rio de Janeiro: Paz & Terra, 2017, pp.431-434. Prêmio Jabuti, 2º lugar, Biografia, em 2007.

MEUS DIZERES E FAZERES EM TORNO DE PAULO FREIRE | 243

Enfim, a teoria e a práxis de Paulo são atuais, embora o livro considerado na análise, *Pedagogia do oprimido*, tenha sido escrito entre 1967 e 1968, publicado pela primeira vez em 1970, nos Estados Unidos.

O(A) brasileiro(a) que viaja ao exterior e encontra um(a) leitor(a) simplesmente com o livro do educador compatriota em suas mãos, ou lendo a obra em um ônibus ou no banco da praça pública, fica agitado, se aproxima e diz para a pessoa: "Esse homem é um educador do meu país, é o maior educador do mundo, é o Paulo Freire!"

Recentemente, as perseguições do mandante do país[9] – que chamou Paulo Freire de "energúmeno",[10] entre outros xingamentos de baixo calão, e prometeu destruir com lança-chamas os livros dele existentes na UnB – e seus asseclas, que determinam a política de educação do país, estão sendo contraditoriamente abalados por ações e manifestação públicas, principalmente pelo aumento do número de leitores e leitoras do educador pernambucano, pois os adolescentes ficam curiosos em saber o que teria dito esse "homem maldito". Isso é de uma importância fundamental, pois cada dia mais os jovens estão fascinados com a teoria amorosa e humanista de Paulo Freire.

Essas contradições que apontei nesta breve resposta resultam por marcar a importância, necessidade e atualidade do pensamento freireano no âmbito de toda a sociedade, muito mais, quero enfatizar, entre os que praticam o ato educativo. Daí a necessidade, por parte dos(as) educadores(as) da reflexão, do pensar certo, isto é, partir da prática, ir à teoria e voltar à prática.

Concluo: neste momento há duas interpretações da presença de Paulo Freire para a educação brasileira e elas comportam diferenças

---

9 Em 2021, ano em que foi realizada a entrevista, o presidente do Brasil era Jair Bolsonaro. [N. da E.]

10 Guilherme Mazui. "Bolsonaro chama Paulo Freire de 'energúmeno' e diz que TV Escola 'deseduca'." *G1*, 16 dez. 2019. Disponível em: <www.g1.globo.com/politica/noticia/2019/12/16/bolsonaro-chama-paulo-freire-de-energumeno-e-diz-que-tv-escola-deseduca.ghtml>.

244 | ANA MARIA ARAÚJO FREIRE

ideológicas antagônicas, de aceitação, eu diria daqueles(as) que sabem amar, que querem a educação para todos e todas e um país verdadeiramente democrático; e daqueles(as) que se alocam no bloco, como Paulo diria, dos(as) "mal-amados", dos(as) que querem cada dia mais marcar na carne dos "desvalidos da fortuna" sua compreensão cruel e elitista de que há uma inferioridade intrínseca nos(as) que não compactuam com os malfeitos praticados pelos(as) donos(as) do poder.

ITS e LA: Em que, na sua visão, as experiências de Paulo Freire como gestor, quer na coordenação de programas, quer na direção da escola ou como secretário da Educação, o ajudaram na construção de sua teoria/prática educacional?

NF: É claro que as experiências que Paulo foi vivendo ao longo de sua vida de educador, dialeticamente, influenciaram as suas práticas como homem e como educador e, portanto, a sua compreensão teórica. Tudo o que Paulo produziu intelectualmente é o resultado das suas experiências e do seu pensar, que, acumulando-se, cresceu em profundidade de amplitude.

Paulo foi gestor em diversas instituições privadas e públicas, mas selecionei apenas quatro delas, que considero as mais significativas para responder a essa questão: A – do Serviço de Extensão Cultural (SEC) da Universidade do Recife (hoje UFPE); B – do Serviço Social da Indústria, de Pernambuco (SESI/PE); C – do Programa Nacional de Alfabetização (PNA); D – da Secretaria Municipal de Educação de São Paulo (SMEd/SP), que merece maior destaque.

Assim, devo fazer, então, uma análise do pensamento e da práxis freireana nos quatro momentos escolhidos e o decorrente crescimento intelectual e profissional de Paulo Freire que resultaram de suas gestões cada vez mais aprimoradas e eficientes, e, consequentemente, no aprofundamento e na ampliação de sua teoria do conhecimento. E, para explicitar tais momentos, me permitirei utilizar estudos,

MEUS DIZERES E FAZERES EM TORNO DE PAULO FREIRE | 245

reflexões e escritos que já tive a oportunidade de publicar,[11] além de escritos do próprio Paulo Freire presentes tanto em livros quanto em documentos internos dos órgãos e instituições em que atuou.

A) O Serviço de Extensão Cultural (SEC) da Universidade do Recife (hoje UFPE)

O Serviço de Extensão Cultural (SEC) da Universidade do Recife foi criado na gestão do reitor João Alfredo Gonçalves da Costa Lima, em 8 de fevereiro de 1962, concretizando um velho sonho de Paulo e do próprio reitor, de fazer com que a universidade não fosse apenas um espaço exclusivo de aquisição / construção do saber. Paulo queria trazer para a universidade o senso comum, os sonhos, os desejos, as aspirações e necessidades do povo, para procurar entender pedagógica e politicamente essas condições do povo brasileiro, e criar possibilidades de superação delas por meio da conscientização das camadas populares e, daí, a inserção crítica do povo nos seus próprios destinos e no do seu país.

O SEC tinha, pois, como objetivo primordial devolver sistematizado ao povo o que ele sabe, quer saber melhor ou precisa saber como possibilidade para a concretização da transformação da nossa sociedade.[12] Como decorrência desse projeto, haveria a formação

---

11 *Idem.*

12 A pesquisadora brasileira Rossana Maria Souto Maior Serrano, em seu ensaio "Conceitos de extensão universitária: um diálogo com Paulo Freire", ao estudar a evolução histórica dos serviços de extensão universitária nos informa que tais serviços, que vêm desde a Grécia antiga, nunca tinham tido a conotação que Paulo lhes deu: "Por outro lado, podemos buscar em Paulo Freire vários conceitos e ideia-força que podem demonstrar os avanços desses movimentos em extensão, quais sejam: a dialética, a utopia, o respeito à cultura local, mudanças. Pelos princípios que norteiam esse movimento de ação voluntária sociocomunitária, podemos dizer que uma das grandes diretrizes é a abertura ao diálogo, se antes a universidade abria-se de forma autoritária, verticalizada, 'coisificando' o homem, as universidades populares, o Movimento Estudantil tratam de iniciar a construção do diálogo como princípio de trabalho da extensão universitária, ou seja, o reconhecimento da capacidade do outro de construir relações com outros e com o mundo." A pesquisadora

246 | Ana Maria Araújo Freire

de quadros de professores para a educação popular. O SEC, criado por Paulo quase sessenta anos atrás, inegavelmente se antecipou ao tempo histórico. Nele estavam presentes o diálogo amoroso; o respeito ao outro e à outra e à cultura local; a prática da tolerância e da valorização do senso comum e do saber popular. A utopia desapareceu com o arbítrio de 1964, hoje é modelo do Plano Nacional de Extensão, embora muitas das nossas universidades ainda estejam longe de aplicá-lo plenamente.

Com a "caça às bruxas" levada a efeito logo nas primeiras horas do golpe civil-militar de 1964, nada sobrou na sede da documentação e dos trabalhos educativos do SEC e da atuação dos seus idealizadores e do seu primeiro diretor, Paulo Freire. O material do método de alfabetização foi apreendido pelo Exército Nacional nas dependências do SEC, dentro do campus universitário, e grande parte desse material foi apresentado nas TVs do Brasil como "prova da subversão comunista que inunda o país", como diziam os que estavam a favor do poder e contra o povo. A alfabetização do povo era entendida como ato de insanidade dos comunistas às ordens dos governos e dos movimentos autoritários internacionais, absolutamente associada ao perigo ameaçador à segurança nacional, das desordens que levam o caos ao Estado.

Os guaches do artista pernambucano Francisco Brennand – homem acima de qualquer suspeita – que representavam as situações gnosiológicas e foram preparadas para as discussões sobre natureza e cultura no momento de apreensão do conceito antropológico de cultura pelos(as) alfabetizandos(as) foram apreendidos em decorrência

---

conclui afirmando: "A ideia de uma extensão a serviço de um processo transformador, emancipatório e democrático, e, ainda, de uma extensão desenvolvida no diálogo e no respeito à cultura local nos permite perceber quanto o pensamento freireano foi marcante e está presente no conceito da extensão das universidades públicas brasileiras." Extelar, João Pessoa, v. 13, n. 8, p. 1-15, 2013. Disponível em: <www.drive.google.com/drive/fold ers/0B0WeZ6rpkrFBQXFnMVlHYTJDalE?resourcekey=0-9V5qEaLbl6gXaegkSzlKDw>.

MEUS DIZERES E FAZERES EM TORNO DE PAULO FREIRE | 247

de uma denúncia, quando os soldados e o coronel do Exército já partiam do campus da Universidade do Recife.

As forças no poder estavam levando não só as coisas materiais – relatórios, pesquisas e obras de arte do SEC – e, de modo especial, em vários pontos do país, levavam o que fosse relacionado à experiência de alfabetização de jovens e adultos –, mas, sobretudo, suprimiram os sonhos e as possibilidades de inserir a população brasileira na condição de agente de seu próprio destino e do de seu país, despojando indivíduos que, ao lado de Paulo, lutavam pensando em um Brasil melhor. Ao tirar o direito das pessoas de ler e escrever a palavra, "roubavam parte ontológica dos homens e das mulheres, roubavam a sua humanidade", como dizia Paulo.

É importante dizer que aquela instituição da Universidade do Recife foi mais uma ideia pioneira de Paulo: idealizar e concretizar, no Brasil, um serviço de extensão de uma universidade pública, com uma estação de rádio universitária, como tática para a educação, para levar informações educativas e culturais, boas músicas e programas educativos *lato sensu* para todas as camadas sociais. Sobretudo para as camadas populares do Nordeste, que tinham nas programações radiofônicas uma das poucas possibilidades de acesso ao conhecimento. A estratégia era a conscientização, a educação libertadora, transformadora, e a compreensão da democracia autêntica. É importante enfatizar que foi no SEC que Paulo desenvolveu e sistematizou cientificamente o seu método de alfabetização, em diálogo constante com seus pares, professores, que também teorizaram, contribuindo, assim, para o aperfeiçoamento do método com fins na transformação social.

Paulo Freire, como gestor do SEC, fortaleceu mais sua capacidade de criatividade, de pensar o novo, de liderar pessoas, de relacionar redes de saberes, de decidir e optar, de saber mandar com respeito, de criar as condições de um trabalho harmônico entre colaboradores entre si e com ele. Aperfeiçoou o que aprendera desde quando professor no Colégio Oswaldo Cruz, no Recife, no qual estudou e teve seus primeiros empregos, e no SESI/PE.

A criação do SEC-UR (hoje SEC/UFPE) deve ser considerada das mais importantes invenções de Paulo Freire, de sua imaginação sem limites, sob os pontos de vista político, social, ético, estético e epistemológico.

B) O trabalho de Paulo Freire no Serviço Social da Indústria de Pernambuco (SESI/PE)

Paulo começou a trabalhar no SESI-PE em 1º de agosto de 1947, como assistente da Divisão de Divulgação, Educação e Cultura. Nesse mesmo ano, quando completou a graduação de bacharel em direito, Paulo foi promovido a diretor da Divisão de Educação e Cultura. Em 1º de dezembro de 1954, aos 33 anos de idade, foi promovido para as funções de diretor-superintendente do Departamento Regional de Pernambuco, cargo comissionado que ocupou até 23 de outubro de 1956. Em *Pedagogia da esperança*, Paulo conta sobre como iniciou os seus trabalhos:

> O convite me chegou através de um grande amigo e colega de estudos desde os bancos do Colégio Oswaldo Cruz, a quem uma grande e fraterna amizade me prende até hoje, jamais abalada por divergências de natureza política. [...] Foi Paulo Rangel Moreira, hoje famoso advogado e professor de direito da Universidade Federal de Pernambuco, que, numa tarde clara do Recife, risonho e otimista, veio à nossa casa, no bairro de Casa Forte, na rua Rita de Souza, nº 224, e nos falou, a mim e a Elza, minha primeira esposa, da existência do SESI e do que trabalhar nele poderia significar para nós.[13]

---

13 Paulo Freire. *Pedagogia da esperança*. Rio de Janeiro: Paz & Terra, 2020, pp. 21-22.

MEUS DIZERES E FAZERES EM TORNO DE PAULO FREIRE | 249

Em 1957, Lídio Lunardi, diretor do Departamento Nacional do SESI, solicitou os serviços de Paulo Freire, que já se mostravam inéditos e especiais. Então, Paulo viajou por alguns estados brasileiros dando assessoria aos educadores regionais do SESI, de outubro daquele ano até 14 de abril de 1961.

Em 20 de maio de1964, Paulo Freire se dirigiu ao diretor do Departamento Regional do SESI/Pernambuco, adiantando-se ao que queriam fazer os industriais pernambucanos: "Venho em caráter irrevogável requerer a V.S.ª a rescisão de meu contrato de trabalho, com renúncia da estabilidade, a fim de tratar de assunto de meu pessoal interesse". Esse requerimento só foi protocolado mais de dois anos depois.

Em 30 de setembro de 1966, a Portaria n° 1.470, de Miguel Vita, diretor regional do SESI/PE, homem de extrema direita, põe um ponto final na rica atuação de Paulo nesse órgão:

> ... no uso das atribuições que lhe confere a alínea "f" do art. 45 do Regulamento do SESI, aprovado pelo Decreto n°. 57.375 de 8 de dezembro de 1965, do Exmo. Senhor Presidente da República, RESOLVE: Exonerar, a pedido, o Bel. Paulo Reglus Neves Freire do Quadro de Servidores deste Departamento Regional, tendo em vista o pedido sob protocolo 1.429 de 17/8/66, com vigência daquela data, extinguindo-se o referido cargo no Quadro de Servidores.

Não me foi possível saber por que Paulo só foi exonerado de seu cargo no SESI quando há muito já vivia no exílio, no Chile.

Transcrevo a seguir algumas orientações para os(as) educadores(as) sesianos(as), escritas por Paulo Freire, nos anos 1950, em razão de seu ineditismo e de sua capacidade de radicalizar propostas educativas inovando e ousando dentro de um órgão assistencialista patronal, em um tempo de conservadorismo forte das classes dominantes do

250 | Ana Maria Araújo Freire

país, sobretudo as nordestinas. Nelas podemos constatar o espírito democrático de Paulo, e as ideias e práticas fundamentais da teoria do conhecimento que ele viria a compor mais tarde.

Desde esses anos na sua gestão no SESI/PE, Paulo Freire tem grande preocupação com a questão da formação das professoras e dos professores. Essa foi uma constante em toda a sua vida de educador.

Paulo começou ensinando às professoras como proceder nas reuniões com os pais das crianças que estudavam nas escolas sesianas.

Sugestões: como coordenar um Círculo de Pais e Professoras

a) A reunião não deve ser discursiva, mas um debate.

b) Deste debate devem participar todas as professoras.

c) Entre as professoras e o diretor do núcleo deve ser escolhida a pessoa que orientará os trabalhos, que provocará os debates.

d) Uma outra professora deve ser escolhida para anotar os tópicos mais interessantes da reunião, durante o seu desenvolvimento, registrando possíveis defeitos durante o processo da reunião, anotando as críticas (respondidas ou não) e chamando a atenção do orientador da reunião, discretamente, quando determinado problema não tenha sido suficientemente esclarecido.

e) Cada componente do grupo de professoras, apesar de já conhecer o conteúdo do temário, deve, durante a reunião, ter o seu exemplar na mão, demonstrando interesse, ao grupo dos pais, pela reunião.

f) Nem o orientador nem nenhum representante da escola deve pôr falta de participação do grupo e em nome dessa falta de participação tomar para si a própria "vida" da reunião, transformando-a em "discurso", quando deve ser diálogo. No caso de falta de participação, o que é natural entre nós e explicável por uma série de fatores, intrínsecos uns, extrínsecos outros ao homem, entre eles, principalmente, o baixo nível econômico e educativo, deve o orientador da reunião provocar ao máximo o nascimento das respostas às perguntas do temário.

g) Para provocar comportamento produtivo do grupo, sugerimos ao orientador da reunião:

i   Que ao abrir a reunião diga em rápidas e objetivas palavras a razão da mesma; que a reunião será tanto mais produtiva quanto maior número dela participar.

ii Que, por se tratar de um grupo de pessoas que se reúnem para debater os assuntos de interesse comum, deve caber a esse mesmo grupo a determinação do término do encontro. Estimular alguém a dar a primeira sugestão. Logo depois, obter outra sugestão e pôr em votação. A reunião deverá encerrar-se sempre na hora exata, determinada pelo grupo. Poderá prorrogar-se. Somente o grupo em maioria, porém, poderá fazê-lo.

iii Em seguida, pedir que, antes de qualquer manifestação, a pessoa diga seu nome em voz alta e claramente. Este procedimento facilita o relacionamento humano, não só entre os educadores (sobretudo o orientador da reunião) e o grupo, mas entre os membros do grupo.

iv Ao orientador cabe ouvir as respostas dadas, repeti-las em voz alta, dizendo o nome da pessoa que as proferir, e obter que outras pessoas se manifestem em torno das respostas. Sua opinião só deve ser dada antes do término dos debates se sentir que a reunião pode tomar um caminho negativo.

v   Nunca deve endereçar a pergunta a alguém individualmente. A pergunta deve ser lançada ao grupo para que todo ele se interesse em responder a ela.

vi O orientador deve ter a habilidade capaz de transformar possíveis ataques de ordem pessoal em problemas de ordem geral.

vii O orientador não deve fugir a associações que surjam durante o debate.

viii Nem o orientador da reunião nem as professoras devem assumir comportamento que revele "ar" superior ou paternal.

ix Uma preocupação muito grande deve ter o orientador em face do fato de serem ele e as professoras, de modo geral, pessoas da chamada classe média, com um sistema de valores diferentes em muitos aspectos do da classe do grupo. Muita atenção deve ser dada ao processo de tentativa de mudança de comportamento do grupo – o que deve ser feito com habilidade e respeito para que não resulte negativo o trabalho. Citamos, como exemplo, a crença *mágica* de muitos pais – problema já sentido em Círculos de Pais e Professoras feitos por nós – na "pisa" de muçum para o tratamento da incontenção (*sic*) urinária. Só com habilidade o educador poderá conseguir mudança de comportamento nesses casos. Esse comportamento está enraizado numa matriz culturológica.

x Evitar habilmente que uma dessas pessoas "falastronas" tome conta da reunião e termine acabando-a.

xi Estimular os tímidos e inibidos a dar sua opinião com expressões assim: "O senhor aí também poderá ajudar-nos com sua opinião", "Que acha o senhor disso?" etc.

Como se sente através destes itens todos, deve preocupar-nos levar o grupo a chegar, pelo debate, pela participação de seus membros, a soluções adequadas. De resto, a presença de espírito, o estudo e a experiência do educador lhe indicarão outros caminhos.

Paulo Freire.

A passagem de Paulo pelo SESI/PE, é preciso enfatizar, como ele mesmo o disse muitas vezes, abriu-lhe a possibilidade de, pensando

MEUS DIZERES E FAZERES EM TORNO DE PAULO FREIRE | 253

sobre o que escutava, via, observava, sentia e refletia, sistematizar a sua compreensão de educação. Ele asseverava: "O SESI foi para mim um tempo fundante."

Nesse sentido, em *Cartas a Cristina*, a décima primeira carta é a análise dos pontos primordiais de seu trabalho no SESI/PE. Nela, Paulo Freire explicita eloquentemente o que aprendeu como gestor da educação naquele período:

Na perspectiva da classe dominante, enquanto assistencial, o SESI deveria ser assistencialista. Por isso mesmo, qualquer prática de que resultasse ou que implicasse uma presença democraticamente responsável dos *sesianos* no comando dos núcleos ou centros sociais, que significasse um mínimo de ingerência dos trabalhadores no próprio processo de prestação de serviços de assistência, tendia a ser recusada como perigosa e subversiva. [...] foi exatamente no SESI, como uma espécie de contradição sua, que vim aprendendo, mesmo quando ainda pouco falasse em classes sociais, que elas existem, que elas existem em relação contraditória. Que experimentam conflitos de interesses, que são permeadas por ideologias diferentes, antagônicas [...] eu era progressista porque, recusando uma compreensão mecanicista da história, estava certo de que o futuro teria que ser construído por nós, mulheres e homens, na luta pela transformação do presente malvado. [...] Uma escola democrática teria que se preocupar com a avaliação rigorosa da própria avaliação que faz de suas diferentes atividades. A aprendizagem dos educandos tem que ver com as dificuldades que eles enfrentam em casa, com as possibilidades de que dispõem para comer, para vestir, para dormir, para brincar, com as facilidades ou com os obstáculos à experiência intelectual. Tem que ver com sua saúde, com seu equilíbrio emocional. A aprendizagem dos educandos tem que ver com a docência dos professores e professoras... Por tudo isso dávamos grande atenção, de um lado, à formação permanente das educadoras; de outro, à formação das mães e dos pais. *Aprendemos bastante de nossos erros iniciais* [...] com a participação maior dos pais [...] com o envolvimento crítico das professoras e dos alunos, a frequência aos círculos de pais e professores alcançou níveis bastante elevados. Começamos também a observar diferenças sensíveis na disciplina escolar e no aprendizado [...] Assustou-nos a ênfase nos castigos violentos, no Recife, no agreste, no sertão, em contradição com a quase total ausência de castigos, e não só violentos nas zonas praieiras do Estado [...] Maior abertura ao diálogo ao lado de maior compreensão das limitações de cada um de nós [...] A única coisa definida e estabelecida era o direito assegurado à *fala, à voz, o direito à crítica*, resguardado também o direito de cada um ao respeito de todos [...] *Aprendi, na minha passagem pelo SESI, para nunca mais esquecer, a como lidar com a tensa relação entre prática e teoria.* (Grifos nossos.)[14]

C) Do Programa Nacional de Alfabetização (PNA)

Em 1963, o governo federal levou Paulo para Brasília a convite do ministro da Educação, Paulo de Tarso, para realizar uma campanha nacional de alfabetização, diante da comprovada competência política e pedagógica de Paulo e seu pensar sobre a educação popular.

A Portaria do MEC nº 182, de 28 de junho de 1963, determinou que se iniciariam em Brasília os trabalhos da Comissão de Cultura Popular, presidida por Paulo. A Portaria nº 233, de 23 de julho de 1963, revogaria as disposições em contrário, estabelecendo as linhas diretivas do movimento em caráter nacional. E por meio da Portaria nº 234, de 24 de julho de 1963, o ministro da Educação resolve: "Designar

---

14 Paulo Freire. *Cartas a Cristina: reflexões sobre minha vida e práxis.* Rio de Janeiro: Paz & Terra, 2021, pp. 135-173.

os senhores Paulo Freire, Herbert José de Souza, Júlio Furquim Sambaquy, Luiz Alberto Gomes de Souza e Roberto Saturnino Braga para, sob a presidência do primeiro e tendo o segundo como o substituto eventual do presidente, integrarem a Comissão de Cultura Popular instituída pela Portaria nº 195, de 18 de julho de 1963."

Com os trabalhos de formação dos(as) monitores(as) já em andamento, possibilitados pela legislação supracitada, é que, por meio do Decreto nº 53.465, de 21 de janeiro de 1964, fica instituído o PNA:

> Art. 1º Fica instituído o *Programa Nacional de Alfabetização* mediante o uso do Sistema Paulo Freire, através do Ministério da Educação e Cultura.
> Art. 2º Para a execução do Programa Nacional de Alfabetização, nos termos do artigo anterior, o Ministério da Educação e Cultura constituirá uma Comissão Especial e tomará todas as providências. [...]
> Art. 7º Revogam-se as disposições em contrário.

Nasceu assim, sob a coordenação do MEC, o Programa Nacional de Alfabetização (PNA), que pelo "Método Paulo Freire" tencionava alfabetizar, politizando, 5 milhões de adultos. Estes poderiam, pela lei vigente da época – que exigia ser alfabetizado o eleitor, o que consistia, na prática, apenas assinar seu próprio nome –, fazer parte conscientemente do até então restrito colégio eleitoral brasileiro do início dos anos 1960. Para se ter uma ideia da extensão desse programa, basta lembrar que tinham votado na eleição presidencial, da qual saíram vencedores o Sr. Jânio da Silva Quadros e João Belchior Goulart, apenas pouco mais de 11,6 milhões de eleitores.

Tendo em vista que, no processo de alfabetização, esses(as) novos(as) eleitores(as), provenientes das camadas populares, seriam desafiados(as) a se conscientizarem inclusive das injustiças que os(as) oprimiam e seriam desafiados(as) a sentirem a necessidade de lutar por mudanças, as classes dominantes estiveram, desde o princípio, contra o programa.

Paulo assim se manifestou sobre o PNA, em entrevista para a revista *O Pasquim*, em 1978:

FREIRE – Foi pouco, mas deu para implantar a coisa em todo o país. O negócio era tão extraordinário que não poderia continuar. Num estado como Pernambuco, que tinha, naquela época, um número que pode não ser exato, de 800 mil eleitores, era possível em um ano passar para 1 milhão e 300 mil. Um estado como Sergipe, que tinha 300 mil eleitores, podia passar em um ano para 800 mil. E assim em todos os estados do Brasil. O que poderia ocorrer é que para a sucessão presidencial poderíamos ter no processo eleitoral, já que a lei não admitia o voto do analfabeto, facilmente 5 ou 6 milhões de novos eleitores. Ora, isso pesava demais na balança do poder. Era um jogo muito arriscado para a classe dominante. Não que você pudesse afirmar categoricamente que esses 6 milhões votariam na oposição. Mas era um risco. Um dia eu disse ao ministro: "Ministro, se fosse uma questão apenas de fabricar eleitor, se a minha questão fosse apenas dar uma resposta ao antidemocratismo da lei brasileira, de proibir que um analfabeto vote, o que seria realista, mas seria atender à lei, que exige apenas que o sujeito assinasse o nome e para assinar o nome nós não precisamos mais do que 4 horas. Se fosse assim, nós poderíamos fazer aqui milhões de eleitores em um ano. Agora eu, ministro, me recuso a isso." Possivelmente me recusaria de novo. Essa conversa com o ministro foi muito importante e eu enfatizo que a posição do ministro era igual à minha.

MIGUEL [DARCY DE OLIVEIRA] – Seria o mesmo erro de encarar o povo como instrumento, como objeto.

MEUS DIZERES E FAZERES EM TORNO DE PAULO FREIRE | 257

FREIRE – Exato. E eu me recusava e me recuso a isso. Eu sou radical, e o ministro concordou inteiramente. Evidente que nós não pensávamos, na época, em pós-alfabetização. Eu dizia: "Ministro, a gente tem que correr o risco de não aprofundar os níveis de conhecimento dos primeiros que vão se alfabetizando, exatamente para não cair num elitismo também. Aí eu poderia pegar uma fração dessa gente e fazer cinco anos de trabalho sério e deixar o resto." A minha proposta era extensiva. [15]

O Sistema Paulo Freire de Educação de Adultos não somente contém um método *ativo* de alfabetização, mas um Sistema de Educação que leva os analfabetos a ganharem consciência de sua dignidade de pessoa humana, de sua responsabilidade social.

No sistema Paulo Freire, a utilização de todos os canais possíveis de comunicação conduz a uma série de fatos novos. O professor tradicional é substituído por um "coordenador" de debates cuja função é, pelo diálogo franco, informal e sincero, retirar das situações sociológicas compactamente programadas nos slides ou *strip-films* todo um complexo de informações ligado, através de reduções a vocabulários mínimos, ora à Antropologia Cultural, ora a Sociologia, ora à Geografia Humana. Vocabulários esses através dos quais é possível alfabetizar um homem utilizando uma dúzia de palavras tão somente pesquisadas no universo vocabular do analfabeto e escolhidas entre as de maior densidade emocional e afetiva, a partir das quais ele próprio descobre e recria as milhares de palavras restantes com a ajuda do coordenador, que aplica durante os debates a maiêutica socrática. Assim, a sala de aula cede lugar a um "Círculo de Cultura", e a aula tradicional, a um "debate" democrático espontâneo e por isso agradável e autêntico. Enfim, não mais em caráter experimental, mas cientificamente comprovado, é um método de educação de resultados rápidos, objetivos e baratos como exigem as nossas condições.

---

15 Entrevista com Paulo Freire em *O Pasquim*, Rio de Janeiro, n° 462, p. 10, dez. 1978.

258 | ANA MARIA ARAÚJO FREIRE

A direita brasileira, indignada com os movimentos populares e o povo que emergia na cena política, organizou, com as elites brasileira e estrangeira e com as Forças Armadas brasileiras o golpe de Estado de 1º de abril de 1964, que afastou o presidente Goulart e todos os sonhos da esquerda, alegando sobretudo os gastos do Estado e a corrupção generalizada. Por intermédio de documentos, podemos aquilatar que as autoridades brasileiras que deram o golpe por motivos político-ideológicos da irascível classe dominante brasileira e pela imposição dos Estados Unidos, alimentados ambos esses segmentos pela Doutrina de Segurança Nacional – para manter os seculares privilégios da direita e o sistema capitalista –, divulgaram ao mundo os "enormes gastos" do Sistema Paulo Freire, mencionando inclusive a compra dos projetores de slides de "países comunistas" (comprados na Polônia), que foram adquiridos porque os que existiam no Brasil eram mais caros que os poloneses, e tais equipamentos eram necessários para a aplicação do método de alfabetização. Ademais, os aparelhos poloneses tinham ainda a vantagem de funcionar com *strip-film*: em um só filme eram apresentadas várias palavras geradoras, o que muito facilitava o trabalho nos "Círculos de Cultura".

O estado de exceção autoritário se instalou no Brasil – tendo como maior temor a alfabetização das camadas populares e a eficiência da Reforma Agrária elaborada por Celso Furtado – e imediatamente elaborou o Decreto nº 53.886, de 14 de abril de 1964, que "Revoga o Decreto nº 53.465, de 21 de janeiro de 1964, que instituiu o Programa Nacional de Alfabetização do Ministério da Educação e Cultura".

Assim, o PNA foi extinto, e Paulo, sentindo-se muito cansado pelo ritmo dos trabalhos que vinha realizando e exaurido pelo golpe de Estado, precisou se submeter a exames médicos na Fundação Hospitalar do Distrito Federal, tendo o médico, cujo nome no documento é ilegível, atestado que ele estava "necessitando de 30 dias de repouso, a partir de 02/04/64", tendo sido referendada a prescrição médica até 3 de maio de 1964 pela Universidade do Recife,

MEUS DIZERES E FAZERES EM TORNO DE PAULO FREIRE | 259

em despacho assinado pelo reitor, João Alfredo da Costa Lima. Nova licença médica de trinta dias foi concedida a Paulo, de 27 de maio a 25 de junho de 1964.

A consequência maior de sua luta por um Brasil melhor e mais justo levou-o a partir de seu país, a deixar sua cidade querida, quando tinha acabado de completar 43 anos de idade. Sobre isso, escrevi na nota nº 7 de *Pedagogia da esperança*:

> Seu "pecado" fora alfabetizar para a conscientização e a participação política. Alfabetizar para que o povo emergisse da situação de dominado e explorado e que assim se politizando pelo ato de ler a palavra pudesse reler, criticamente, o mundo. Seu difundido "método de alfabetização Paulo Freire" tinha suporte nessas ideias que traduziam a realidade da sociedade injusta e discriminatória que constituímos. E que precisava ser transformada.[16]

Perseguido, Paulo precisou, para preservar sua vida, contrariar sua vontade e partir para um exílio de mais de quinze anos, sem passaporte, com um simples salvo-conduto, sem ter conseguido colocar em prática em todo o território nacional um processo de alfabetização que certamente teria a virtude de mudar os índices do analfabetismo, de conscientização e de avanço nos modos de produção. De mudar a leitura de mundo dos alfabetizados que, se conscientizados, sairiam da condição de demitidos da vida para de sujeitos da história.

Com esse trabalho para o qual Paulo deu toda a sua inteligência, seu extremo esforço, sua criatividade, sua vontade política generosa em prol da extinção do analfabetismo no Brasil, um dos seus maiores sonhos, ele aprendeu que lutar pela justiça social, por uma sociedade mais igualitária, verdadeiramente democrática é muito difícil em uma sociedade como a nossa, de caráter escravagista, interditador, elitista.

---

16 Paulo Freire. *Pedagogia da esperança*. Rio de Janeiro: Editora Paz & Terra, 2020, p. 213.

260 | ANA MARIA ARAÚJO FREIRE

A mim Paulo nunca se cansou de denunciar a elite brasileira, como a mais cruel e malvada que ele conheceu entre tantas sociedades, quando de suas andanças pelo mundo.

ITS e LA: Nita, sabemos que, nesse percurso do gestor Paulo Freire você deixou para o final a experiência mais recente, talvez sua mais reconhecida e emblemática ação gestora, desenvolvida na Secretaria Municipal de Educação de São Paulo (SMEd/SP). Sabemos que há muita curiosidade sobre o trabalho desenvolvido com a liderança de Paulo Freire naqueles anos pós-promulgação da Constituição de 1988, especialmente dos(as) mais jovens. Pedimos que divida conosco suas impressões, reflexões e vivências naquele contexto com Paulo Freire.

NF: Bem, quero iniciar falando sobre como tudo começou, logo depois das eleições que terminaram com a vitória de Erundina sobre Paulo Maluf. Uma eleição muito importante porque a direita paulistana fora derrotada por uma mulher, nordestina e pertencente ao Partido dos Trabalhadores, que, a partir de 1º de janeiro de 1989, governaria a maior cidade do país, a capital de São Paulo. Erundina quis montar um secretariado com os melhores quadros, com nível de ministério, e em primeiro lugar ela chama Paulo Freire, que em 1980 ajudara a fundar o PT.

Esse é um pouco do cenário, mas vamos aos fatos: em uma tarde de novembro de 1988, a campainha soa, corro para abrir o portão de nossa casa, e de longe fui logo dizendo: "Paulo, Erundina telefonou..." Ele cortou minha palavra e disse-me: "Eu aceitei, minha mulher, eu aceitei!!!" Confesso que fiquei perplexa e me perguntava: "E nós, e a nossa vida em comum que há tão pouco tínhamos começado?" Devo dizer, entretanto, que com a capacidade imensa de Paulo de compatibilizar harmonicamente a sua vida profissional com a vida amorosa jamais me senti "roubada" no meu tempo de mulher dele, e ele jamais se arrependeu do "sim" que tinha dado a Erundina e a Suplicy; na verdade, ao povo paulistano. Ele não tinha sido tomado de surpresa numa sala de aulas na Universidade Estadual de Campinas: ele já havia elaborado claramente em sua consciência a opção que tomaria: "É um dever cívico e político que tenho diante de mim mesmo e para com o povo da cidade que me acolheu tão generosamente quando voltei do exílio. Será uma oportunidade importante de testar mais uma vez na prática, desta vez nesta imensa rede pública de ensino que é a da cidade de São Paulo, a minha teoria. A minha compreensão de educação."

Luiza Erundina de Sousa foi empossada no cargo de prefeita da cidade de São Paulo no dia 1º de janeiro de 1989 e, na mesma cerimônia, na então sede da prefeitura, no Parque Ibirapuera, empossou todo o seu secretariado, inclusive, obviamente, Paulo. No dia seguinte, ele assumiu seu cargo de secretário.

Mediante o Título de Nomeação nº 08, de 1º de janeiro de 1989, Paulo Freire foi empossado como secretário de Educação do Município de São Paulo pela prefeita de São Paulo Luiza Erundina de Sousa, justamente porque o Partido dos Trabalhadores, do qual Paulo havia sido um dos fundadores – o único ao qual se filiou durante toda a sua vida –, chegara ao poder com a eleição dessa paraibana lúcida, justa, corajosa, forte e, sobretudo, fiel à ética autenticamente humanista. Assim continuo a considerá-la. Paulo assim a considerava.

A seguir, reproduzo o documento oficial de Paulo como secretário de Educação da cidade de São Paulo, distribuído a toda a rede municipal de ensino, fruto de seus estudos e reflexões, sobre suas pretensões de mudanças, elaborado por ele e pela equipe que o assessorou logo depois de ter aceitado o convite de Luiza Erundina:

Construindo a Educação Pública Popular

Aprender é gostoso. Mas exige esforço.

Um diagnóstico feito durante o mês de dezembro nos mostrou que a situação física de nossas 629 escolas municipais é preocupante: faltam mais de 30.000 conjuntos de carteiras e cadeiras para os alunos e mesas para os professores; a conservação dos prédios é muito deficiente; 40% dos professores estão exercendo suas funções precariamente em comissão; o atendimento à demanda deixa fora da escola muitas crianças, jovens e adultos; a população tem buscado formas de suprir as deficiências do ensino formal, criando alternativas diversificadas de práticas educacionais que não são consideradas pelo sistema oficial.

Nessas condições é muito difícil realizar uma escola que encare o ato de ensinar e de aprender como um ato prazeroso. Ao assumir esta secretaria, estamos cientes, contudo, de que é preciso partir dessa realidade para realizar a escola que sonhamos. O voto de 15 de novembro foi um voto para a mudança, para mudar inclusive essa escola que temos, para superar as suas precariedades. Só que não vamos fazer isso sozinhos. Pretendemos mostrar a todos os que hoje estão envolvidos com a educação no município de São Paulo que juntos podemos mudá-la construindo uma *escola bonita*, voltada para a formação social crítica e para uma sociedade democrática.

Entendemos que essa escola deva ser um espaço de *educação popular,* e não apenas o lugar da transmissão de alguns conhecimentos cuja valorização se dá à revelia dos interesses populares; uma escola cuja boniteza se manifesta na possibilidade da formação do sujeito social.

Para isso partimos do princípio da verdade, da transparência. Procuramos fazer circular todas as informações que tivemos sobre a situação real de todos os setores da secretaria. Mostraremos também os caminhos possíveis de mudança. Queremos imprimir uma fisionomia a essa escola, cujos traços principais são os da alegria, da seriedade na apropriação e recriação dos conhecimentos, da solidariedade de classe e da amorosidade, da curiosidade e da pergunta, que consideramos valores progressistas. Poremos todos os meios de que dispomos a serviço dessa escola necessária.

Não vamos impor ideias, teorias ou métodos, mas vamos lutar, pacientemente impacientes, por uma educação como prática da liberdade. Nós acreditamos na liberdade. Queremos bem a ela.

Os problemas que encontramos já nos são conhecidos há muito tempo, como a evasão – na realidade expulsão – e a repetência, o conservadorismo, a apatia, o número de crianças fora da escola, a inadequação dos processos pedagógicos. Repeti-los aqui seria monótono, já que são frequentemente lembrados por toda a sociedade. Todos estamos de acordo quanto ao diagnóstico.

O quadro de deterioração da escola pública é consequência da falta de vontade política de assumir um projeto pedagógico emancipador. A preocupação com a quantidade, com a construção de novos prédios escolares, deve inserir-se num projeto qualitativo mais amplo. As medidas adotadas não podem ser apenas emergenciais. Devemos imprimir a essas medidas um caráter mais sistemático, gradual e permanente.

Encontramos muito medo, desconfiança e indiferença. A esses sentimentos oporemos a ousadia.

Procuraremos restabelecer integralmente a liberdade de expressão e de organização como elementos constitutivos essenciais da democracia e, consequentemente, de uma política educacional que vise à construção de uma escola pública de qualidade.

Restabelecer a confiança exige *reintegrar* imediatamente os *demitidos* (porque fizeram greve em 1987) nos mesmos locais de trabalho, com contagem de tempo corrido e pagamento dos salários (a partir de 05/10/88 conforme prescreve a atual constituição).

Entendemos que é a falta de *participação nas decisões* que muitas vezes leva ao desânimo e à descrença em relação à escola. Pretendemos implantar os Conselhos de Escola, fortalecer os Grêmios Estudantis e rever o papel das APMs – Associações de Pais e Mestres. Pretendemos substituir gradativamente a atual função de controle burocrático das DREMs – Delegacias Regionais do Ensino Municipal – por Núcleos de Ação Educativa (NAEs), rompendo com uma estrutura hierárquica de tomada de decisões sustentada de cima para baixo, e substituindo por instâncias de assistência, acompanhamento e planejamento participativo da atividade pedagógica. À população organizada – Conselhos Populares – cumpre sempre a função fiscalizadora das DREMs.

Não só as DREMs, mas todo o aparato burocrático da secretaria necessita de uma compreensão pedagógica de suas funções. Todos os que estamos na escola somos educadores, inclusive os funcionários, as merendeiras, os escriturários, os inspetores etc.

É nossa intenção realizar, ainda no primeiro semestre, *Plenárias Pedagógicas* – embriões dos Conselhos Populares de Educação – em cada região, com a presença dos dirigentes da secretaria para terem contato direto com pais, professores, alunos e comunidade e manterem essa *esperança ativa* que ora é demonstrada por numerosos grupos. Entendemos que a mobilização que hoje se manifesta deve ser mantida e estruturada por uma série de encontros em que a política educacional possa ser definida conjuntamente e não burocraticamente. O pretendido encontro entre a sociedade civil e o Estado,

MEUS DIZERES E FAZERES EM TORNO DE PAULO FREIRE | 265

como caminho para o socialismo, passa pela democratização do Estado. Cremos que não é a escola que transformará a sociedade, mas terá um papel no conjunto das forças que a estão transformando, como o partido, o sindicato, na crítica à ordem capitalista existente e na formação da consciência socialista.

No sentido de democratizar desde já a gestão das escolas, estamos fazendo entrar em vigor a partir de hoje o Regimento Comum das Escolas aprovado pelo CEE – Conselho Estadual de Educação – em 1985, que prevê a implantação de Conselhos de Escola. Devemos iniciar logo a discussão deste Regimento e regularizar a situação escolar da rede municipal de ensino junto ao CEE. A escola demonstrará maturidade exercendo sua capacidade de autogovernar-se. Devolveremos as programações curriculares e outros materiais arbitrariamente recolhidos no início da administração anterior, por serem patrimônio das escolas. Desencadearemos um processo de discussão para a construção de novas propostas curriculares. A escola precisa ser um espaço vivo democrático onde todas as perguntas sejam levadas a sério, espaço privilegiado da ação educativa e de um sadio pluralismo de ideias.

A secretaria precisa da burocracia, não do burocratismo; precisa do acadêmico, mas não do academicismo. Precisa de professores que valorizem a unidade teoria-prática, professores curiosos que respeitem a linguagem da criança, que pensem rigorosamente a poesia, que proponham uma forma científica de pensar o mundo, sendo assim capazes de fazer uma reflexão crítica sobre a sua própria prática.

O aluno deverá ser o centro das preocupações, à medida do êxito ou do fracasso de nossa política.

A escola cresceu muito em seus aparatos de fiscalização e controle e pouco em participação e democracia: cresceu no alto, mas não tem pés sólidos. Queremos inverter essa política, fortalecendo as bases da escola. Todo o esforço deve ser feito para valorizar, acima de tudo, a relação professor-aluno.

Nessa dircção, terá tratamento urgente a elaboração conjunta de um Estatuto do Magistério, envolvendo os representantes das associações e sindicatos de educadores, que traduza essa nova proposta de atuação educacional na rede pública de ensino municipal, valorizando o trabalho docente em sala de aula. Neste sentido, concomitantemente com sua prática docente, a formação contínua do magistério será prioritária. Conforme prevê a nova Constituição, realizaremos concursos, rompendo com o fisiologismo e o populismo que utilizam parte do magistério em funções não docentes. O próprio concurso deverá ser motivo de formação permanente dos professores.

O aluno-trabalhador não deve ser tratado como um aluno de segunda categoria. A educação de jovens e adultos não será tratada como caso de assistência social. O ensino noturno terá sério tratamento, assim como o ensino supletivo, a ser visto na sua relação com o ensino regular. Reforçaremos o caráter sistemático da educação de adultos, contra o caráter emergencial das campanhas.

A criança pequena, também ela, deverá ter um atendimento educacional que supere de fato e de vez a concepção do espaço escolar infantil como uma questão simplesmente de "segurança" ou de "guarda". As EMEIs – Escolas Municipais de Educação Infantil – serão incentivadas a construir, na sua atuação, um projeto educacional que valorize a infância, capacitando-a para a escolarização regular, e que, ao mesmo tempo, traduza as necessidades dos pais que trabalham e precisam ali deixar seus filhos o dia todo.

A qualidade dessa escola deverá ser medida, por isso, não apenas pela quantidade de conteúdos transmitidos e

MEUS DIZERES E FAZERES EM TORNO DE PAULO FREIRE | 267

assimilados, mas igualmente pela solidariedade de classes que tiver construído, pela possibilidade que todos os usuários da escola – incluindo pais e comunidade – tiverem de utilizá-la como um espaço para a elaboração de sua cultura.

Não devemos chamar o povo à escola para receber instruções, postulados, receitas, ameaças, repreensões e punições, mas para participar coletivamente da construção de um saber, que vai além do saber de pura experiência feita, que leve em conta as suas necessidades e o torne instrumento de luta, possibilitando-lhe transformar-se em sujeito de sua própria história. A participação popular na criação da cultura e da educação rompe com a tradição popular na criação da cultura e da educação e rompe com a tradição de que só a elite é competente e sabe quais são as necessidades e interesses de toda a sociedade.

A escola deve ser também um centro irradiador da cultura popular, à disposição da comunidade, não para consumi-la, mas para recriá-la. A escola é também um espaço de organização política das classes populares. A escola como um espaço de ensino-aprendizagem será então um centro de debates de ideias, soluções, reflexões, onde a organização popular vai sistematizando sua própria experiência. O filho do trabalhador deve encontrar nessa escola os meios de autoemancipação intelectual independentemente dos valores da classe dominante.

A escola não é só um espaço físico. É um clima de trabalho, uma postura, um modo de ser.

A marca que queremos imprimir coletivamente às escolas privilegiará a associação da educação formal com a educação não formal. A escola não é o único espaço da prática pedagógica. A sala de aula também não poderá ser o único espaço dessa prática. Ela também não poderá ser o único espaço da veiculação do conhecimento. Procuraremos identificar outros espaços que possam propiciar a interação de práticas pedagógicas de modo a possibilitar a interação de experiências. Consideramos também práticas educativas as diversas formas de articulação de grupos, núcleos, unidades escolares, associações e entidades que visem a contribuir para a formação do sujeito popular enquanto indivíduos críticos e conscientes de suas possibilidades de atuação no contexto social.

Nessa dimensão os educadores são chamados a apresentar suas propostas e a discutir as diferentes formas de viabilizá-las e a identificar o papel da administração nesse processo, de forma a garantir um esforço integrado para viabilizar a mudança.

As medidas concretas surgiram gradativamente. De nada adiantaria um plano de governo elaborado apenas em gabinete, excluindo a presença ativa e deliberativa dos que o executam.

Todos os meios de comunicação, inclusive televisivos, audiovisuais e a informática – importantes meios de educação moderna – devem ser incentivados. O aproveitamento construtivo desses meios utilizados criticamente associa-se à ideia de uma democratização do próprio ensino, tornando-o mais ativo. Proporemos a publicação periódica de informativo que garanta a circulação das diversas propostas pedagógicas e facilite a relação entre as escolas.

A educação é um processo permanente que demanda continuidade e planejamento a longo prazo. Superar o imediatismo, a desinformação e a descontinuidade administrativa que caracterizam a educação de hoje é um grande desafio para uma administração popular. Não se trata de dar uma direção única e burocrática à educação. Trata-se de criar um sistema municipal de educação pública articulado com a sociedade, capaz de superar a atual pulverização.

O atendimento *integral* como direito do aluno deve ser facilitado pela integração com outras secretarias:

- com a *Secretaria de Higiene e Saúde* visando a revisão da forma e ação conjunta no atendimento à população escolarizável;
- com a *Secretaria da Cultura* visando a projetos conjuntos para resgatar a dimensão cultural da educação;
- com a *Secretaria de Bem-Estar Social* visando a integração das diferentes formas de escolarização de jovens e adultos e o atendimento da educação infantil de 0 a 4 anos;
- com a *Secretaria de Abastecimento* para a alimentação e o suprimento das escolas;
- com a *Secretaria de Esportes* permitindo atividades conjuntas;
- com a *Secretaria das Administrações Regionais* para manutenção das escolas;
- com a *Secretaria de Transportes* para programas de educação para o trânsito;
- com a *Secretaria de Negócios Jurídicos* para promover as ações competentes nos casos de violação das liberdades individuais e da cidadania que venham a ocorrer no âmbito da escola;
- com a *Guarda Civil Metropolitana* para garantir a segurança nas escolas e reduzir o nível de violência.

Uma *escola pública popular* não é apenas aquela à qual todos têm acesso, mas aquela de cuja construção todos podem participar, aquela que atende realmente aos interesses populares que são os interesses da maioria; é, portanto, uma escola com uma nova qualidade baseada no compromisso, numa postura solidária, formando a consciência social e democrática. Nela, todos os agentes, e não só os professores, possuem papel ativo, dinâmico, experimentando novas formas de aprender, de participar, de ensinar, de trabalhar, de brincar e de festejar.

Reafirmamos que essa nova qualidade não será medida apenas pelos palmos de conhecimento socializado, mas pela solidariedade humana que tiver construído e pela consciência social e democrática que tiver formado, pelo repúdio que tiver manifestado aos preconceitos de toda ordem e às práticas discriminatórias correspondentes.

A escola pública só será popular quando for assumida como projeto educativo pelo próprio povo através de sua efetiva participação. A transformação radical da escola que temos supõe essa participação organizada na definição de prioridades. O primeiro passo é conquistar a *velha escola* e convertê-la num centro de pesquisa, reflexão pedagógica e experimentação de *novas alternativas* de um ponto de vista popular.

Nossas propostas são viáveis desde já. Queremos construir progressivamente uma escola pública democrática, popular, autônoma, oniforme (não uniforme), competente, séria e alegre ao mesmo tempo, animada por um novo espírito. Queremos construir escolas para onde as crianças e os jovens, os professores, todos, gostem de ir e sintam que são suas. Não as abandonem.

Paulo Freire

Um dos maiores sonhos de Paulo era reunir em congresso os(as) alfabetizandos(as) para ouvir deles(as) as suas palavras. Para possibilitar que discutissem sua educação como sujeitos da história e não como simples objetos da incidência dos que determinam as políticas públicas. Paulo gostaria de realizar um evento com a totalidade dos(as) alfabetizandos(as) e por um período de três dias. Entretanto, não havia nem local que comportasse todas essas pessoas nem verba suficiente para evento de tal envergadura. Contudo, o I Congresso de Alfabetizandos realizou-se, com alegria e êxito, em 16 de dezembro de 1990.

Quando Paulo fala da voz dos(as) alfabetizandos(as) nesse encontro organizado por ele e sua equipe da Secretaria Municipal de Educação de São Paulo, refere-se não só a um fato ocorrido pela primeira vez na história da educação – uma assembleia na qual educandos-educadores se reuniram e discutiram o processo de aprender-ensinar, em que estavam engajados epistemológica e politicamente –, mas fala também dos discursos de própria voz emitidos pelos(as) alfabetizandos(as).

Quero enfatizar que o I Congresso de Alfabetizandos foi o único, até o momento desta entrevista, realizado na história da educação do Brasil e do mundo. Foi organizado pelo Movimento de Alfabetização de Jovens e Adultos (MOVA) e pelo Programa de Educação de Adultos da Diretoria de Orientação Técnica (EDA-DOT) em colaboração com o Fórum dos Movimentos Populares de Alfabetização da Cidade de São Paulo, integrado por 57 entidades. Com o evento se pretendia, sobretudo, estreitar os vínculos entre os(as) alfabetizandos(as) como cidadãos(ãs), aprofundar os debates em torno do analfabetismo e alfabetizandos(as) e apresentar as atividades dos(as) alfabetizandos(as) do MOVA e do EDA.

O MOVA é muito mais do que um Movimento de Alfabetização de Jovens e Adultos. Paulo o concebeu e o desenvolveu como uma educação popular de alfabetização e pós-alfabetização político-ideológica-epistemológica, quando ia se tornar secretário de Educação da Rede Municipal de São Paulo, segundo concepções sugeridas pelo educador popular e amigo Pedro Pontual.

Assim, acreditando no(a) outro(a) e abrindo-se às participações dos grupos populares organizados que se responsabilizariam e assinariam, em nome das comunidades, como seus representantes e responsáveis, firmou um acordo com a SME-SP. Esta ficaria responsável pela formação pedagógica dos(as) monitores(as) e de pagar-lhes um pró-labore em valor equivalente ao salário de uma professora; pela orientação pedagógica do projeto e pela avaliação do processo de alfabetização. O MOVA tinha também como condição que a iniciativa das salas de alfabetização partisse da própria comunidade cujos indivíduos sentissem a necessidade e quisessem ler e escrever a palavra. A comunidade apresentava o(a) "professor(a)", o(a) monitor(a), o homem ou a mulher de confiança, o ou a líder do grupamento; enfim, a pessoa que tivesse acesso às ansiedades, necessidades, sonhos e preocupações dos(as) alfabetizandos(as). O MOVA inaugurou, assim, sem dúvida alguma, um novo tipo de educação popular, de educação de adultos, no qual dialeticamente se envolviam alunos/comunidade/ poder estatal organizado.

O MOVA-SP tornou-se um modelo de educação popular e de alfabetização de adultos para muitas das secretarias de educação de governos progressistas, que até hoje proliferam em todo o nosso território. Considero, como especialista na história da educação brasileira, que até hoje esta é a forma histórica mais bem acabada, mais completa possível de alfabetização de adultos. Após conhecer os resultados dos esforços de seu primeiro ano frente à SME-SP, Paulo escreveu este documento publicado no *Diário Oficial do Município*, de 13 de março de 1990:

Compartilhando um avanço

Foi com alegria que recebi os resultados de promoção/ repetência dos alunos do 1º Grau da Rede de Ensino Municipal, relativos a 1989. Quero dividir esta satisfação com todos vocês, através da divulgação destes resultados.

Em 1989, obtivemos o mais alto percentual de aprovação verificado nos últimos dez anos: 79,46%. Ou, inversamente, a mais baixa incidência de retenção no conjunto do 1º Grau em nossa rede (20,54%), no período de 1980–1989. [...] Apesar deste progresso na rede, apresentando declínio de retenção na 1ª e 5ª séries, nas quais tradicionalmente a expulsão dos

MEUS DIZERES E FAZERES EM TORNO DE PAULO FREIRE | 273

alunos é mais acentuada como decorrência dessa reprovação, ainda continuamos com dificuldades. No ano passado, na 1ª e 5ª séries a incidência de reprovação foi, respectivamente, de 26,93% e 29,43%. Contudo, são estes os menores percentuais apresentados em uma década. Um outro modo de avaliar o significado desses resultados é pensar, por exemplo, no que teria acontecido se, em 1989, houvéssemos repetido o percentual de retenção no 1º Grau verificado em 1988. Neste caso, no ano passado, cerca de 8.100 alunos a mais do que ocorreu de fato teriam sido atingidos pela reprovação.

Estudos mais detalhados estão sendo desenvolvidos em relação a esses resultados, focalizados agora segundo as diferentes áreas da cidade, componentes curriculares etc.

Quero felicitar os educadores dessa rede pelo esforço não poupado, e desejar que no próximo ano o trabalho acumulado permita anunciar resultados bastante mais animadores para todos nós, avançando na construção de uma escola democrática com uma nova qualidade.

Fraternalmente,

Paulo Freire.[17]

Paulo orgulhava-se do fato de, em sua gestão, diferentemente da prática usual após a abertura política, não ter havido nem sequer um dia de greve por parte dos(as) professores(as) e funcionários(as) da rede municipal de ensino. Apenas um dia "de alerta de greve", nos 29 meses em que foi secretário. Preocupava-se com todos os aspectos que envolviam os(as) educadores(as) da rede, desde os pedagógicos e políticos até os salários pagos.

A seguir está transcrito um sucinto relatório das "Principais realizações da Política Pedagógica – 1989-1991":

---

17 *Diário Oficial do Município*, 13 de março de 1990, p. 37.

1. REORIENTAÇÃO CURRICULAR: "Mudar a cara da escola através dos princípios de autonomia, descentralização e participação, na direção de uma educação pública popular e democrática. De boa qualidade."

- Projetos próprios das escolas: apoio a cerca de 200 projetos (alteração do ensino noturno, introdução de artes, professores polivalentes...).
- Ação pedagógica da escola pela via da interdisciplinaridade, através do tema gerador (recriando a proposta de Paulo Freire no sistema escolar), projeto iniciado com 10 escolas, por adesão. Hoje trabalham 112 escolas de 1º Grau neste projeto e para o próximo ano já se prevê o dobro de escolas aderindo a essa proposta.
- Introdução da informática na educação: concepção e desenvolvimento do projeto Gênese da Informática – trabalha com o sistema. Logo, integrado à ação pedagógica da escola. Hoje 31 escolas estão nesse projeto. Em cada escola há 15 computadores e uma impressora de textos. Estão em funcionamento três subnúcleos regionais e um central, para a formação de professores. Em 1992, a instalação dos computadores atingirá 50 escolas, atendendo a 30.000 alunos e contando com 1.500 professores formados.
- Orientação sexual – projeto opcional para as escolas, que já formou cerca de 300 professores que continuam com atendimento permanente, atuando parte deles hoje em 35 escolas de 1º Grau, tendo já atingido 5.000 alunos.

2. FORMAÇÃO PERMANENTE: trabalho desenvolvido desde 1989, que entende a formação dos educadores como ação sistemática, com base na ação-reflexão-ação. São incluídos no

MEUS DIZERES E FAZERES EM TORNO DE PAULO FREIRE | 275

programa de formação, também, cursos de curta duração, conferências, intercâmbios para troca de experiências etc.

Os grupos de formação iniciaram-se com professores de 1ª série e de educação infantil, bem como os coordenadores pedagógicos. A inscrição nos grupos de formação não é obrigatória. Hoje temos a seguinte situação: 70% dos diretores frequentando os grupos; 95% dos coordenadores pedagógicos das escolas e 30% dos professores estão em grupos de formação, como apoio àqueles que devem ser ampliados nas escolas. Hoje temos 500 grupos de formação em funcionamento. Mais de 35% dos professores têm outras modalidades de formação.

OUTRAS AÇÕES DE FORMAÇÃO: formação para professores de 5ª série: todas as escolas estão envolvidas; formação em direitos humanos – 500 educadores já participaram desse trabalho que também se integra à ação interdisciplinar da escola. Encontros de vigias, merendeiras e grupos de formação de pais têm se desenvolvido de forma crescente, porém lentamente.

1. CONVÊNIOS COM UNIVERSIDADES: os trabalhos de reorientação curricular e formação permanente contam com assessoria mensal de 50 professores universitários da USP, UNICAMP e PUC-SP.

EVENTOS IMPORTANTES:
- I Congresso de Alfabetizandos – reuniu 2.000 alfabetizandos do MOVA e do EDA.
- I Congresso Municipal de Educação – reuniu 7.000 professores, pais, alunos, diretores, coordenadores e funcionários; mais de 300 trabalhos foram apresentados pelas escolas.

- I Encontro de Pais da Rede Municipal de Ensino (dez. 1991) – reunirá 400 pais que são representantes dos Conselhos de Escola e grupos de formação.
- Criação dos Conselhos de Representantes dos Conselhos de Escola (CRECES) em cada uma das dez regiões da cidade.
- Conclusão do Estatuto do Magistério Municipal.
- Elaboração e discussão do Novo Regimento das escolas Municipais.
- Criação de projeto de lei de um Conselho Municipal de Educação (novo).

2. ALGUMAS CONQUISTAS:
- Menor índice de reprovação em toda uma década (18,69%); média em todas as séries do 1º Grau.
- Menor índice de expulsão escolar em toda a década (5,34%); neste ano estimamos em 3,5%.
- As salas de leitura foram equipadas com 673.000 livros novos.
- Todas as escolas de 1º Grau têm televisão e vídeo. A secretaria tem hoje mais de 500 aparelhos de vídeo, câmeras nos NAEs, aparelhos de som, slides em todas as EMEIs e uma ilha de edição de vídeos.
- Foram concluídas 26 novas escolas (hoje são 680 que dão atendimento a 734.000 alunos).
- O MOVA atende hoje [ilegível] (previu-se a ampliação no próximo ano para 2.000 núcleos).
- O sistema de reforma das escolas segue, hoje, fluxo regular com reparos necessários em 20% da rede.

Consta ainda outro relatório, também sem data, "Principais Ações da Secretaria Municipal de São Paulo", como segue:

1. Envolvimento da comunidade escolar na organização do Plano Geral de Ação do Plano Orçamentário da Secretaria Municipal de Educação.
2. Comissão de Reorientação Curricular estuda e elabora propostas, neste momento, para discussão com a rede municipal.
3. Programa de Formação Permanente do pessoal do ensino que abrange professores, coordenadores pedagógicos, supervisores, funcionários. Este programa se estenderá aos 4 anos de administração.
4. Salário dos professores, mínimo por 20 aulas, mais 2 horas de atividades, NCz$701,00, contra os NCz$450,00 do Estado. Este mês o reajuste foi dado como abono. A partir de setembro entrará em vigor o plano de incorporação. Será discutido um plano de reposição das perdas salariais dos profissionais de educação e de todo o funcionalismo. Para a implementação deste plano será necessária aprovação, pela Câmara, do projeto de reforma tributária apresentado pelo PT.
5. Retomada de construção de 8 escolas paralisadas na administração anterior, reforma de 39 escolas cujas obras estavam paralisadas. Conclusão de reforma de 12 escolas.
6. Atendimento de 157 escolas: equipamentos, serviços de limpeza de fossa, eletricidade, hidráulica etc.
7. Fortalecimento dos grêmios estudantis e conselhos de escola.
8. Projeto "MOVA" – Movimento de Alfabetização e Pós-Alfabetização para a Cidade de São Paulo.

Neste projeto estarão engajados movimentos populares, igreja, universidade, partidos políticos etc. A partir de 1990 serão criados 2.000 núcleos do "MOVA" que atingirão cerca de 60.000 alunos por ano.

278 | Ana Maria Araújo Freire

9. Integração intersecretarias para articulação dos diversos serviços públicos e melhor atendimento à população.

Assim, o trabalho de Paulo foi profícuo, "mudando a cara da escola", como costumava dizer. Reformou as escolas, entregando-as às comunidades locais dotadas de todas as condições para o pleno exercício das atividades pedagógicas. Reformulou o currículo escolar para adequá-lo também às crianças das classes populares e procurou capacitar melhor o professorado em regime de formação permanente. Não se esqueceu de incluir o pessoal instrumental da escola como agente educativo, formando-o para desempenhar adequadamente tal tarefa. Foram vigias, merendeiras(os), faxineiros(as), secretárias(os) que, ao lado de diretores(as), orientadores(as), professores(as), estudantes e pais e mães de alunos(as), fizeram do ato de educar um ato de conhecimento, elaborado em cooperação a partir das necessidades socialmente sentidas.

Durante a sua gestão, Paulo inaugurou 31 escolas municipais paulistanas entre as construídas, em maior número do que as reformadas na sua gestão, todas dentro dos critérios de adequabilidade pedagógica e segurança pessoal para a comunidade. Todas foram entregues às populações locais, sem ter colocado nas placas comemorativas das inaugurações – em nenhuma delas, enfatizo – o seu nome como secretário de Educação de São Paulo.

Depois de ter delineado e implantado a política popular de "Mudar a cara da Escola", Paulo pediu a Erundina, em maio de 1990, para "voltar para casa": estava ávido por escrever e para ficar mais tempo comigo. Dizia querer lutar em "outra esquina" da vida por uma sociedade brasileira verdadeiramente democrática.

No final deste mesmo ano de 1990, Paulo dizia abertamente entre seus auxiliares que desejava voltar a escrever, que sua cabeça e coração pulsavam no sentido de comunicar sua nova práxis educativa. A notícia se espalhou pela rede municipal de ensino, e muitos pediam: "Fique, professor Paulo Freire."

Na verdade, ele não deixou os(as) educadores(as), nem abandonou a prefeita, mas de fato os assistiu até o último dia do governo democrático, mesmo quando fora da SME-SP.

Sem ter se arrependido de ter aceitado o convite, sobretudo por ter realmente mudado a "cara da escola", por tê-la tornado verdadeiramente popular ao ter dado as diretrizes e as táticas para fazê-la mais democrática, Paulo pediu a sua demissão a Erundina depois de 29 meses de atuação ousada, prudente e marcadamente inovadora.

Na manhã do dia 27 de maio de 1991, Paulo leu a carta de despedida que tinha escrito para aquele momento, que é, na realidade, o registro de sua gestão, a análise do que acrescentou a seu saber educacional, que se alongou no aperfeiçoamento de sua práxis.

Aos Educadores e Educadoras, Funcionários e Funcionárias, Alunos e Alunas, Pais e Mães,

Quando assumi a Secretaria Municipal de Educação de São Paulo, minha equipe e eu encontramos as escolas da cidade em estado de abandono.

Abandono resultante de várias ações, de vários governos, de todas as esferas de poder.

O descaso com que foi tratada a educação gerou desesperança, ceticismo, tristeza e dúvida entre todos aqueles que viveram o cotidiano da escola.

E foi com essa realidade que nos defrontamos. Nossa ação se orientou pelo compromisso de construir "uma escola bonita, voltada para a formação social crítica e para uma sociedade democrática, escola essa que deve ser um espaço de educação popular e não apenas o lugar de transmissão de alguns conhecimentos, cuja valorização se dá à revelia dos interesses populares; uma escola cuja boniteza se manifeste na possibilidade da formação do sujeito social".

Esse compromisso guiou a fixação de nossas quatro diretrizes: *direito de acesso à escola, gestão democrática, qualidade de ensino e alfabetização de jovens e adultos* (grifos meus).

Essas diretrizes implicaram várias mudanças estruturais na secretaria e, de nossa parte, um investimento sistemático e permanente no sentido de implantá-las simultaneamente, uma vez que cada uma delas é essencial e dependem intrinsecamente uma das outras para gerar verdadeiramente um processo de transformação na escola.

Digo a vocês que o compromisso com essa política nos trouxe tristezas também. Os obstáculos a superar não foram pequenos nem desprezíveis. Eles são, no fundo, o resultado de uma experiência histórica marcada por orientações e práticas de privatização do poder público, que desprezaram os procedimentos éticos e democráticos como condição da construção de um estado garantidor dos direitos sociais básicos.

Mas as alegrias também foram e são muitas. Muitas porque sabemos que estamos transformando o presente e criando também as bases para que, no futuro, a educação pública popular, democrática e de qualidade continue a se desenvolver e ser defendida por um número cada vez maior de educadores, pais, alunos, funcionários e demais segmentos da sociedade.

Não tenho dúvidas de que caminhamos muitos nessa direção.

As escolas que estavam em estado absolutamente precário foram reformadas, e quase todas devolvidas às comunidades.

As escolas foram e estão sendo reequipadas e hoje já contam com recursos para a realização de pequenos reparos.

Meus dizeres e fazeres em torno de Paulo Freire | 281

Esse procedimento diz respeito à valorização da autonomia da escola, que tem sido incentivada a elaborar projetos pedagógicos próprios e a discutir as diretrizes da secretaria e sua implantação local e regional junto com os conselhos de escola e com os conselhos de representantes dos conselhos de escola (CRECES). Os conselhos de escola, os grêmios estudantis e os CRECES são hoje uma realidade cada vez mais concreta, resultado não apenas de uma diretiva legal, mas de uma ação institucional permanente que aposta na construção da relação dialógica não apenas no espaço da sala de aula.

Essa participação que é parte da construção da cidadania é e poderá ser condição da interferência cada vez mais profunda dos segmentos da escola e dos movimentos sociais nas definições das ações educacionais no plano da escola, das regiões e das cidades.

Nosso desejo é que essa interferência se aprofunde e permaneça como conquista social, independente do governo que esteja à frente da cidade.

Também a política pedagógica, seja em nível da educação infantil, do ensino fundamental ou da educação de adultos, caminha nesta direção: recuperar a experiência profissional dos educadores e a experiência sociocultural da comunidade escolar de modo a construir o trabalho educacional a partir da reflexão teórico-prática de forma sistemática e permanente. Acompanha essa perspectiva a elaboração do projeto de Estatuto do Magistério, que objetiva a valorização profissional dos educadores nesse momento em discussão com o conjunto dos sindicatos.

Não pretendo com estas observações realizar propriamente um balanço, mas resgatar as linhas mestras de um trabalho que está sendo realizado com todos vocês e cujos resultados têm demonstrado a importância da construção de um projeto, e não de sua imposição aos demais.

Hoje me afasto da secretaria como secretário, não como educador, seguro de que essa orientação político-pedagógica prosseguirá, não só porque minha equipe continua, mas porque a perspectiva, as diretrizes e as ações foram construídas em conjunto nos colegiados de gestão dessa secretaria e são, portanto, uma aquisição que expressa a vontade coletiva.

Como educador, vou continuar cumprindo o papel que escolhi, o de ler, escrever e produzir na área da educação, comprometido com aqueles que estão fora da escola ou que, dentro dela, continuam a ser discriminados por ações pedagógicas que prescindem da experiência social e cultural das crianças, dos jovens e dos adultos.

Reafirmo meu compromisso político com meu partido, com esse governo, com Luiza Erundina e minha disposição de continuar a trabalhar, agora de outra maneira, para que a administração democrático-popular de São Paulo signifique cada vez mais uma experiência para a mudança do comportamento ético-político deste país e o posto mais avançado de luta por uma sociedade justa e democrática.

Um grande abraço a todos.

Paulo Freire

Assim, com uma linda festa no Teatro Municipal de São Paulo, na noite de 27 de maio de 1991, Paulo recebeu muitas homenagens e despediu-se de seu cargo de secretário. Sua saída foi oficializada pela prefeita, que o "exonerou a pedido" através da Portaria nº 180, desse mesmo dia de 27 de maio de 1991, publicada no Diário Oficial do Município de 28 de maio de 1991. Sucedeu-lhe o professor Mário Sérgio Cortella, que, com sua marca pessoal, continuou o trabalho político-pedagógico de Paulo: a democratização da gestão, a política

MEUS DIZERES E FAZERES EM TORNO DE PAULO FREIRE | 283

de educação de jovens e adultos e a democratização de acesso e uma nova qualidade do ensino.

A experiência de Paulo na SMED/SP o fez escrever livros voltados para a educação escolar, porque ele escrevia sempre sobre o que o ocupava e preocupava no momento da escrita. Sua gestão como secretário o inspirou a dar uma contribuição mais específica à política escolar, à educação escolar e, dessa demanda, publicou os seguintes livros: *A educação na cidade*, em 1991, substituído por *Direitos humanos e educação libertadora*, em 2020; *política e educação*, em 1993; *Professora, sim; tia, não*, em 1993, e o *Pedagogia da autonomia*, em 1996.

ITS e LA: Após o relato reflexivo dessas experiências, restam-nos ainda mais duas "curiosidades": como sua condição de pesquisadora da obra de Paulo Freire, biógrafa, e tendo sido sua esposa, aquela que acompanhou seus processos de produção no momento, talvez, de maior maturidade teórica e, quando revisita a *Pedagogia do oprimido*, produzindo a *Pedagogia da esperança* e, posteriormente a *Pedagogia da autonomia*, poderia caracterizar a perspectiva freireana de gestão da educação? Podemos falar de reafirmação de convicções e conceitos já presentes na obra de Paulo Freire ou de formulações novas e conceitos novos na experiência de sua gestão na SMED/SP?

NF: Sim, Paulo reafirmou convicções e conceitos formulados por ele em sua teoria do conhecimento na sua gestão na SMED/SP. Entretanto, a criatividade de Paulo e sua práxis – sempre enfrentando novos desafios, por ele mesmo determinados – tiveram uma relação harmônica, equilibrada entre a permanência e a mudança.

Ele nunca, é claro, abandonou por completo as suas convicções. Às vezes negou parte delas ou acrescentou outras. Por exemplo, não podemos nos esquecer de que, diante das críticas feitas a ele como idealista e sua própria autoavaliação neste mesmo sentido, Paulo deixou de lado, por alguns anos, o conceito de *conscientização*, desenvolvido por ele, mas criado pelo ISEB (Instituto Superior de Estudos Brasileiros). Ele não dizia os "meus erros", mas os "meus resvalamentos". Voltou a usar *conscientização*, depois de anos de reflexões, como instrumento da pedagogia, em suas últimas obras. Em nossa última viagem a Nova York, em março de 1997, ele comprou considerável número de obras de autores diversos para refletir sobre mudanças a introduzir ou reintroduzir velhos conceitos que estavam em quarentena, como a *conscientização, a modernidade, o liberalismo e o neoliberalismo*.

A inquietação pela busca do novo que mobilizava Paulo para a procura, para o inédito é a causadora de criações contidas no seu método de alfabetização; do Serviço de Extensão Cultural da Universidade do Recife com uma estação radiofônica a seu dispor; do programa de alfabetização a serviço da politização com a intenção de mudanças radicais no equilíbrio das forças no poder etc.

Mencionemos também a criação de Paulo no âmbito da semântica brasileira ao dar novo significado às palavras de uso corrente da nossa linguagem cotidiana: *boniteza* como sinônimo de ética, de estética e de política, além de beleza; *denúncia-anúncio*, que dialeticamente se relacionam significando coisas e fatos que nos maculam, que, conhecidas, geram a possibilidade de superação; *molhado* quando um pensamento está influenciado, impregnado de outras ideias consistentemente, e *encharcado* quando é muito grande a interferência de novas ideias, quase no limite de mudar, de alterar a ideia original. *O menino popular*, termo que os sociólogos diziam: "Isso não existe!" E Paulo retrucava: "Pode não existir nos livros de sociologia, mas existe aqui na rua, existe nas escolas periféricas..."

Considero que a fase dos escritos de Paulo a partir de meu casamento com ele, em 1988, corresponde a certa mudança de leitura de mundo, devido aos seus sofrimentos no período de seu regresso, à morte de Elza; sua adaptação ao seu novo contexto de origem, São Paulo e não mais o Recife, que, embora sendo cidades do mesmo país, guardavam diferenças reais na interpretação da realidade. E também sua adaptação à minha idade e ao meu comportamento menos formal, trazendo novos costumes e novas leituras de mundo.

Portanto, a feitura da *Pedagogia da esperança*, mas, sobretudo, da *Pedagogia da autonomia*, traz um frescor de novos tempos, de uma imensa vontade de viver dele, da mudança em seu corpo, das emoções e dos sentimentos que caracterizaram a construção de uma nova perspectiva que ele tinha a respeito da gestão da educação.

16.

"A proposta de educação de Paulo é uma proposta emancipadora e, por isso mesmo, eminentemente política", afirma Nita Freire

Cristiano Goldschmidt[1] com a participação de Liana Borges[2]

Aos 87 anos, Ana Maria Araújo Freire, também conhecida como Nita Freire, dedica-se, incansavelmente, à preservação e à divulgação da memória e da produção intelectual do marido, o educador brasileiro Paulo Freire, que, em 19 de setembro de 2021, completaria 100 anos. Também educadora, historiadora e pesquisadora, Nita é responsável pela organização de muitas obras dedicadas a Freire, seja reunindo textos e anotações inéditas dele, seja escrevendo artigos, coordenando ou contribuindo com novas publicações que se propõem a pensar e refletir sobre a pedagogia freireana.

No ano do centenário do nascimento de Paulo – comemorado também por ser um dos intelectuais mais lidos, estudados e citados no mundo, na academia ou fora dela –, Nita tem intensificado a sua atuação, por iniciativa própria ou por demandas que chegam até

---

1 Jornalista e pedagogo, doutorando e mestre em Artes Cênicas na UFRGS, instituição onde também cursou especialização em Pedagogia da Arte. Como professor e pesquisador, desenvolve pesquisas sobre teatro e educação. Na imprensa, contribui com pautas sobre artes, cultura, educação e política.
2 Filósofa formada pela Pontifícia Universidade Católica do Rio Grande do Sul (1984), mestre em Educação pela Pontifícia Universidade Católica do Rio Grande do Sul (2001) e doutora em Educação pela mesma instituição (2009).

ela. São conferências, palestras, debates e homenagens de todos os tipos que vêm acontecendo e nas quais ela toma parte para falar sobre a contemporaneidade do pensamento do Patrono da Educação Brasileira. Dado o contexto da pandemia da covid-19, esses encontros acontecem de forma remota e virtual, sempre com grandes públicos assistindo às transmissões ao vivo e *online*, o que amplia o alcance das discussões.

Na entrevista a seguir, realizada com exclusividade na plataforma Google Meet – acompanhada pela professora e doutora Liana Borges, filósofa e especialista na obra de Freire, que contribuiu com algumas intervenções), Nita, que além de esposa é sucessora legal de Paulo Freire, concordou em falar sem qualquer objeção ou restrição sobre ele e a relação de ambos. A precoce perda do pai de Paulo, os impactos e as dificuldades daí decorrentes, a juventude do educador em Pernambuco e o início de seus estudos, os primeiros passos na profissão, o longo período de exílio em vários países, o casamento dos dois, já viúvos, foram os temas iniciais abordados.

Homem de esquerda, um dos principais fundadores do Partido dos Trabalhadores (PT), Paulo Freire via na política e na educação duas possibilidades de transformar o mundo, duas possibilidades de acabar com a miséria e de libertar os oprimidos dos opressores. Assim, sua passagem pela Secretaria de Educação do Município de São Paulo, entre 1989 e 1991, na administração da amiga Luiza Erundina, também foi assunto dessa conversa. Segundo Nita, o protagonismo de Paulo Freire ainda precisa ser mais reconhecido por algumas lideranças da esquerda, principalmente petistas, e ela cita alguns nomes.

Ao refletir sobre o atual momento político do Brasil e do mundo a partir de uma perspectiva freireana, Nita traça um paralelo entre o período da ditadura civil-militar brasileira dos anos 1960–1980 com a crise ética que vivemos desde o golpe que destituiu a presidenta

Dilma Rousseff, em 2016. O episódio deu lugar a um dos piores momentos de nossa história contemporânea e culminou na eleição de Jair Bolsonaro, que, segundo Nita, é "um homem que tem como índole a crueldade, a morte e a tortura. Ele é um cara necrófilo. É um homem que mente descaradamente, que diz impropérios, sem a menor vergonha".

Mais que uma entrevista sobre Paulo Freire, o que o leitor está prestes a acompanhar é uma profunda reflexão sobre amor e dedicação. É também um mergulho nos erros e nos acertos de um país chamado Brasil, que muitas vezes insiste em sepultar e esquecer suas conquistas para de novo trilhar caminhos antidemocráticos que o levam a tempos de retrocesso e obscurantismo.

CRISTIANO GOLDSCHMIDT: Nita, em 2021 comemoramos o centenário de nascimento de Paulo Freire. Se você pudesse, que presente daria a ele?

ANA MARIA ARAÚJO FREIRE (NITA FREIRE): O meu presente pessoal para Paulo é a publicação de três livros pela Editora Paz & Terra. Estou lançando *A palavra boniteza na leitura de mundo de Paulo Freire*, com a contribuição de alguns amigos, todos e todas freireanos, pessoas que trabalharam com o Paulo, que eram do nosso rol de convívio e são do meu até hoje. É um livro muito bonito, muito interessante.

E vou publicar também o *Meus registros de educador*, porque Paulo anotava tudo o que ele fazia em fichas de cartão, assim como o professor mandava a gente fazer na escola ou na faculdade. E há coisas preciosas, as entrevistas que ele fez, ainda quando vivia no Chile. Tem fichas dos autores que ele lia e que iria citar depois, e, sobretudo, há as suas fichas de ideias. Quando ele tinha uma ideia, não deixava escapar, tomava nota nem que fosse num pedacinho de papel, botava no bolso, chegava em casa e fazia uma ficha daquilo. Um material precioso, e nós estamos caprichando, vão sair praticamente todas as fichas em fac-símile. É um livro que vai despertar muita curiosidade.

E tem ainda um terceiro livro, *Testamento da presença de Paulo Freire, o educador do Brasil*. Convidei pessoas muito importantes, será uma homenagem de grandes personagens deste século, que conheceram Paulo desde o século passado e têm noção de quem ele é. Tem inclusive o Lula. Eu pedi também ao papa Francisco – eu sou muito atrevida. Eu já consegui uma entrevista com ele, só para falar com ele. Ele não daria uma entrevista para uma pessoa que não se enquadrasse com suas ideias, e ele pediu para o cardeal que cuida de educação popular fazer, credenciando-o como seu representante, então vai ser uma coisa boa. É uma contribuição pequena, mas tem uma conotação importante. E tem o Celso Amorim, o José Geraldo de Sousa Junior, da Universidade de Brasília. E eu convidei os ministros de Educação. Só o Haddad não respondeu. Fizemos todos os esforços para que ele escrevesse alguma coisa, porque ele deu um depoimento, no mesmo dia que eu, no evento *online Freirear o PT para esperançar o Brasil*, realizado pela Fundação Perseu Abramo, em São Paulo. E ele fez um depoimento emocionante, belíssimo, sobre Paulo, dizendo o quanto se arrepende de não terem se aproximado.

Convidei o Chico Buarque. Ele ficou de fazer, mas, no final, me disse algo como: "Nita, eu não consigo mais escrever uma palavra. Estou sofrendo loucamente pela situação do Brasil. Eu acho que eu deveria escrever, mas não tenho condições." E dois ou três dias depois eu o vi dando uma entrevista para a filha de Zuzu Angel, a Hildegard Angel, e ele chora. Quando ele fala sobre o Brasil, quando ele fala do povo da favela do Brasil, ele começa a chorar. Ele está acometido de uma emoção muito forte, que está tomando todos os sentimentos dele. Eu fico com muita pena, mas ele não vai participar do livro. De toda forma, há outros cientistas políticos e professores. Vamos ver se

MEUS DIZERES E FAZERES EM TORNO DE PAULO FREIRE | 291

a gente ainda faz muitos outros livros. Tem que ser registrado o que Paulo fez e o que foi sua presença no mundo.

CG: Eu quero falar sobre o conceito de *boniteza* em Paulo Freire. Eu estive conversando com a Liana Borges sobre isso e queria que você falasse um pouco sobre esses conceitos que foram teorizados por Paulo ao longo da vida dele, muitas vezes usados no seu dia a dia. De que forma se dava a teorização desses conceitos?

NF: Você sabe que eu tinha vontade de escrever um livro exatamente com essas palavras às quais Paulo foi dando um novo sentido, aprofundando. Mas depois eu disse não, eu vou falar só sobre *boniteza*, justificando essa leitura de mundo a partir dessa palavra. Quando comecei a namorar com Paulo, ele telefonava para minha casa e dizia assim: "Como é que vai a minha boniteza?" Ele começou a me chamar de "minha boniteza" ou "minha menina", porque eu era muito jovial. E assim foi indo, até que um dia ele também começou a escrever "para minha boniteza", e passou da linguagem oral para a linguagem escrita.

Quando uma professora do programa de pós-graduação da PUC-SP, no qual ele estava locado, resolveu escrever um livro sobre a disciplina na escola e convidou os professores para conceder entrevista a ela, Paulo falou pela primeira vez de boniteza como sinônimo de ética e de estética. A partir daquele momento, ele consagrou que essa palavra *boniteza* era muito mais do que dizer "olha, eu acho você bonita". Era de uma profundidade muito maior.

E eu selecionei todas as frases de livros dele que faziam referência a essa palavra, desde essa publicação na PUC-SP até os últimos livros que eu editei depois da morte dele. Assim fui vendo que boniteza sempre aparece como sinônimo de ética, de estética e de política. Ele diz da boniteza da política, da boniteza do ato político. É uma coisa muito bonita. E eu acho que o livro ficou bonito, se justificou. E partiu de uma experiência pessoal minha.

CG: Eu quero falar mais sobre a forma como vocês se conheceram, desde a sua mais tenra idade. Essa forma tão bonita desse encontro de vocês. Você conheceu Paulo em 1937, com pouco mais de três anos de idade. Ele era um jovem promissor que ingressara como bolsista no Colégio Oswaldo Cruz, lá em Recife, que é um colégio que pertencia ao seu pai, onde Paulo estudou e onde, posteriormente, lecionou. Em 1943, tem uma passagem muito bonita na biografia, que é quando Paulo foi acometido pela tuberculose, e que você já ali começou a sentir, além de uma preocupação, um afeto muito especial por ele. Eu gostaria que você falasse um pouco mais sobre isso.

NF: Eu acho que Paulo exerceu uma fascinação sobre as pessoas, e ainda mais quando ele estava mais maduro. Mas eu sentia isso por Paulo quando era pequena. Eu era menina e sentia Paulo como um ser diferenciado, a forma como ele falava, como ele tocava. Ele sempre gostava de tocar no ombro, ele tocava assim com afeto na cabeça. Tudo isso dava um enlevo, eu tinha uma fascinação muito grande por Paulo e ele por mim também, foi uma coisa muito recíproca. Então, se você me pergunta se isso foi um namoro, um princípio de namoro, não, não foi, porque eu ainda era muito menina quando Paulo se casou pela primeira vez.

CG: Entendo que isso tenha a ver mesmo com a amorosidade dele pelo ser humano.

NF: É que eu, numa família de nove filhos, às vezes me sentia muito solta no mundo. A minha mãe nunca foi uma mulher muito carinhosa, de tomar o filho, de abraçar, então pessoas que tinham formas de

MEUS DIZERES E FAZERES EM TORNO DE PAULO FREIRE | 293

carinho comigo tinham um lugar muito próprio na minha vida. O Paulo Raposo era um primo de minha mãe que ia sempre lá nos visitar, e eu adorava quando ele ia. Tinha Paulo Freire que ia sempre também, desde que ele saiu do colégio, depois de ter sido meu professor no curso ginasial.

O primeiro emprego de Paulo [Freire] na vida foi meu pai que deu, porque ele, querendo retribuir a bolsa de estudos que ganhara, chegou e disse: "Dr. Aluízio, não fica bem eu só receber, a gente recebe, mas a gente tem que dar. Eu gostaria de lhe ajudar. Eu posso até lavar o calçadão, eu posso limpar as salas de aula, eu posso ir ao correio." Aí meu pai disse: "Não, não, você vai ajudar a Genove" – que era minha mãe – "na disciplina do colégio." Aí Paulo ficou quieto, era muito tímido, ele disse que não podia dizer para ele: "Não, Dr. Aluízio, eu prefiro lavar o chão a ser inspetor de alunos." Não era inspetor de alunos, mas ele ajudava muito com eles, porque conversava com eles, e ele já tinha talento para isso. Conversava, arrumava as coisas, passava com os alunos para um novo nível de relacionamento entre eles. Isso foi muito importante.

Quando o professor de língua portuguesa do colégio se tornou procurador-geral do estado de Pernambuco, no Rio de Janeiro, que era a capital do Brasil, ele disse para meu pai: "Olha, Dr. Aluízio, não procure outra pessoa, bote Paulo. É realmente uma pessoa muito especial." E ele já era mesmo, porque quando, nessa mesma época, minha mãe foi para Garanhuns descansar, ela escreveu para o meu pai uma carta que está na biografia, em que ela diz: "Você pode pedir a Paulo Freire para tomar conta do colégio por uns dias, aí você vem aqui também e descansa." Quer dizer, você veja, Paulo era um cara de 19, 20 anos, mas com uma maturidade enorme. Uma seriedade importante, muito latente, muito profunda. Então foi assim, Paulo se tornou uma figura muito querida no âmbito de minha família. Meus pais gostavam muito de Paulo.

CG: A presença dos pais, sobretudo da mãe, foi algo muito importante na vida e na formação do caráter de Paulo. O pai faleceu em 1934, quando ele tinha 13 anos. Para além das dificuldades posteriores enfrentadas com essa perda, Paulo comentava das marcas dessa ausência paterna que o acompanharam para o resto da vida?

NF: Acho que isso deu para Paulo uma concretude da responsabilidade pela família dele. Porque Paulo, por tudo o que a gente sabe que ele é e que foi, tinha uma responsabilidade muito grande sobre a mãe dele. Veja o seguinte: ela ficou viúva com 42 anos, com quatro filhos. O mais velho, o Armando, conseguiu um emprego e ficou trabalhando, acho que na prefeitura. Depois a irmã dele, que fazia o curso normal, arranjou uma escola para dar aula. Depois o Temístocles, que tinha o mesmo nome do pai e que era o irmão mais próximo e mais amigo de Paulo. Os dois foram realmente muito amigos. Paulo me disse que sofreu muito com a morte do pai. No livro *Cartas a Cristina* tem um capítulo em que Paulo fala na morte do pai e que eu acho que é um dos trechos mais bonitos que ele escreveu na vida.

CG: As dificuldades financeiras também levaram a família a se mudar para Jaboatão, num período marcado por muito sofrimento.

NF: Eu vou mandar para vocês a cópia de uma fotografia onde Paulo está com dois grandes amigos de infância e um rapaz que tomava conta da casa. Atrás, aparece a casa com pintura em azul e colunas brancas, que é onde Paulo morou em Jaboatão. Então, morando em Jaboatão, o que era o alento de Paulo quando sentia a falta do pai? Ele tomava conta da mãe dele. A mãe ia ao mercado, naquele tempo tinha a cadernetinha, ela ia lá, comprava um quilo de arroz, um quilo de feijão. E ele dizia que era uma coisa muito sofrida para ele, quando o vendeiro dizia assim: "Não, a senhora não me pagou a conta do mês passado, está me devendo, então eu não posso lhe vender." Ela saía acabrunhada e Paulo também, muito acabrunhado. Isso tudo deu a ele um sofrimento muito grande. Paulo me dizia: "Nita, eu nunca me arrependi do que fiz, nunca, nunca. Acho que sempre fiz as coisas com intenção positiva, com a intenção de ser o melhor possível. Mas uma coisa que às vezes eu ainda repenso é por que nós, filhos, proibimos nossa mãe de casar uma segunda vez, nós não tínhamos esse direito. Naquele tempo, eu não entendia que ela tinha esse direito, porque a sociedade dizia que mulher que enviuvou devia ficar sozinha, e era isso que a gente pretendeu para ela. Só que a gente decidiu por ela. Foi a única vez na vida que eu decidi por outra pessoa."

CG: Em algum momento Paulo chegou a decidir por você?

NF: Digo-lhe que eu fui casada com Paulo e ele nunca decidiu por mim, nunca decidiu pelos filhos nem por ninguém. Mas ele tinha um pouco de prurido, vou dizer assim, de não ter ficado a favor da mãe nesse momento. Porque apareceu um pretendente, mas a coisa não pôde progredir. Então, tudo isso foram formas de muito sofrimento para Paulo durante os anos.

CG: A mãe de Paulo buscou outras instituições até conseguir uma bolsa para que ele pudesse estudar no colégio de seu pai, em Recife. Acredito que essa oportunidade tenha sido um divisor de águas na vida dele, apontando para o que ele viria a se tornar no futuro.

NF: Quando ele foi estudar no colégio de meu pai, que era um dos melhores colégios do Nordeste todo, ele passou a conviver com gente de toda natureza, toda espécie. Os grandes milionários de Pernambuco estudavam lá. Para aqueles que estavam em situação econômica bastante grave, como Paulo, meu pai também dava bolsa. Tinha palestinos, tinha judeus, porque ainda não existia escola judaica lá, tinha protestantes e católicos. Era uma escola onde se congraçavam pessoas muito diferentes, de origens muito diferentes, e era uma escola que tinha classes de coeducação, quer dizer, meninos e meninas juntos. Isso também era muito raro no Nordeste. No Brasil todo, naquela época, nos anos 1940, quando Paulo entrou lá.

E falando ainda sobre as dificuldades e os sofrimentos, Paulo aprendeu a sofrer, mas ele dizia assim, e eu acho que essa era uma das maiores qualidades dele: "Eu não tenho pena de mim mesmo. Eu nunca tive pena de mim mesmo. Eu não me lamurio. Eu não fico dizendo que sofri isso, sofri aquilo. Eu tomava isso pra mim, punha dentro de mim. E o meu corpo, com a minha inteligência, com a minha sensibilidade, procurava a superação dessas situações." Então, foi assim que ele fez. Com 20 anos, já era um homem independente que praticamente sustentava a família, e ele se casou com 23 anos.

CG: Quero falar do período em que ele ficou exilado, e foram praticamente 16 anos. Da Bolívia para o Chile, de lá aos Estados Unidos, e depois ele se fixou com a família na Suíça, de onde veio a correr o mundo como um dos mais respeitados educadores, sendo requisitado por prestigiadas instituições. Desse período há algo que ele lamentava não ter conseguido fazer, fora o fato de não ter podido retornar ao seu país durante esse tempo?

NF: Você sabe que o amor que Paulo tinha pela mãe era uma coisa extraordinária. Enquanto estava exilado, ele foi absolvido pelo Tribunal Militar. Pediu um *habeas corpus* para entrar no Brasil. E disse: "Vou esperar para ir no fim do ano, porque eu passo o Natal com a minha velhinha", a mãe dele. Acontece que aí veio o AI-5, e ele não pôde viajar para o Brasil. E Paulo não viu mais a mãe. Ela era uma senhora do século anterior, de fins do outro século, então era muito difícil que ela fosse viajar. Se fosse hoje, teria algum parente que iria com ela, por mais difícil que fosse. Paulo, no tempo que morava na Suíça – o Conselho Mundial de Igrejas pagava muito bem a todos os que trabalhavam lá –, poderia ter pago as passagens dela, mas ela não quis, e não foi. E, quando ela morreu, o regime militar não deixou que ele viesse ao enterro dela. Tudo isso foi fonte de muito sofrimento para Paulo.

LIANA BORGES: Eu só queria fazer uma relação do que a Nita disse, sobre essa fortaleza e sobre essa resistência, ao mesmo tempo amorosa, na relação de Paulo Freire com os pais. E como isso o foi construindo como ser humano, como um adulto que também levou ao exílio esse mesmo processo de resistência e de amorosidade. Porque sempre que a gente escuta notícias sobre o exílio, e até pelas leituras das tuas obras, Nita, fica claro que Paulo Freire não se tornou um homem rancoroso e raivoso em relação ao Brasil, nem magoado e triste. Então essa experiência, que foi uma experiência dramática na infância, com a perda do pai e as dificuldades que daí advieram, de certa forma ajudou Paulo a trazer essa amorosidade, apesar de o exílio também ter sido difícil. Digo isso porque me preocupa quando a gente ouve algumas pessoas falarem do exílio do Paulo. A sensação que me dá é de que algumas pessoas querem dizer: "Ah, ele foi passear, ele foi logo ali." Mas ele foi para o exílio porque não teve alternativa de permanecer neste país.

NF: Algumas pessoas que ficaram e foram presas e torturadas se achavam de uma categoria superior à de Paulo, que foi para o exílio. Foi como se dissessem: "Ele abandonou e depois volta?" Sabe, eu ouvi gente dizendo isto: "Paulo foi para o exílio e aproveitou do bom e do melhor." Paulo ficou trabalhando como louco. Ele sempre esteve trabalhando. Ele dizia: "É a minha vocação e meu dever escrever sobre as coisas que eu entendo do mundo, na intenção de poder ajudar as pessoas do mundo e, sobretudo, os meus concidadãos." Então, Paulo teve uma consciência muito forte disso, de trabalhar para melhorar a situação das pessoas no mundo. Paulo não ficou, em nenhum tempo da vida dele, flanando, como se diz. Eu me casei com Paulo, depois fomos à Europa, e ele não conhecia nada. Na Espanha, Paulo não tinha ido a uma casa de tablado. Paulo nunca tinha gozado do exílio como turista. Tanto que uma vez nós fomos para a Europa, retornamos ao Brasil e, 14 dias depois, nós voltamos. Eu disse: "Paulo, vamos ficar por aqui, a gente arranja uma viagem." E ele disse: "Eu não posso ficar, porque eu não tenho dinheiro para ficar esse tempo todo aqui." Vocês imaginem, um homem como Paulo, quando vejo qualquer pessoa que eu conheço cobrar 30 mil, 40 mil, 50 mil dólares para fazer uma conferência, e Paulo diz: "Não, não temos dinheiro para ficar aqui 14 dias pagando, a nossas custas, as despesas na Europa." Nós voltamos ao Brasil e, 14 dias depois, fomos outra vez, para cumprir outro compromisso. Então, a vida de Paulo foi boa, ela foi agradável, porque era um dom dele transformar as coisas difíceis em menos difíceis.

Uma vez eu entrevistei Plínio de Arruda Sampaio e perguntei: "Plínio, Paulo chegou muito triste lá no Chile, estava amargurado?" Ele disse: "Que nada, Nita. Ele chegou lá aberto a uma nova vida." Paulo dizia assim: "Estou num contexto de empréstimo. Meu contexto de origem ficou no Brasil, esse é meu, eu não vou perder nunca, mas vou me adaptar. Vou trabalhar para esse contexto de empréstimo que está me dando as condições de vida e de trabalho com alegria." E assim foi. Paulo chegou à Bolívia e, logo depois, teve outro golpe americano lá e ele teve que sair. Ficou 40 dias, arranjou um novo salvo-conduto e foi para o Chile, onde ficou quatro anos e meio. Bem adaptado, ele adorava o Chile.

Eu sempre viajei com o Paulo, mas, na vez em que ele foi ao Chile, eu não pude acompanhá-lo. Ele me disse: "Nita, vamos?!" Mas eu dizia:

"Eu não posso ir." Eu até fui depois, mas não com ele. E Paulo às vezes tinha umas coisas de menino que eram formidáveis. Ele chegou e disse assim, igual como um irmãozinho faz com a irmã: "Bem-feito para você! Porque o pessoal estava assim, cheio de presentes para te dar, mas não deram nenhum para eu trazer!" [Risos] Ele tinha essas coisas de menino, que nunca perdeu, que são formidáveis. E eu: "Bom, meu marido, se eu soubesse…"

CG: Ainda falando do exílio, Nita, o que diferencia o contexto da ditadura militar brasileira das décadas de 1960 e 1970 deste período que nós estamos vivendo hoje no Brasil? Qual a sua análise do período atual?

NF: Acho que a tortura, a morte, o sequestro, os desaparecimentos daquela época foram uma coisa muito atroz, muito cruel. Hoje pelo menos ainda não chegamos a fatos tão dolorosos, tão inumanos e tão desesperadores. Se a gente não conseguir tirar esse homem [Jair Bolsonaro] do poder, necessariamente vai acontecer, porque ele tem como índole a crueldade, a morte, a tortura. Ele é um cara necrófilo, como dizia Paulo, ele não ama a vida, ele ama a morte, a crueldade, a tortura, o desrespeito. Então, tudo isso traz danos para todo mundo, para toda a sociedade. E hoje o cara está arrasando com tudo. Ele está esvaziando o poder da coisa pública e do funcionalismo público. E isso é uma coisa lamentável, o presidente está acabando com isso. É um homem que mente descaradamente, que diz impropérios, sem a menor vergonha.

CG: Ainda sobre a ditadura civil-militar brasileira, tem uma passagem da biografia na qual você afirma: "Não só Paulo, mas também parte significativa da sociedade brasileira de então, artistas, intelectuais, pesquisadores, professores, uma série de profissionais e de pessoas vinculadas às mais diversas áreas progressistas, estava inclinada a não se acomodar, mas em romper com as tradições arcaicas, discriminatórias, elitistas e interditadoras secularmente vigentes na história do Brasil." Você acredita, considerando a história recente do país, a partir do golpe que foi dado na presidenta Dilma Rousseff, que essas tradições todas, de discriminação, de preconceito e de racismo, saíram vitoriosas?

NF: Sim. E eu acho que é explícito que dentro do que aconteceu contra a Dilma está a questão do feminino. Possivelmente, se o presidente fosse um homem, não teriam feito o *impeachment* dele. Eu acho que há uma conotação machista muito forte. Os homens que tomaram o poder, o Michel Temer, são todos homens com uma postura muito machista. Como se dissessem: "Eu sou e eu mando. Eu tenho a caneta, eu faço o que eu quero." Esses mandatários que vieram depois do golpe de Dilma mostram que o país sofreu um retrocesso, voltamos para um Brasil "casa-grande e senzala".

CG: Ou seja, inicia-se também um retrocesso com o desmonte das políticas públicas de apoio e de proteção aos trabalhadores e aos mais pobres.

NF: Foram marcadas muito mais aferradamente as diferenças de níveis sociais. O pobre foi se tornando muito mais pobre e o rico muito mais rico. A gente vê, agora na pandemia, que os dez por cento mais ricos do Brasil aumentaram sua fortuna três vezes, outros dizem dez vezes, enquanto a maioria dos que eram de baixa classe social se afundou em um contexto de falta de moradia, de falta de comida, de falta de escola, de tudo. É uma coisa terrível.

LB: Essa reflexão que o Cristiano trouxe a partir de um trecho da biografia, e a sua análise, que é uma análise sintética, mas muito profunda sobre o tempo presente do nosso país, da tragédia na qual nos encontramos, tudo isso me remete muito às reflexões que estamos fazendo, nós, os movimentos populares, as universidades, os sindicatos, educadores e educadoras, a academia, disso que a gente está vendo mundo afora, e colocando essas questões a partir da atualidade do pensamento de Paulo Freire. Esses dias, eu não lembro quem, alguém disse algo muito interessante, eu acho que foi o próprio Carlos Rodrigues Brandão: "Claro que vocês não vão encontrar, em nenhum livro do Paulo Freire, ele falando sobre a pandemia, porque ele viveu num outro tempo histórico. Mas ele fala do autoritarismo, ele fala da democracia, ele fala do neoliberalismo, ele fala dos poderosos, ele fala da opressão e do oprimido."

NF: Vejam o seguinte, Paulo me dizia: "Nita, a gente precisa ter sempre nem que seja mil dólares, porque um dia a gente vai ter que sair rapidamente do Brasil. Porque quando ele saiu a primeira vez ele tinha 50 dólares no bolso, porque um colega de colégio, um milionário, dono de usina de açúcar na Paraíba, foi visitá-lo na embaixada da Bolívia e deu 50 dólares para ele. Então, ele partiu para o exílio com 50 dólares. Paulo tinha essa característica muito realista. Ele dizia: "Nita, viajei grande parte do mundo e nunca vi, nunca presenciei, nunca percebi, nem constatei uma classe dominante mais cruel do que a nossa. A classe dominante no Brasil explora o cara até a última e pouco se importa com as condições de vida, de miséria em que vivem os seus trabalhadores. Ela é muito exploradora."

CG: Paulo lutou a vida toda para mostrar ao oprimido que ele podia sair dessa condição de opressão. Ao analisar as transformações das classes trabalhadoras da América Latina, em especial do Brasil, no contexto contemporâneo, o que mudou e o que permanece dessas relações opressoras daquela época?

NF: Eu acho que hoje existe um operariado mais bem-informado e mais consciente. A própria organização operária, a própria organização dos sindicatos, deu essa possibilidade de termos operários conscientes. Lula mesmo, a partir da teoria de Paulo, foi um que incentivou esse tipo de conscientização. Lula deve muito mais a Paulo. Eu falei isso uma vez a Frei Betto, e ele me disse: "Nita, não diz isso porque eles não vão acreditar em você." Eu já disse e vou continuar dizendo: Lula deve muito mais a Paulo do que a Marx. Porque foi Paulo que deu as possibilidades de a gente do povo crescer e se tornar sujeito da história. Participante como sujeito da história.

Então, claro que com Lula houve, sim, um desenvolvimento muito grande, mas não foi total. Não chegou nem à metade do operariado. O trabalhador da zona rural continuou com uma condição de atraso. Nas usinas de açúcar ou noutros latifúndios quaisquer do Brasil, é algo recente a gente ver máquinas trabalhando, porque antes era o trabalho da enxada, de se meter dentro do canavial, tornando o seu corpo vulnerável a todos os perigos e dificuldades, muitos tendo o seu corpo violado. E ainda tem muitos desses trabalhadores nessas condições, embora tenha diminuído. Nós ainda vemos trabalho escravo no Brasil. Então, isso significa que não foi uma população generalizada de trabalhadores que se libertou, mas que apenas alguns setores mais dinâmicos da economia que conseguiram ultrapassar a barreira do escravismo.

CG: Você fala da contribuição de Paulo Freire para essa tomada de consciência da população brasileira, que, de certa forma, ajudou para que a ala mais progressista de nossos políticos pudesse, posteriormente, "ocupar o poder", com a chegada de Lula à Presidência da República. Paulo foi um dos fundadores do PT, ao lado de Lula, Olívio Dutra, Aloizio Mercadante e outros tantos. Paulo também foi secretário de Educação no governo da Luiza Erundina, na cidade de

São Paulo. Em sua opinião, houve ou há um efetivo reconhecimento dessa contribuição de Paulo Freire por parte das grandes lideranças do PT?

NF: Eu acho que o reconhecimento de Lula está aquém, talvez por um temperamento de achar que ele é capaz de fazer as coisas sozinho. Embora no dia em que ele foi eleito, no hotel aqui na Avenida Paulista, em São Paulo, ele fez um discurso e agradeceu às pessoas que facilitaram a ele estar naquele lugar, naquele momento, e então ele cita o nome de Paulo, entre outros. Mercadante eu acho que tem Paulo realmente em grande consideração. Eu acho que, de todos, que eu me lembre agora, e às vezes é ruim, porque a gente pode fazer uma injustiça, mas acho que Mercadante é quem tem um juízo de valor mais alto para Paulo, ele tem Paulo como o homem que foi capaz de iluminar os atos, de iluminar a orientação que o PT tomou durante os seus anos de existência.

LB: Nita, eu sei que você participou do lançamento, porque eu assisti à *live*, desse novo momento do PT que se chama *Freirear o PT para esperançar o Brasil*, e tem a ver com isso que o Cristiano está perguntando. A gente está vivendo no PT hoje, especialmente a partir do Pedro Pontual, da Mundinha [Raimunda de Oliveira Silva], da nossa deputada do Rio Grande do Sul, a Maria do Rosário, todo um movimento de recuperação do legado de Paulo Freire, no sentido de recolocar a militância e as lideranças partidárias de volta ao diálogo com a população. Porque a gente entende que é só com essa construção da consciência crítica, com a problematização da situação em que as pessoas estão imersas, que a gente vai conseguir pelo menos iniciar o processo de mudança. Então, eu acho que, se a gente viveu no passado um período de, digamos assim, não sei se de esquecimento de Paulo Freire, agora, neste momento, também o PT reconhece a atualidade do seu pensamento e a necessidade de freirear o PT para esperançar o Brasil.

NF: Tenho acompanhado. Nessa *live* que você menciona, em que eu tomei parte, por exemplo, o Fernando Haddad fez um discurso belíssimo, maravilhoso. E eu briguei tanto, porque eu escrevia para ele e ele não respondia. Eu sei que ele está assoberbado de coisas, mas quando ele diz coisas muito bonitas sobre Paulo num evento público, seria importante também um depoimento dele para o livro *Testamento de Paulo*. Nesse evento, Haddad disse: "Eu me arrependo de não ter me aproximado de Paulo Freire." Então, Paulo Freire hoje é um cara mais popular, no bom sentido, mais conhecido no mundo todo do que no momento de sua morte, nos anos 1990. Porque eu acho que naquele período houve uma descrença muito grande nas utopias.

CG: Esse aspecto me chama a atenção na sua fala, Nita. E isso me remete a uma crítica que existe, na biografia, sobre o papel de parte da imprensa brasileira, principalmente da imprensa paulista, que não poupava críticas ao trabalho do Paulo. De modo geral, isso aconteceu praticamente toda a vida dele, mas especialmente no período em que ele foi secretário de Educação da cidade de São Paulo. Como você caracteriza o papel, a influência e a contribuição da imprensa brasileira na vida política e social do país, também a partir da perspectiva educacional?

NF: Infelizmente, a mídia brasileira é dirigida por uns poucos donos, que tomaram os meios de comunicação como se fossem seus, embora a concessão pública para TV e rádio sejam dadas pelo poder público. Não é ético o que se faz na mídia brasileira. Eu tomo Fulano de Tal como meu ídolo e para ele dou todos os louros. Os outros, a quem elejo como inimigos, eu enxovalho, eu jogo fora, eu menosprezo, eu digo horrores. Paulo escreveu um livro tão bonito, o *Extensão ou comunicação?*, no qual ele diz que a comunicação verdadeira é um direito humano. E, no Brasil, não temos uma comunicação verdadeira. A gente vê e ouve coisas em televisão ou lê coisas em periódicos, em jornais, que nos deixam boquiabertos, que não correspondem à verdade. Então, precisamos de uma reformulação para dar força a um estado democrático de direito. A mídia no Brasil é impossível. Ela tem os seus interesses privados que são absolutamente comerciais – e muitas vezes imorais –, sem compromissos com a verdadeira informação e com a educação. Ela veicula informações que sabe que fazem mal, propaga mentiras, mas as publica como verdades.

CG: O Paulo propunha a educação como prática de liberdade das pessoas. Passados 25 anos de sua morte, o Brasil ainda é um país onde muitos e muitas não têm acesso à educação básica de qualidade e ao posterior ingresso no ensino superior. Políticas de acessibilidade ao ensino superior foram implementadas nos governos de Lula e Dilma, mas passaram a ser sucateadas com a entrada de Michel Temer na Presidência, e esse desmonte se intensificou no governo de Jair Bolsonaro. A que podemos atribuir essa constante não priorização da educação? Era possível ter feito mais do que os governos Lula e Dilma realizaram?

NF: Lula e Dilma poderiam ter feito muito mais. Quando Lula tomou posse, eu fiquei em Brasília, adiei minha viagem por um dia para falar com o Cristóvão Buarque e lhe disse: "Olha, leva a Liana para tomar conta da Educação de Jovens e Adultos (EJA), do Mova no Brasil." Nem Lula teve a clareza de que ele devia ter ido por outros caminhos, nem mesmo a Dilma. O que Paulo fez em São Paulo foi no sentido de ir rompendo todas as adversidades, mas em favor das classes populares. Uma educação que fosse voltada para os meninos e meninas populares. E, quando Paulo falou isso, a imprensa caiu em cima: "Meninos populares? Não existe essa categoria em sociologia." E a resposta de Paulo foi: "Pode não ter nos livros de sociologia, mas, aqui no dia a dia, tem os meninos e meninas populares, os que não têm tido as chances de ir a uma escola, de comer, de ter lanches. De ter todas essas coisas que uma criança abastada tem."

LB: Eu só queria acrescentar, Nita, que na gestão do Gilberto Carvalho, no governo da Dilma, nós fizemos uma publicação que se chamou Marco de Referência da Educação Popular para as Políticas Públicas, e a Dilma ia transformar esse marco num decreto orientador, tendo a educação popular como base, mas aí veio o golpe. Então, eu queria fazer jus à gestão da Dilma. Claro, há que se considerar que estavam lá, por trás disso, o Gilberto Carvalho, o Miguel Rossetto, o Pedro Pontual. No período da Dilma, a gente teve uma melhor acolhida enquanto educação popular.

CG: Nita, em que medida a educação é um ato político e emancipador?

NF: Veja o seguinte, a proposta de educação de Paulo é uma proposta emancipadora e, por isso mesmo, eminentemente política. A educação é um ato político, mas, quando afirmamos isso, muitas vezes as pessoas não entendem. Quando se fala em educação política, não se está dizendo "vamos educar os meninos dentro do PT", mas é assim que as pessoas acham que é. É assim que foi entendido pelos que não sabem "inteligir" e por aqueles que, maldosamente, massacram as coisas boas no nosso país. São os que não aceitam que a gente se engrandeça e que a gente se emancipe como um país soberano, como um país que é dono de si mesmo. E foi por isso, por essa falta de compreensão, aliada a pessoas de má intenção, que surgiu essa história de educação sem partido, de "escola sem partido".

MEUS DIZERES E FAZERES EM TORNO DE PAULO FREIRE | 307

CG: Você traz a questão do projeto Escola Sem Partido. Em 2016, se eu não me engano foi em 2016, editaram de forma muito vil a biografia de Paulo Freire na Wikipédia. Nesses últimos anos, vemos ataques constantes a ele, das mais diversas formas, querendo cancelar homenagens e retirar suas honrarias. Como você lida com essas atitudes de pessoas que sequer leram ou sequer entendem a proposta educacional de Paulo Freire?

NF: Às vezes eu falo duro com pessoas que interpretam de forma tão deformada a proposta de Paulo. Mas é muito difícil, porque é uma questão de ideologia que está entranhada nessa classe dominante que não quer nada para as camadas populares. Eles querem acabar com a educação. A educação para eles tem que ser neutra, e não existe educação neutra; como é que pode existir uma educação neutra? Quando eu ensino alguma coisa, estou ensinando a favor de quem? Quando faço uma proposta política para a escola, por que a estou fazendo? A favor de quem eu estou fazendo? Isso é muito difícil de as pessoas quererem entender.

Sobre esse caso da Wikipédia,[3] eu escrevi uma carta para o Michel Temer – não sei se você tomou conhecimento –, dizendo que haviam deformado a biografia de Paulo na Wikipédia e pedia providências dele no sentido de que isso não se repetisse. Ele não respondeu, mas pediu a três ou quatro ministérios que me respondessem. Uma das filhas dele, que trabalhava no governo de Haddad, aqui em São Paulo, me telefonou e disse que o pai pedia desculpas e estava tomando as providências. E então ele fez isso. Mas um deles me disse assim: "A senhora sabe que na Wikipédia cada um pode escrever o que acha, não é? Ele tira uma coisa elogiosa e bota outra que é caluniosa." E

---

3 Leandro Mellto. "Artigo na Wikipédia sobre Paulo Freire é alterado em rede do governo." *Agência Brasil*, Portal EBC, 29 jun. 2016. Disponível em: <www.agenciabrasil.ebc.com.br/educacao/noticia/2016-06/artigo-na-wikipedia-sobre-paulo-freire-e-alterado-em-rede-do-governo>.

aí eu respondi: "Mas não de computadores do Estado. Pode fazer na sua casa, mas não de computadores do Estado." Então era uma coisa muito séria. Quer dizer, o Estado está dizendo isso? Temer certamente não sabia nem faria isso. Mas ele levou a sério e tomou as providências necessárias.

O governo também quis tirar o título de Patrono da Educação Brasileira conferido a Paulo. E nós nos reunimos, eu e Erundina, e começamos um movimento muito grande. Houve uma audiência pública, fui para Brasília, e lá, com deputados e senadores, veementemente negamos essa possibilidade. Findamos tendo um apoio da maioria, o número de pessoas que contestavam o nome de Paulo foi minoria, e ele continuou. Mais recentemente, novamente o presidente [Bolsonaro] chamou Paulo de "energúmeno"[4] e quis novamente tirar seu nome como patrono.[5] Mas com tanta sujeira que estão apontando sobre ele, acabou achando melhor cuidar do reino dele e dos quatro filhos e passou a se preocupar menos com Paulo.

CG: Paulo continua muito lido e discutido? Os livros continuam vendendo?

NF: Quando eu viajei com Paulo pelos Estados Unidos, as casas editoriais de lá diziam assim: "A gente publica um livro oito anos, no nono ano já não interessa muito, o livro já caducou." Aqui também acontece. Mas os livros do Paulo, com cinquenta anos, estão entre

---

4 Guilherme Mazui. "Bolsonaro chama Paulo Freire de 'energúmeno' e diz que TV Escola 'deseduca'."*G1*, 16 dez. 2019. Disponível em: <www.g1.globo.com/politica/ noticia/2019/12/16/bolsonaro-chama-paulo-freire-de-energumeno-e-diz-que-tv-escola-deseduca.ghtml>.

5 Karla Gamba e Renta Mariz. "Bolsonaro diz que vai mudar patrono da Educação brasileira, título conferido a Paulo Freire." *O Globo*, 29 abr. 2019. Disponível em: <www. oglobo.globo.com/brasil/bolsonaro-diz-que-vai-mudar-patrono-da-educacao-brasi-leira-titulo-conferido-paulo-freire-23630439>.

os livros mais lidos no mundo atualmente. Saíram estatísticas, em 2019, em Boston e em Londres, e eu até coloquei isso na segunda edição da biografia, que consagram Paulo como um dos autores mais lidos e citados nas universidades e nos países de língua inglesa. Nos Estados Unidos, no Reino Unido, na Austrália, na Nova Zelândia e outros tantos que falam a língua inglesa. Paulo Freire foi o único autor brasileiro que entrou na lista dos 100 homens mais lidos do mundo na atualidade. Paulo ficou em segundo lugar entre os mais citados na área de ciências sociais. E, atualmente, tem muita gente escrevendo sobre Paulo.

CG: Você ainda acredita na possibilidade de um Brasil como o sonhado e desejado por Paulo Freire?

NF: Tem momentos que acredito. E tem momentos que não. Bolsonaro está acabando com a democracia. O pessoal não tem coragem de enfrentar e nem tem uma posição ideológica firme, eles vão conforme a onda que lhes favoreça mais. Isso é nefasto para o país. Nefasto. Eu fico me perguntando muitas vezes: será que a gente pode ter um país como aquele que sonharam tantos e tantas que morreram desaparecidos, torturados, mortos das formas mais cruéis possíveis em nome de um Estado brasileiro honesto, sério, pautado pela justiça? Será que nós ainda vamos ter isso? A minha esperança se esvai. Mas Paulo dizia que a esperança é própria da existência humana, que não existe ser humano sem esperança. Até o ditado popular diz *a esperança é a última que morre*, quer dizer, ela morre com a morte da gente. Então, eu volto a ter esperança. E, hoje, eu penso muito num dos termos que Paulo criou, "esperançar". Porque esperança é um substantivo que não tem mobilidade, que não tem movimento, que não tem ação. E o esperançar é o verbo que implica ação com esperança. Esperança de mudar e mudar para melhor. Então, eu tenho muitos momentos de esperançar.

Agora com essa pandemia, a minha filha, que já é maior de idade, em vez de ficar sozinha lá e eu sozinha aqui, nesse quartel, fechada aqui dentro, ela veio morar comigo. Ela disse: "Mamãe, não tem mais jeito, quando a gente vai acreditando, vem uma coisa que nos desanima totalmente." Mas a gente tem que procurar sempre esperançar. Esperança com ação. Fico fazendo sempre, dizendo sempre, que a gente tem que esperançar, que a gente tem que agir de acordo com a esperança em busca de dias melhores para todos nós, de qualquer classe, de qualquer raça, religião, idade, procedência, não importa quais sejam as diferenças de um para outro, precisamos esperançar.

CG: Nita, há algo que ainda não tenha sido dito sobre Paulo Freire e que precisaria ser dito, ou algo que poderia ter sido dito e que você guarda para si?

NF: Não, eu não sou uma pessoa que guarde muitos segredos. Quer dizer, se uma pessoa me conta uma coisa e diz "olha, isso é segredo", eu não vou passar adiante. Mas eu digo assim das coisas que eu vejo, que eu experimento e que eu experienciei, eu não tenho reservas. Quando uma coisa não me agrada, eu digo. Quando uma coisa me agrada, eu digo também. Então, acho que não tenho nada que dizer que Paulo precisava. Até porque Paulo está sendo muito reconhecido nos dias de hoje. E eu me sinto, modestamente, um pouco responsável por isso. As pessoas têm me dito: "Nita, antes os adolescentes, os não universitários, não liam Paulo, e hoje eles estão lendo na escola secundária, estão procurando Paulo, e é muito pelo trabalho que você vem fazendo, difundindo, publicando livros, textos novos." É uma coisa incrível ver os livros de Paulo no Oriente, no mundo todo. Dia desses recebi uma notícia que dizia que a Arábia Saudita teria contratado duas ou três pessoas que estudaram a obra de Paulo para

MEUS DIZERES E FAZERES EM TORNO DE PAULO FREIRE | 311

levar esse conhecimento para lá. Eles vão fazer uma grande reforma da educação e querem ver se algo de Paulo se aproveita para eles. Se isso é verdade, é uma coisa fantástica, um país de um fechamento tão grande aceitar Paulo como um homem que pode contribuir para a sua sociedade.

CG: Agora sim uma última pergunta: se você pudesse encontrar o Paulo hoje, o que diria para ele?

NF: "Eu te amo, Paulo. Continuo te amando profundamente, profundamente." Paulo nunca deixou de ser o meu marido. Tem 25 anos que ele morreu e tem gente que me fala assim: "Mas, nossa, 25 anos e você ainda pensa nesse homem como seu marido?" Mas se a população do mundo inteiro não esqueceu Paulo, como é que eu, que gozei de todas as coisas que um homem pode dar a uma mulher, vou esquecer esse homem? Paulo é uma das pessoas que mais amei em toda a minha vida. Amo Paulo profundamente, admiro Paulo, eu o respeito. Respeito em tudo o que ele foi na nossa relação mais íntima, dentro de casa, como respeito Paulo na posição que ele teve frente ao mundo. Admiro Paulo profundamente. Tenho uma fascinação enorme por ele. E o amo, e digo a ele. Eu falo às vezes com ele pelos retratos que eu tenho na cômoda do meu quarto. Eu digo: vou te amar até o último momento de minha vida. Você sabe disso, Paulo, eu vou te amar até o último minuto da minha vida [visivelmente emocionada].

CG: Nita, muito, muito, muito obrigado! Eu não tenho palavras para agradecer a tua disponibilidade. Talvez esse tenha sido um dos momentos mais bonitos da minha vida. Agradeço profundamente tua amorosidade. Agradeço tua disponibilidade em falar de questões tão importantes e de assuntos que dizem respeito também à sua vida pessoal com Paulo.

NF: Eu fico muito lisonjeada, muito mesmo, de você dizer que foi um momento significativo na sua vida. E eu quero dizer que para a minha vida também foi. Das entrevistas todas que eu fiz até agora, essa foi a que soube me tocar mais, perguntar mais as coisas que eu acho importantes de serem ditas, de serem difundidas, porque a gente precisa amar mais uns aos outros. Muito obrigada.

LB: Deixa só eu dizer para a Nita que o mundo agradece a sua generosidade em dividir o amor que você tem por Paulo Freire. Por nos permitir amar junto. Neste momento, ele está sendo o homem mais amado do planeta.

NF: Lá na Paraíba eles estão organizando um livro, *Cartas a quem ousa esperançar*. O conjunto da obra ficou muito bonito, e tem uma carta de uma moça, mas é tanta paixão, tanto amor, que eu digo: "Ô, menina, se Paulo estivesse vivo eu ia até aí pra te dar uma surra, Paulo é meu, não é teu não!" [risos]. Então é isso, Paulo desperta esse amor profundo. E eu lastimo que poucas mulheres conheçam o amor que eu conheci. Eu lastimo. É preciso que deixe de ser *fast love*, gente, é *fast food*, *fast* isso, *fast* festa. Não pode ser *fast love*, tem que ser amor profundo, amor verdadeiro.

Publicações, eventos, conferências e discursos[1]

Livros

Analfabetismo no Brasil: da ideologia da interdição do corpo à ideologia nacionalista, ou de como deixar sem ler e escrever desde as Catarinas (Paraguaçu), Filipas, Madalenas, Anas, Genebras, Apolônias e Gracias até os Severinos. 1ª edição, Inep/Cortez, São Paulo: Cortez, 2001.

Centenário do nascimento: Aluízio Pessoa de Araújo. Olinda: Edições Novo Estilo, 1997.

Chronicles of love: my life with Paulo Freire. Tradução de Donaldo Macedo. Bristol: Peter Lang, 2001.

Nita e Paulo: crônicas de amor. São Paulo: Olho D'Água, 1998.

Nós dois. São Paulo: Paz & Terra, 2021.

Paulo Freire: uma história de vida. São Paulo: Paz & Terra, 2017 (Prêmio Jabuti, segundo lugar na categoria Biografia, 2007).

Pedagogia da tolerância. Coautoria Ana Maria Araújo Freire e Paulo Freire. Rio de Janeiro: Paz & Terra, 2022 (Prêmio Jabuti, segundo lugar na categoria Educação, Psicologia e Psicanálise, 2006).

Livros organizados

FREIRE, Paulo. *A pedagogia da libertação em Paulo Freire.* Organização de Ana Maria Araújo Freire. Rio de Janeiro: Paz & Terra, 2022.

---

1 A presente lista não é exaustiva e busca apenas presentear o leitor e a leitora com algumas das principais produções intelectuais de Ana Maria Araújo Freire.

_____.*À sombra desta mangueira*. Organização de Ana Maria Araújo Freire. Rio de Janeiro: Paz & Terra, 2022.

_____.*Daring to Dream: Toward a Pedagogy of the Unfinished*. Organização de Ana Maria Araújo Freire. Nova York: Routledge, 2016.

_____.*Direitos humanos e educação libertadora: gestão democrática da educação pública na cidade de São Paulo*. Coorganização de Ana Maria Araújo Freire e Erasto Fortes Mendonça. Rio de Janeiro: Paz & Terra, 2023.

_____.*Paulo Freire: semeador de utopias – os inéditos viáveis dos sonhos impossíveis*. Coorganização de Ana Maria Araújo Freire e Marília Pinheiro Machado Souza. Curitiba: PUCPress, 2022.

_____.*Pedagogia da indignação: cartas pedagógicas e outros escritos*. Organização de Ana Maria Araújo Freire. Rio de Janeiro: Paz & Terra, 2022.

_____.*Pedagogia da solidariedade*. Coorganização de Ana Maria Araújo Freire e Walter Ferreira de Oliveira. Rio de Janeiro: Paz & Terra, 2022.

_____.*Pedagogía de la tolerancia*. Organização de Ana Maria Araújo Freire. México: Fondo de Cultura Económico/Crefal, 2007

_____.*Pedagogia dos sonhos possíveis*. Organização de Ana Maria Araújo Freire. Rio de Janeiro: Paz & Terra, 2022.

_____.*The Paulo Freire Reader*. Coorganização de Ana Maria Araújo Freire e Donaldo Macedo. Nova York: Continuum, 1998.

_____.*A palavra boniteza na leitura de mundo de Paulo Freire*. Organização de Ana Maria Araújo Freire com a colaboração de Becky Milano. Rio de Janeiro: Paz & Terra, 2021. Livro comemorativo dos 100 anos de nascimento de Paulo Freire.

_____.*Testamento da presença de Paulo Freire, o educador do Brasil: documentos e testemunhos*. Organização de Ana Maria Araújo Freire. Rio de Janeiro: Paz & Terra, 2021. Livro comemorativo dos 100 anos de nascimento de Paulo Freire.

Capítulos em livros

"A beleza de dizer o sim através do não em Paulo Freire." In: SILVA, Walesson Gomes da; OLIVEIRA, Heli Sabino de (orgs.). *Educação decolonial e pedagogia freireana: desafios de uma educação emancipatória em um cenário político conservador.* Belo Horizonte: Sareré, 2021, pp. 31-35.

"A importância do livro e da leitura sob a ótica de Paulo Freire." In: *Plano do Distrito Federal do livro e da leitura: Brasília, capital da leitura.* RAPOSO, Mírian Barbosa Tavares et ali. (orgs.) Brasília: [s.n.], 2012, pp. 9-12.

"A pedagogia do oprimido de Paulo Freire." In: FREIRE, Ana Maria Araújo (org.). *A pedagogia da libertação em Paulo Freire.* São Paulo: Editora Unesp, 2001, pp. 25-31.

"A reinvenção de uma sociedade mais ética: o sonho possível de Paulo Freire." In: CALADO, Alder Júlio Ferreira (org.). *Conferências nos colóquios internacionais Paulo Freire.* Coleção Paulo Rosas. Vol. 10. Recife: Bagaço: Centro Paulo Freire de Estudos e Pesquisas, 2007.

"A voz da esposa: a trajetória de Paulo Freire." In: GADOTTI, Moacir. *Paulo Freire: uma biobibliografia.* São Paulo: Cortez, Instituto Paulo Freire, 1996, pp. 24-67.

"Acesso à Justiça e a pedagogia dos vulneráveis: o pensamento de Paulo Freire e sua relação com o Direito como prática para a libertação." In: SOUSA JUNIOR, José Geraldo de et ali. *O direito achado na rua: introdução crítica ao direito à comunicação e à informação.* Vol. 8. Brasília: FAC Livros, 2016.

"Afterword: Relating Paulo Freire's Life to His Understanding of Education, Culture, and Democracy." In: NIKOLAKAKI, Maria. *Critical Pedagogy in the New Dark Ages: Challenges and Possibilities.* Nova York: Peter Lang, 2012. Grécia: Editora Isideris, 2011 [a partir da edição original em grego].

"Algumas palavras ou considerações em torno da Conferência de Paulo Freire." In: FREIRE, Paulo; FREIRE, Ana Maria Araújo; OLIVEIRA, Walter Ferreira. *Pedagogia da solidariedade*. Indaiatuba: Villa das Letras, 2009.

"Apresentação." In: FREIRE, Ana Maria Araújo (org.). *A pedagogia da libertação em Paulo Freire*. São Paulo: Editora Unesp, 2000, pp. 13-14.

"Apresentação." In: FREIRE, Ana Maria Araújo (org.). *Pedagogia dos sonhos possíveis*. São Paulo: Editora Unesp, 2001, pp. 13-25.

"Apresentação." In: FREIRE, Paulo. *Pedagogia da indignação: cartas pedagógicas e outros escritos*. São Paulo: Editora Unesp, 2000, pp. 9-13.

"Apresentação." In: OLIVEIRA, Ivanilde Apoluceno de. *Leituras freireanas sobre educação*. São Paulo: Editora Unesp, 2003.

"Cátedra Paulo Freire: nossa tarefa de revivê-lo e recriá-lo." In: FREIRE, Ana Maria Araújo (org.). *A pedagogia da libertação em Paulo Freire*. São Paulo: Editora Unesp, 2001, pp. 25-31.

"Chapter Eleven: An Interview with Ana Maria (Nita) Araújo Freire." In: KIRYLO, James D. *Paulo Freire: the mam from Recife*. Nova York: Peter Lang, 2011.

Coleção Educação Popular e Movimentos Sociais. LUFT, Hedi Maria; FALKEMBACH, Elza Maria; CASAES, Juliana Borba. Ijuí: Editora Unijuí, 2012.

"Del corazón o elegia al amor de Paulo." In: HURTADO, Carlos Núñez (org.). *Ética y conocimiento en la transformación social*. México: ITESO, 2001, pp. 37-43.

"Die Rechte der Kinder von Heute: Perspektiven aus Lateinamerika." In: CARLE, Ursula; KAISER, Astrid (orgs.). *Rechte der kinder*. Baltmannsweiler: Schneider-Hohengehren, 1998.

Entrevista com Ana Maria Araújo Freire. In: OLIVA, Luiza. *Encontros com educadores: 50 entrevistas publicadas pela revista direcional educador*. São Paulo: Grupo Nacional, 2010.

Entrevistas diversas. *Paulo Freire: o menino que lia o mundo*, Carlos Brandão, participação e direção, São Paulo: editora UNESP, 2005.

MEUS DIZERES E FAZERES EM TORNO DE PAULO FREIRE | 317

"Foreword." In: *Memories of Paulo*. WILSON, Tom; PARK, Peter; COLÓN-MUÑIZ, Anaida. Transgressions: Cultural Studies and Education. Holanda: Sense Publishers, 2011.

"Hacia un nuevo paradigma educativo" [transcrição da participação na Mesa I]. In: HURTADO, Carlos Núñes (org.). *Diálogos Freire-Morin*. México: Crefal, 2007.

"Indignação", "Inédito viável" e "Recife". In: STRECK, Danilo R. et ali. *Dicionário Paulo Freire*. Belo Horizonte: Autêntica Editora, 2010.

"Introduction." In: FREIRE, Paulo. *Daring to Dream: Toward a Pedagogy of the Unfinished*. Nova York: Routledge, 2016.

"Literacy in Brazil: The Contribution of Paulo Freire." In: FIGUEIREDO-COWEN, Maria; GASTALDO, Denise (orgs.). *Paulo Freire at the Institute*. Londres: Institute of Education, University of London, 1995, pp. 25-37.

"Paulo Freire." In: COIMBRA, Cecília Maria Bouças; BULCÃO, Irene; AQUINO, Rubim Santos Leão de (orgs.). *20 anos da Medalha Chico Mendes de Resistência: memórias e lutas*. Rio de Janeiro: Albaquar, 2009, p. 84.

"Paulo Freire entendeu que homens e mulheres podem mudar o mundo." In: COELHO, Germano. *MCP: história do Movimento de Cultura Popular*. Recife: Cepe, 2012.

"Paulo Freire: esperança que liberta." In: STRECK, Danilo R. (org.) *Paulo Freire: ética, utopia e educação*. Petrópolis: Vozes, 1999, pp. 145-150.

"Paulo Freire: seu tocar, seu olhar e seu escutar." In: LIMA, Maria Nayde dos Santos; ROSAS, Argentina (orgs.). *Paulo Freire: quando as ideias e os afetos se cruzam*. Recife: Editora UFPE, 2001, pp. 235-242 [Publicado originalmente em: *Convergence – International Council for Adult Education*, volume XXXI, Toronto, Ontário, 1998].

"Peter McLaren: Ceative Dissent." Coautoria de Alípio Casali. Tradução de Fernanda Fernandes. In: PRUYN, Marc.; HUERTA-CHARLES,

318 | ANA MARIA ARAÚJO FREIRE

Luis M. *Teaching Peter McLaren Paths of Dissent*. Nova York: Peter Lang, 2005.

"Reflexions from a Third Age Marriage: A Pedagogy of Reason, Hope and Passion" [entrevista com Ana Maria Araújo Freire]. In: BORG, Carmel; MAYO, Peter. *Public Intellectuals, Radical Democracy and Social Movements: a Book of Interviews*. Nova York; Washington, DC; Baltimore; Bern; Frankfurt am Main; Berlim; Brussel; Viena; Oxford: Peter Lang, 2007.

"Utopia e democracia: os inéditos-viáveis na educação cidadã." In: AZEVEDO, Jose Clovis; GENTILI, Pablo; KRUG, Andréa; SIMON; Cátia (orgs.). *Utopia e democracia na educação cidadã*. Porto Alegre: Editora UFRGS, 2000, pp. 13-21.

ELABORAÇÃO DE NOTAS

FREIRE, Paulo. *À sombra desta mangueira*. Rio de Janeiro: Paz & Terra, 2022.

_____.*Cartas a Cristina: reflexões sobre minha vida e minha práxis*. Rio de Janeiro: Paz & Terra, 2022.

_____.*Direitos humanos e educação libertadora: gestão democrática da educação pública na cidade de São Paulo*. Coorganização de Erasto Fortes Mendonça. Rio de Janeiro: Paz & Terra, 2022.

_____.*Pedagogia da esperança: um reencontro com a pedagogia do oprimido*. Rio de Janeiro: Paz & Terra, 2022.

_____.*Pedagogia da tolerância*. Rio de Janeiro: Paz & Terra, 2022.

_____.*Pedagogía de la tolerancia*. México: Fondo de Cultura Económico/Crefal, 2007.

Artigos

"A leitura do mundo e a leitura da palavra em Paulo Freire." Cadernos Cedes 35(96), ago. 2015, pp. 291-298. DOI:10.1590/CC0101-32622015723767.

"Como vem sendo colaborar com a obra de Paulo Freire." In: *Revista Contextos de Educación*. Vols. 5-6, n° 6-7, Universidad Nacional de Rio Cuarto, 2004-2005, pp. 28-46.

"O julgamento como nos tempos da Modernidade nos tempos da pós-globalização: a compreensão positivista do direito contra a 'do direito achado na rua'." Instituto Humanitas Unisinos, em 30 de janeiro de 2018. Disponível em: <www.ihu.unisinos.br/575650-o-julgamento-como-nos-tempos-da-modernidade-nos-tempos-da-pos-globalizacao-a-compreensao-positivista-do-direito-contra-a-do-direito-achado-na-rua>.

"Relembrando Paulo Freire: entrevista com Ana Maria Araújo Freire", entrevista concedida a Márcia Aparecida Germano e Marcos Reigota. In: Revista Electrónica de La Educación, Educación y Cultura en la Sociedad de la Información. Tese, 10(3), 2009, 141-158, Vol. 35, n. 1, pp. 203-225, jun. 2009.

Eventos, conferências e discursos[2]

9° Fórum Leituras de Paulo Freire. Fundação Universidade Federal do Rio Grande (FURG), análise das 20 Mesas do Encontro. Rio Grande, Rio Grande do Sul, 26 maio 2007.

39° Congresso Brasileiro de Educação Médica (COBEM). Homenagem a Ana Maria Araújo Freire e a Paulo Freire pelos seus 90 anos de nascimento. Belo Horizonte, Minas Gerais,12 nov. 2011.

---

2 Eventos, conferências, discursos e outros realizados no exterior estão indicados com asterisco ao final.

Abertura da semana comemorativa dos 90 anos do nascimento de Paulo Freire. Universidade Federal de Brasília (UnB). Brasília, DF, 4 out. 2011.

Apresentação de *Paulo Freire: uma história de vida* no VI Colóquio Internacional Paulo Freire, Recife, Pernambuco, 31 ago. 2007.

Ato solene de entrega do título de cidadão jaboatoense a Paulo Freire, em comemoração aos 90 anos de seu nascimento, por iniciativa do vereador Hilton Bulhões,[3] Câmara dos Vereadores de Jaboatão dos Guararapes. Jaboatão dos Guararapes, Pernambuco, 22 set. 2011.

Ato solene em homenagem ao educador Paulo Freire, em comemoração aos 90 anos de seu nascimento, por iniciativa do deputado estadual Adriano Diogo, Assembleia Legislativa do Estado de São Paulo. São Paulo, São Paulo, 1º set. 2011.

Ato solene em homenagem ao educador Paulo Freire, em comemoração aos 90 anos de seu nascimento, por iniciativa do deputado estadual Patrício, Assembleia Legislativa do Distrito Federal. Brasília, D.F., 19 set. 2011.

Audiência privada com o Santo Pontífice Francisco. Vaticano, 24 abr. 2015.*

Audiência Pública de Comemoração dos 50 anos da experiência de Angicos, por iniciativa da deputada federal Fátima Bezerra, na Câmara Federal. Brasília, DF, 1º out. 2013.

Aula Magna na abertura do ano letivo Paulo Freire da Secretaria Municipal de Educação de Recife, Centro de Convenção da Universidade Federal de Pernambuco. Recife, Pernambuco, 1º fev. 2011.

Aula pública para quatrocentas crianças sem terrinha (MST), Praça dos Poderes. Porto Alegre, Rio Grande do Sul, 13 out. 2009.

---

3 Neste processo de outorga do título colaboraram o assessor jurídico do vereador, o advogado Willy Figueiroa, e o reverendo Jardson Gregório, reitor da Unipop/NE.

MEUS DIZERES E FAZERES EM TORNO DE PAULO FREIRE | 321

"Comemoração dos 50 anos da experiência de Angicos: a contribuição de Paulo Freire na educação brasileira", Secretaria Municipal de Educação de Santo André. Santo André, São Paulo, 9 nov. 2013.

Comemoração dos 90 anos de nascimento de Paulo Freire e do aniversário da cidade de Várzea Paulista, Cesta Literária, no Espaço Cidadania. Várzea Paulista, São Paulo, 25 mar. 2011.

Comemoração dos 90 anos de nascimento de Paulo Freire, iniciativa do deputado federal por Pernambuco Fernando Ferro. Câmara dos Deputados. Brasília, DF, 27 jun. 2011.

Comemoração dos 90 anos de nascimento de Paulo Freire, Universidade Estadual Paulista (Unesp), Campus Rio Claro. Rio Claro, São Paulo, 16 jun. 2011.

Conferência "A teoria e a práxis do educador Paulo Freire", Universidade Aberta do Meio Ambiente e Cultura de Paz (UMAPAZ). São Paulo, São Paulo, 17 mar. 2010.

Conferência "O legado político de Paulo Freire. Barinas" no Instituto de Agroecología Latinoamerica (IALA) – Paulo Freire, Universidad Nacional Experimental de los Llanos Occidentales Ezequiel Zamora (UNELLEZ). Venezuela, 6 nov. 2007. *

Conferência "Paulo Freire, sua vida e obra: o menino, o educador" na Universidade Federal de São Carlos (UFSCar), campus de Sorocaba, dentro dos festejos de comemoração dos 90 anos do nascimento de Paulo Freire. Sorocaba, São Paulo, 20 out. 2011.

Conferência "Paulo Freire, sua vida e obra" na Universidade Paulista (UNIP), campus de Sorocaba, dentro dos festejos de comemoração dos 90 anos do nascimento de Paulo Freire. Sorocaba, São Paulo, 26 out. 2011.

Conferência "Paulo Freire: trajetória pessoal, intelectual e política" na Universidade de Santo Amaro (Unisa), dentro dos festejos de comemoração dos 90 anos do nascimento de Paulo Freire. São Paulo, São Paulo, 19 out. 2011.

322 | Ana Maria Araújo Freire

Conferência de abertura, "A compreensão de educação de Paulo Freire: ética, esperança e direitos humanos", Congresso Paulo Freire: The Global Legacy, idealizado e realizado na Universidade de Waikato. Hamilton, Nova Zelândia, 26 nov. 2012.*

Conferência Estadual de Educação, Universidade Cândido Mendes. Nova Friburgo, Rio de Janeiro, 13 set. 2007.

Conferência Magna sobre a abordagem educacional em relação com a formação judicial. Junto da doutora Ruiz, doutor Filippi e outras autoridades do Ministério da Cultura Argentino, Escola de Serviços Judiciais. Buenos Aires, Argentina, 25 set. 2014.*

Conferência na Concordia University, Quebec Association for Adult Learning (QAAL). Montreal, Quebec, Canadá, 12 mar. 2008.*

Conferência na inauguração da Sala Paulo Freire, Secretaria Estadual de Educação de São Paulo. São Paulo, São Paulo, 2007.

Conferência na inauguração do projeto "The Paulo & Nita Freire International Project for Critical Pedagogy". Montreal, Quebec, Canadá, 13 mar. 2008 [desativado].*

Conferência na Universidade Estadual do Ceará, campus de Quixadá, Faculdade de Educação, Ciências e Letras do Sertão Central. Quixadá, Ceará, 27 ago. 2015.

Conferência no Centro de Cooperación Regional para la Educación de Adultos em América Latina y el Caribe (Crefal). Patzcuaro, México, 2007.*

Conferência no Congresso Internacional da American Educational Research Association (AERA). Nova York, Nova York, Estados Unidos, 24 mar. 2008.*

Conferência no Fórum Mundial de Educação Alto Tietê. Mogi das Cruzes, São Paulo, 14 set. 2007.

Conferência no Programa de Pós-Graduação em Educação Ambiental, *Paulo Freire: uma história de vida*, Fundação Universidade Federal do Rio Grande (FURG). Rio Grande, Rio Grande do Sul, 24 maio 2007.

Conferência no Seminário Democracia, Educação e Cultura, Universidade da Tessália, Volos, Grécia, 5 out. 2007.*

Conferência no VI Seminário Paulo Freire, Biblioteca Popular Paulo Freire. Campinas, São Paulo, 26 mar. 2008.

Conferência no VIII Encontro de Saúde Mental de Santa Catarina. Florianópolis, Santa Catarina, 5 nov. 2009.

Conferência para alunos(as) e professores(as) dos cursos gratuitos de preparação para o vestibular da USP, Associação Cultural de Educadores e Pesquisadores da Universidade de São Paulo (ACEPUSP). São Paulo, São Paulo, 5 mar. 2008.

Conferência na Universidade de Alberta (oradora principal). Edmonton, Alberta, Canadá, 23 out. 2008.*

Curso "Paulo Freire: O homem e a sua obra" para os(as) educadores(as) do Projeto Axé. Salvador, Bahia, 17 ago. 2015.

Curso de formação de docentes em medicina (organizado por Patricia Tempinsk e Milton de Arruda Martins), "A influência de Paulo Freire no ensino médico", Hospital Oswaldo Cruz. São Paulo, São Paulo, 15 ago. 2014.

Discurso "A presença de Paulo Freire na Universidade de Chapman", Universidade de Chapman. Orange, Califórnia, Estados Unidos, 25 out. 2014.*

Discurso "Educação popular e educação popular em saúde em Paulo Freire", Seminário Nacional de Educação Popular em Saúde". Brasília, DF, 22 maio 2014.

Discurso "O pensamento de Paulo Freire e a educação popular: atores, organizações e movimentos sociais no Peru atual", Coordenação da Área de Educação Comunitária, Ministério da Educação do Peru. Lima, Peru, 29 maio 2012.

Discurso "O pensamento de Paulo Freire e sua contribuição para a educação pública latino-americana em crise", VIII Assembleia Geral da Consejo de Educación Popular de América Latina y el Caribe (CEAAL). Lima, Peru, 29 maio 2012.

Discurso "Paulo Freire e a criação do MOVA" na Semana de Alfabetização e Movimento de Alfabetização de São Paulo (MOVA), Diretoria Regional de Educação Ipiranga e Centro Educacional Unificado de Meninos. São Paulo, São Paulo, 10 set. 2014.

Discurso "Paulo Freire e a educação transformadora: mudando vidas e transformando as comunidades" no Freire Institute da Universidade Central Lancashire (principal oradora). Preston, Reino Unido, 29 abr. 2014.

Discurso "Paulo Freire Vive! Hoje, dez anos depois", Câmara Federal. Brasília, DF, 2007.

Discurso "Paulo Freire Vive!: afirmando o nosso compromisso com a educação brasileira", Universidade Federal do Estado do Rio de Janeiro. Rio de Janeiro, Rio de Janeiro, 13 out. 2008.

Discurso "Por que o pensamento e a práxis de Paulo Freire podem subsidiar a Política do Estado Brasileiro para o ensino básico no Brasil", Conselho Nacional de Educação/Câmara do Ensino Básico. Brasília, DF, 6 jun. 2013.

Discurso como membro da mesa do I Workshop sobre Cidades da Aprendizagem – Unesco. Jaboatão dos Guararapes, Pernambuco, 2 jun. 2015.

Discurso de abertura do Fórum de Educação Municipal do Recife, "IDEB: seus resultados e os impactos na organização escolar", no Centro de Formação de Educadores Professor Paulo Freire. Recife, Pernambuco, 23 jul. 2010.

Discurso de agradecimento em meu nome e no das outras pessoas contempladas, no momento de entrega da medalha Paulo Freire outorgada pela Câmara dos Vereadores de Fortaleza. Fortaleza, Ceará, 24 set. 2015.

Discurso de agradecimento nas festividades de outorga do título de doutor *honoris causa* a Paulo Freire pela Universidade de Brasília (UnB). Brasília, DF, 6 out. 2011.

MEUS DIZERES E FAZERES EM TORNO DE PAULO FREIRE | 325

Discurso de agradecimento nas festividades do recebimento do título de Paulo como Patrono da Educação Brasileira, iniciativa da deputada federal Luiza Erundina de Souza. Brasília, DF, 27 jun. 2012.

Discurso de agradecimento no momento de entrega da medalha Raquel de Queiroz, concedida *in memoriam* a Paulo Freire pelo prefeito João Hudson Bezerra, através da lei nº 2.767/1997, e pela Câmara Municipal de Quixadá, entregue pela vereadora Rosa Buriti. Quixadá, Ceará, 27 ago. 2015.

Discurso de agradecimento pela placa Paulo Freire/Movimento de Cultura Popular, entregue pelo secretário de Educação Cláudio Duarte, durante a Plenária Popular do Orçamento Participativo 2010. Recife, Pernambuco, 22 jul. 2010.

Discurso de agradecimento pelas homenagens prestadas a Paulo Freire na tenda Paulo Freire no Congresso de Saúde Comunitária da Associação Brasileira de Saúde Coletiva (Abrasco). Porto Alegre, Rio Grande de Sul, 16 nov. 2012.

Discurso de agradecimento pelo certificado de honra ao mérito *in memoriam* a Paulo Freire no IX Fórum Regional de Educação Popular do Oeste Paulista (FREPOP), pela Câmara Municipal de Lins e em comemoração aos 90 anos de nascimento de Paulo Freire. Lins, São Paulo, 19 jun. 2011.

Discurso em desagravo contra a invasão e massacre de Israel na Faixa de Gaza e em favor da Palestina. Praça da República, São Paulo, São Paulo, 16 jan. 2009.

Discurso em prol da descriminalização do Movimento dos Trabalhadores Rurais Sem Terra (MST) e outros movimentos sociais no estado do Rio Grande do Sul, Teatro da Universidade Federal do Rio Grande do Sul. Porto Alegre, Rio Grande do Sul, 28 jul. 2008.

Discurso Movimento Internacional de Solidariedade à Palestina, Câmara de Vereadores de São Paulo. São Paulo, São Paulo, 08 jul. 2010.

Discurso na campanha presidencial de Dilma Rousseff, encontro de professores e intelectuais, Pontifícia Universidade Católica de São Paulo (PUC-SP). São Paulo, São Paulo, 19 out. 2010.

Discurso na campanha presidencial de Dilma Rousseff, Palácio do Trabalhador. São Paulo, São Paulo, 15 out. 2010 [Dia do Professor].

Discurso no ato de Anistia Política a Paulo Freire. Brasília, DF, 26 nov. 2009.

Discurso proferido na entrega da Medalha Tiradentes atribuída a Paulo Freire pela Assembleia Legislativa do Rio de Janeiro, Projeto de Resolução n° 110/2007 de autoria do deputado Marcelo Freixo, 9 maio 2007, assinado pelo presidente da Assembleia Legislativa do Rio de Janeiro, deputado Jorge Picciani. Recebida por mim. Rio de Janeiro, Rio de Janeiro, 21 maio 2007.

Discurso proferido na inauguração do "Espaço Paulo Freire", Faculdade Integrada Metropolitana de Campinas (Metrocamp). Campinas, São Paulo, 15 maio 2007.

Discurso proferido na Universidade Católica de Brasília (UCB), inauguração da "Esquina do Inédito-Viável". Tabatinguera, DF, 2007.

Discurso proferido no lançamento da edição mexicana *Pedagogía de la tolerância*, mesa de debates no Auditório do Fundo de Cultura Editorial. México, DF, 2007.*

Discurso proferido no lançamento do Prêmio Paulo Freire, pela Associação de Prevenção e Tratamento da Aids (Apta), Casa das Rosas. São Paulo, São Paulo, 2007.

Discursos e conferências com Donaldo Macedo, Centro Paulo Freire. Buenos Aires, Argentina, 12 a 15 nov. 2012.

Discursos na tenda Paulo Freire, no IX Congresso Brasileiro de Prevenção das DST e Aids e no II Congresso Brasileiro de

MEUS DIZERES E FAZERES EM TORNO DE PAULO FREIRE | 327

Prevenção das Hepatites Virais. São Paulo, São Paulo, 30 ago. 2012.

Encontro no Museu da Abolição, dentro das comemorações dos 90 anos de nascimento de Paulo Freire, Universidade Popular do Nordeste (Unipop/NE). Recife, Pernambuco, 23 set. 2011.

Entrega da Medalha Prêmio Paulo Freire aos educadores e educadoras da Rede Municipal de Belo Horizonte. Belo Horizonte, Minas Gerais, 2006.

Fala "A influência de Paulo Feire na educação jesuítica", Universidade Ruiz de Montoya. Lima, Peru, 26 maio 2016.*

Feira pedagógica "A educação popular no pensamento de Paulo Freire", Praça Pública de Lima. Lima, Peru, 28 maio 2012.

Formatura do ano de 2010 e abertura do ano letivo de 2011, "A radicalidade e a atualidade do pensamento de Paulo Freire", Fundação Oswaldo Cruz (Fiocruz), Instituto Manguinhos. Rio de Janeiro, Rio de Janeiro, 18 mar. 2011.

Fórum de Debates: "Comemoração dos 90 anos do aniversário de nascimento de Paulo Freire", Universidade Federal de São Carlos. (UFSCar). São Carlos, São Paulo, 29 ago. 2011.

"Homenagem a Paulo Freire: 50 anos da experiência de Angicos", requerimento nº 7.959/2013, de autoria do presidente da Comissão de Educação, Cultura e Assuntos Indígenas, deputado Sidney Ricardo de Oliveira Leite, na Assembleia Legislativa do Amazonas. Manaus, Amazonas, 3 nov. 2013.

Homenagem a Paulo Freire nos 60 anos da Unesco. Brasília, DF, 2006.

Homenagem a Paulo Freire pela Assembleia Legislativa do Estado de Minas Gerais. Belo Horizonte, Minas Gerais, 2006.

Homenagem a Paulo Freire pelo Governo do Estado do Amazonas, Conselho de Desenvolvimento Humano do Estado do Amazonas, Universidade do Estado do Amazonas (UEA). Manaus, Amazonas, 2006.

328 | ANA MARIA ARAÚJO FREIRE

I Encontro de Educadores – Associação de Pais e Mestres de Indaiatuba. Indaiatuba, São Paulo, 2006.

I Encontro Internacional Paulo Freire: educação, autonomia e conscientização. Funchal, Ilha da Madeira, Portugal, 2 e 3 mar. 2012.*

I Seminário de Educação Popular da Amazônia, Universidade Luterana do Brasil (ULBRA). Manaus, Amazonas, 2006 [duas conferências].

III Fórum de Educomunicação: Paulo Freire e a Pedagogia do Encantamento. Bandeirantes, Paraná, 2006.

Inauguração da Escola de Formação do Professor Carioca – Paulo Freire, criada pelo Decreto 35.602, de 9 de maio de 2012, na gestão do prefeito Eduardo Paes e da secretária de Educação Cláudia Costin. Rio de Janeiro, Rio de Janeiro, 4 jul. 2012.

Inauguração da Escola Legislativa Paulo Freire. Limeira, São Paulo, 28 nov. 2013.

Inauguração da Sala Paulo Freire, Universidade Luterana do Brasil (ULBRA). Manaus, Amazonas, 2006.

Lançamento do livro *Paulo Freire: uma história de vida*. Lins, São Paulo, 13 dez. 2007.

Lançamento do livro *Paulo Freire: uma história de vida* na Livraria Cultura, Shopping Paço da Alfândega. Recife, Pernambuco, 3 set. 2007.

Lançamento do livro *Paulo Freire: uma história de vida* no 9º Fórum Leituras de Paulo Freire, Fundação Universidade Federal do Rio Grande (FURG). Rio Grande, Rio Grande do Sul, 26 maio 2007.

Lançamento do livro *Paulo Freire: uma história de vida* no 9º Fórum Leituras de Paulo Freire, Fundação Educação Municipal de Niterói. Niterói, Rio de Janeiro, 31 maio 2007.

Lançamento do livro *Paulo Freire: uma história de vida*, 10 anos da ausência/presença de Paulo Freire, Pontifícia Universidade Católica de São Paulo (PUC-SP). São Paulo, São Paulo, 29 maio 2007.

MEUS DIZERES E FAZERES EM TORNO DE PAULO FREIRE | 329

Lançamento do livro *Paulo Freire: uma história de vida*, Colégio Paulo Freire. Jundiaí, São Paulo, 2007.

Lançamento do livro *Paulo Freire: uma história de vida*, Corredor Literário/Salão de Leitura de Niterói. Niterói, Rio de Janeiro, 2006.

Lançamento do livro *Paulo Freire: uma história de vida*, Faculdade Integrada Metropolitana de Campinas (Metrocamp). Campinas, São Paulo, 15 maio 2007.

Lançamento do livro *Paulo Freire: uma história de vida*, Faculdade de Arujá. Arujá, São Paulo, 7 ago. 2007.

Lançamento do livro *Paulo Freire: uma história de vida*, Instituto Adventista de São Paulo (IASP). Hortolândia, São Paulo, 5 jun. 2007.

Lançamento do livro *Paulo Freire: uma história de vida*, Livraria Leitura, Belo Horizonte, Minas Gerais, 2006.

Lançamento do livro *Paulo Freire: uma história de vida*, Livraria Arte & Letra. Curitiba, Paraná, 2006.

Lançamento do livro *Paulo Freire: uma história de vida*, na comemoração dos 60 anos da Universidade Federal de Pernambuco (UFPE). Recife, Pernambuco.

Lançamento do livro *Paulo Freire: uma história de vida*, para os educadores e educadoras da Secretaria Municipal de Educação de Natal. Natal, Rio Grande do Norte, 26 fev. 2007.

Lançamento do livro *Paulo Freire: uma história de vida*, Secretaria Municipal de Educação de Suzano. Suzano, São Paulo, 2006.

Lançamento do livro *Paulo Freire: uma história de vida*, Universidade Católica de Brasília (UCB). Tabatinguera, DF, 3 maio 2007.

Lançamento do livro *Paulo Freire: uma história de vida*. Brasília, DF, 2007.

Lançamento do livro *Paulo Freire: uma história de vida*. Casa das Rosas. São Paulo, São Paulo, 2006 [Em todos os lançamentos da biografia de Paulo Freire foi realizada uma conferência por Ana Maria Araújo Freire].

330 | ANA MARIA ARAÚJO FREIRE

Lançamento do livro *Paulo Freire: uma história de vida*. Livraria Saraiva do Ibirapuera. São Paulo, São Paulo, 2006.

Lançamento do livro *Paulo Freire: uma história de vida*. Secretaria Municipal de Educação/Centro de Formação Paulo Freire. Hortolândia, São Paulo, 2006.

Lançamento do livro *Paulo Freire: uma história de vida*. Semana Cultural Paulo Freire. Faculdade de Filosofia Santa Doroteia. Nova Friburgo, Rio de Janeiro, 24 maio 2007.

Lançamento do livro *Paulo Freire: uma história de vida*. Várzea Paulista, São Paulo, 2007.

Mesa-redonda "Reforma educacional" em "50 anos do Comício da Central: O Brasil que perdemos com o Golpe Militar". Rio de Janeiro, Rio de Janeiro, 13 mar. 2014.

Mesa-redonda com a deputada Luiza Erundina, "A educação da mulher e sua atuação nos Direitos Humanos", Comissão da Anistia, Ministério da Justiça. Brasília, DF, 15 mar. 2011 [comemoração do Dia Internacional da Mulher].

Mesa-redonda composta por Ana Maria Araújo Freire, Donaldo Macedo, Lisete Arelaro e José Eustáquio Romão, no "Seminário Paulo Freire Educador", Conselho Nacional de Educação/Câmara do Ensino Básico. Brasília, DF, 30 set. 2013.

Mesa-redonda "A educação popular transformando a vida", III Congresso Brasileiro de Saúde Mental. Fortaleza, Ceará, 9 jul. 2012.

Mesa-redonda com Lídia Puivert Mallard, Shirley Steinberg e M. Rosa Valls Carol, Faculdade de Educação da Universidade de Barcelona. Barcelona, Catalunha, Espanha, 22 set. 2009.*

Outorga do título de professor emérito a Paulo Freire pela Faculdade de Educação da Universidade de São Paulo. São Paulo, São Paulo, 19 set. 2013.

Palestra "Relato sobre minha visita ao papa Francisco", Programa de Pós-Graduação em Economia e Administração da FEA/PUC-SP,

MEUS DIZERES E FAZERES EM TORNO DE PAULO FREIRE | 331

no curso do professor Arnoldo Hoyos. São Paulo, São Paulo, 13 maio 2015.

Palestra na Bienal do Livro do Rio de Janeiro em comemoração a 1 milhão de exemplares da *Pedagogia da autonomia* e pelo Prêmio concedido ao livro *Paulo Freire: uma história de vida*, Rio de Janeiro, Rio de Janeiro, 21 set. 2007.

Participação da mesa-redonda "Pedagogia dos sonhos possíveis", 1º Encontro Paulo Freire no Distrito Federal, Câmara Legislativa do Distrito Federal. Brasília, DF, 20 set. 2011.

Participação em três mesas de trabalho sobre "Vida e obra de Paulo Freire", Feira do Livro de Havana, Sala Paulo Freire. Cuba, 13 a 19 fev. 2014.

Pronunciamento na abertura do Fórum Regional de Educação Popular do Oeste Paulista (FREPOP): XII Nacional-IX Internacional, 22 jul. 2014; entrevista juntamente com o reitor da Universidade Federal de Sergipe no programa *Bom dia, Sergipe*, 24 jul. 2014; discurso de agradecimento pela homenagem recebida pelo prefeito e professores da cidade de Poço Verde e outras vizinhas; discurso em Simão Dias, 25 jul. 2014; pronunciamento no encerramento do evento, 26 jul. 2014. Lagarto, Sergipe, 22 a 26 jul. 2014.

Pronunciamento na Universidade Estadual do Ceará, campus de Quixadá, Faculdade de Educação, Ciências e Letras do Sertão Central. Quixadá, Ceará, 26 ago. 2015.

Quatro palestras proferidas para alunos, bolsistas, professores e militantes de movimentos sociais, Universidade de Alberta. Edmonton, Alberta, Canadá, 26 e 27 out. 2008.

Quatro participações e fala na conferência principal do evento Encontro da Asociación Paulo y Nita Freire. Baeza, Jaén, Espanha, 16 a 19 set. 2009.*

Recebimento da réplica da estátua de bronze em tamanho natural, feita pelo artista pernambucano Abelardo da Hora e posta no campus da Universidade Federal de Pernambuco, entregue a mim pelos filhos, nora e netos depois da morte do artista, em minha residência em São Paulo, 2014.

Seminário "Paulo Freire, sempre!", Assembleia Legislativa do Rio de Janeiro. Rio de Janeiro, Rio de Janeiro, 21 maio 2007.

Teleconferência para formação dos agentes de saúde do SUS, Centro Hospitalar Sírio-Libanês, Ministério da Saúde. São Paulo, São Paulo, abr. 2013.

Teleconferência para formação dos agentes de saúde do SUS, Centro Hospitalar Sírio-Libanês, Ministério da Saúde. São Paulo, São Paulo, 9 set. 2013.

Teleconferência para o Fórum Virtual Educándonos en el Ahora, com sede em Barcelona, Espanha, 29 out. 2012.*

Terceira reunião com universitários, estagiários da empresa Método Engenharia, sobre a obra de Paulo Freire. São Paulo, São Paulo, 07 ago. 2008.

Universidade Nacional de Lanús. Agradecimento pela outorga dos títulos de doutor *honoris causa* a Paulo Freire e de Professora Honorária a Ana Maria Araújo Freire, Buenos Aires, Argentina, em 22 de setembro de 2014.*

XI Fórum de Estudos: Leituras de Paulo Freire, três participações, Universidade Católica de Porto Alegre. Porto Alegre, Rio Grande do Sul, 20, 21 e 22 maio 2010.

Títulos honoríficos, prêmios e homenagens

Títulos honoríficos

Título de Doutora *honoris causa*, Universidade Federal do Mato Grosso do Sul (UFMS), Campus de Três Lagoas, Mato Grosso do Sul, Brasil. Concedido em 17 de maio de 2018, "pelo conjunto de sua obra e pela relevância de sua atuação na educação, ciência e tecnologia, além de difundir o pensamento de seu falecido esposo, Paulo Reglus Neves Freire, contribuindo para uma educação transformadora".

Título de Professora Honorária, Universidad Nacional de Lanús, Buenos Aires, Argentina, 22 de setembro de 2014.

Prêmios

Prêmio Jabuti, 2ª lugar na categoria Biografia pelo livro *Paulo Freire: uma história de vida*, publicado pela Editora Villas das Letras, 2007.

Prêmio Jabuti, 2ª lugar na categoria Educação pelo livro *Pedagogia da tolerância*, com Paulo Freire, publicado pela Editora Unesp, 2006.

Medalha 60 anos da Unesco, VI Conferência Internacional de Educação de Adultos, Belém, Pará, Brasil. Entregue em 4 de dezembro de 2009.

Medalha Comemorativa Paulo Freire, Associação Internacional de Inclusão, Interculturalidade e Inovação Pedagógica (AIIIIPe), 2023, Universidade Federal Fluminense (UFF), Niterói, Rio de Janeiro, Brasil. Outubro de 2023.

334 | Ana Maria Araújo Freire

Prêmio Intelectual Crítica Honorária, "Paulo Freire Democratic Project", Universidade de Chapman, Orange, Califórnia, Estados Unidos. Entregue em 25 de outubro de 2014 "por sua dedicação e trabalhos acadêmicos para promover a educação e a justiça social democráticas".

Prêmio Paulo Freire (2005/2006), Secretaria Municipal de Educação, Belo Horizonte, Minas Gerais, Brasil. Entregue em 29 de junho de 2006.

Prêmio Paulo Freire, Associação Campograndense de Professores, Campo Grande, Mato Grosso do Sul, Brasil. Entregue em 1° de outubro de 1997.

Troféu A Chave da Sabedoria, VI Conferência Internacional de Educação de Adultos, Belém, Pará, Brasil. Em 4 de dezembro de 2009, entregue pelo ministro da Educação Fernando Haddad, "pelo seu esforço na continuação da obra de Paulo Freire".

Homenagens

Ensaio em homenagem. Sandra J. Stone. "Ana Maria Araújo Freire: Scholar Humanitarian and Carrying on Paulo Freire's Legacy". In: James D. Kirylo. *A Critical Pedagogy of Resistance: 34 Pedagogues We Need to Know*. Boston: Sense Publishers, 2013.

Homenagem realizada pela Asociación de Amigas y Amigos de Paulo y Nita Freire para el Desarrollo de la Educación Crítica, Universidade de Barcelona, Barcelona, Espanha. Em maio de 2009.

Homenagem realizada no VII Seminário Internacional de Reestruturação Curricular, Secretaria Municipal de Educação, Porto Alegre, Rio Grande do Sul, Brasil. Em 5 de julho de 2000. Associação Popular Paulo Freire, em Vila Prudente, São Paulo, 2006.

Este livro foi composto na tipografia
Dante MT Std em corpo 12/15,5
e impresso em papel off-white no
Sistema Digital Instant Duplex da Divisão
Gráfica da Distribuidora Record.